先秦兵阴阳家研究

耿雪敏 著

中国社会科学出版社

图书在版编目（CIP）数据

先秦兵阴阳家研究 / 耿雪敏著 . —北京：中国社会科学出版社，2019.11（2020.7 重印）
ISBN 978-7-5203-4899-7

Ⅰ.①先… Ⅱ.①耿… Ⅲ.①兵法—阴阳家—研究—中国—先秦时代　Ⅳ.①E892

中国版本图书馆 CIP 数据核字（2019）第 183999 号

出 版 人	赵剑英
责任编辑	安　芳
责任校对	张爱华
责任印制	李寡寡

出　　版	中国社会科学出版社
社　　址	北京鼓楼西大街甲 158 号
邮　　编	100720
网　　址	http://www.csspw.cn
发 行 部	010-84083685
门 市 部	010-84029450
经　　销	新华书店及其他书店

印　　刷	北京明恒达印务有限公司
装　　订	廊坊市广阳区广增装订厂
版　　次	2019 年 11 月第 1 版
印　　次	2020 年 7 月第 2 次印刷

开　　本	710×1000　1/16
印　　张	15.75
插　　页	2
字　　数	255 千字
定　　价	78.00 元

凡购买中国社会科学出版社图书，如有质量问题请与本社营销中心联系调换
电话：010-84083683
版权所有　侵权必究

序

近日，耿雪敏同志《先秦兵阴阳家研究》一书即将出版，索序于我。雪敏的这本书，是在她于南开大学随我攻读博士研究生时学位论文的基础上完成的，是她的第一本专著。这使我想到了二十多年前，我的博士论文也是第一本专著出版时，先师王玉哲先生赐序的往事。我想，我也应该像我的老师那样，为自己学生的初著说一些鼓励和期望的话。

兵阴阳家是以阴阳五行思想为基础，以运用多种数术和巫术作战为特征的兵家流派。毫无疑问，兵阴阳家的研究具有重要的意义。在中国历史上，兵阴阳构成了中国军事史的重要组成部分，中国古代战争不仅是军队组织和武器装备的对抗，同时也巫术数术的攻防，兵阴阳常常匪夷所思地决定或深刻影响了战争的进程和结局。研究中国军事史，不能不关注兵阴阳，否则军事史必然是不完整的。不仅如此，兵阴阳实际上还对中国古代政治史、思想史和文化史也产生了深刻影响，比如"五星聚于东井"、"荧惑守心"等特殊天象的数术解读，曾对中国古代军国政治产生过重大影响；古代军事领域里理性主义思想和兵阴阳的斗争，也曾对中国古代唯物主义哲学思想的发展起到重要推动作用。与此同时，近数十年来来考古发现了大量数术和兵阴阳文献，既为研究兵阴阳提供了宝贵资料，也给学术界提出了许多课题和挑战。因此，雪敏对兵阴阳家的研究，是非常有学术价值的。

雪敏付出了五年时间完成博士论文。2014年毕业后，她又用了五年时间，进一步修改完善，终于有了现在这部著作。这正合了一句老话，是"十年磨一剑"。因为用力较勤，她的这本书有不少学术创获，值得重视和肯定。举其要者如：

关于巫术的定义。本书没有采取弗雷泽等西方学者常用的巫术定义，即将巫术界定为对无人格超自然力的控制性使用，同时将鬼神排除出巫术范畴归之于宗教，而是从中国的历史实际出发，强调鬼神信仰与巫术的内在联系，将巫术定义为建立在超自然力（人格的和非人格的）信仰和原始思维方式基础上，旨在预测、控制事物的发生、发展和变化结果的人类行为。这样的定义，不仅正确地揭示了古代中国巫术的本质，也为进一步阐明巫术和数术的关系以及兵阴阳家的源流奠定了基础。

关于巫术与数术的异同和内在关系。本书在陶磊等学者的研究基础上，进一步阐述了巫术、数术既有复杂程度、信仰主体和施术机理、精神特质的深刻差别，特别是"崇鬼"和"推数"的重大不同；但同时二者又有着根本的一致，即它们都崇拜神秘力量，特别是它们的思想基础都是原始思维之"相似律"。在辨明巫术、数术异同的基础上，本书考述了巫术在战国时期数术化的巨大发展和转折过程，得出了数术是中国巫术的特异化发展，而阴阳五行学说的兴起为这一发展创造了基本条件的重要认识。

关于邹衍与阴阳家的关系和阴阳家的真相。一直以来，学术界流行的说法是邹衍是阴阳家的创始人或集大成者。但本书通过对阴阳家发生、发展过程较为细致的梳理，以及对邹衍思想的具体分析，提出早在邹衍之前，多种数术和五行应用已经流行，《月令》类文献的基本定型标志着阴阳家已经确立，因此邹衍并非阴阳家的创始人和集大成者，将他称之为阴阳家一个流派的创始人更加合适。这是本书一个重要见解，很值得注意。

关于兵阴阳家。本书不仅对《汉书·艺文志》中兵阴阳家的内涵做了详明考辨，而且比较全面地汇集基本资料，对先秦时期的卜筮、天文云气、风角、刑德、式占、梦占、时日、地理占、祭祀禳祷等多种兵阴阳形式分别进行研究，使我们对先秦时期各种军事数术的有关情况有了比较完整的把握。在此基础上，本书又进一步探讨了兵阴阳家对先秦军事、军队和军事思想的影响，否定和批判兵阴阳家思想的逐渐兴起，以及这种对立和斗争在此后中国历史上的深刻影响。这一方面，是学术界历来尤其很少注意和讨论的。

我想可以说，雪敏的这本著作，使中国先秦时期兵阴阳家有了一部真正意义上的研究专著，具有较重要的学术价值。今后研究此课题，应该都不能不与本书对话。作为指导教师，我为雪敏取得的成绩感到高兴，也衷心祝贺本书的出版!

但在此我也想指出,作为一部初创之作,本书不可避免地存在着不足之处。比较突出的,是古文字基础不牢制约了本书的学术深度:比如由于未能充分利用甲骨文资料,有关商代巫术与军事的研究较为薄弱;在对各种兵阴阳形式的考察中,使用简帛资料也较多依赖他人研究成果,少有自己的独到发现。这是需要雪敏今后努力加以弥补和提高的。我之所以指出这些,是期盼雪敏务必不要因为此书的出版而自满,要清楚知道自己的不足,更加勤勉扎实治学,从而在中国史学研究和教育事业上做出佳绩。

是为序。

邵 鸿

2019年10月6日

目 录

第一章 绪论 …………………………………………………………（1）
 第一节 选题意义 …………………………………………………（1）
 第二节 研究综述 …………………………………………………（3）
  一 阴阳五行和数术研究 ………………………………………（3）
  二 兵阴阳家的综合研究 ………………………………………（8）
  三 兵阴阳家具体形式和相关问题研究 ………………………（11）
  四 存在的问题 …………………………………………………（20）
 第三节 研究所依据的材料和方法主旨 ………………………（21）

第二章 兵阴阳家的源与流 …………………………………………（22）
 第一节 巫术 ………………………………………………………（22）
  一 巫与巫术 ……………………………………………………（22）
  二 中国古代巫术类型及其发展 ………………………………（25）
  三 商周时期巫术的发展与演变 ………………………………（31）
 第二节 数术 ………………………………………………………（48）
  一 数术概念的演变 ……………………………………………（48）
  二 数术的内容 …………………………………………………（50）
  三 数术与巫术的关系 …………………………………………（54）
  四 数术的发展与阴阳五行 ……………………………………（59）
 第三节 阴阳家 ……………………………………………………（65）
  一 阴阳家定义 …………………………………………………（66）
  二 阴阳家与《月令》和原理性文献 …………………………（68）
  三 阴阳家与数术 ………………………………………………（71）
  四 阴阳家与邹衍和"五德终始"说 …………………………（75）

第四节　兵阴阳家 ……………………………………………（78）
　　一　兵阴阳家的概念 …………………………………（79）
　　二　兵阴阳家与阴阳家和数术的关系 ………………（86）

第三章　兵阴阳家的形式与内容（上） …………………（88）
第一节　卜筮 ………………………………………………（88）
　　一　战前卜筮 …………………………………………（89）
　　二　临战卜筮 …………………………………………（93）
　　三　战中卜筮 …………………………………………（94）
第二节　天文气象占 ………………………………………（97）
　　一　日占 ………………………………………………（97）
　　二　月占 ………………………………………………（105）
　　三　北斗占 ……………………………………………（110）
　　四　五星占 ……………………………………………（112）
　　五　彗星占 ……………………………………………（125）
　　六　流星占及其他星占 ………………………………（127）
　　七　云气占 ……………………………………………（128）
　　八　天文气象占的原理和特点 ………………………（133）
第三节　风角音律占 ………………………………………（134）
第四节　梦占及诸杂占 ……………………………………（141）

第四章　兵阴阳家的形式与内容（下） …………………（144）
第一节　时日占 ……………………………………………（144）
第二节　刑德 ………………………………………………（153）
第三节　式占 ………………………………………………（161）
第四节　地理占 ……………………………………………（164）
第五节　军事祭祀 …………………………………………（169）
　　一　天帝之祭和类祭 …………………………………（169）
　　二　祖先之祭和告祭 …………………………………（171）
　　三　土地之祭和宜社 …………………………………（176）
　　四　祠兵 ………………………………………………（178）
　　五　山川神祇之祭和望祭、就祭 ……………………（179）

	六	祃祭和临战之祭 ………………………………	(180)
	七	貉祭 …………………………………………………	(181)
	八	献捷祭祀 ………………………………………	(181)
第六节		诅咒禳除 ………………………………………………	(183)
第七节		辟兵术 …………………………………………………	(189)
	一	动植物、矿物辟兵 …………………………………	(189)
	二	图像符咒辟兵 ………………………………………	(191)
	三	时日选择辟兵 ………………………………………	(195)
	四	道术辟兵 ……………………………………………	(195)

第五章　兵阴阳家的历史影响 ………………………………… (197)
　第一节　兵阴阳与先秦军事 ………………………………… (197)
　　一　兵阴阳与先秦战争 ………………………………………… (197)
　　二　兵阴阳与先秦军队组织、将领和装备 ………………… (200)
　　三　兵阴阳与先秦军事思想 ………………………………… (204)
　第二节　否定和批判兵阴阳家思想的逐渐兴起 ……………… (211)
　　一　对兵阴阳的间接否定 …………………………………… (212)
　　二　对兵阴阳的正面批判和否定 …………………………… (214)
　　三　兵阴阳家批判的历史意义及其不足 …………………… (217)
　第三节　神道设教和禁止妖祥 ……………………………… (219)
　　一　神道设教 ………………………………………………… (219)
　　二　禁止妖祥 ………………………………………………… (222)
　第四节　兵阴阳对中国历史的影响 ………………………… (224)

结　语 ……………………………………………………………… (227)

参考文献 ………………………………………………………… (231)

第一章

绪　　论

第一节　选题意义

兵阴阳家一词最早出现于《汉书·艺文志·兵书》，它与兵权谋、兵形势、兵技巧一起被确定为兵家的四个流派。所谓兵阴阳家，乃是阴阳家在古代兵学的分支，是巫术、数术在军事领域中的应用。

在中国早期文明时代，宗教、巫术和数术是社会生活的重要组成部分，它们对当时人们的观念和行为具有支配作用，影响极大。在军事活动中亦不例外，"戎"与"祀"并为"国之大事"并且相互结合，巫术、数术在战争中的运用极为普遍。先秦时期的战争，不仅是军队组织和实力的对抗，同时也是神秘方术的比拼。这些贯穿于军事活动中的巫术、数术思维和行为，大体上都可归于兵阴阳家范畴，也就是本书的研究对象。

站在现代人的立场上来看兵阴阳家，更多的是迷信和糟粕。但是，研究兵阴阳家却具有重要的学术价值和现实意义。理由如下。

第一，兵阴阳是中国军事史的重要组成部分。兵阴阳活动与中国古代军事如影随形，密不可分，深刻地影响了古代战争的发生、进程和结局，进而影响到政治和历史进程。剥离了兵阴阳活动，中国古代军事史就是片面的和不完整的。但是传统的军事史研究，大多是对军队制度、战略战术、战争进程的考证与叙述，很少将其放在特定的社会文化背景中来探究，这是一个明显的缺陷。以兵阴阳为主线来研究中国古代军事史，便会发现很多以前被忽视的现象和要素，得到新的观念与认识，从而更全面地把握历史的真实面貌。

第二，兵阴阳是中国古代思想文化的重要组成部分。兵阴阳包含军事数术。数术文化历史久远,是中国古代思想文化不可或缺的部分。正如葛兆光在《中国思想史》"导论"中所说:"离开了数术、方技和其他的知识,思想史离背景就越来越远。"①又如李零所说:"在我们看来,中国文化还存在着另外一条线索,即以数术、方技为代表,上承原始思维,下启阴阳家和道家,以及道教文化的线索。"② 由于军事在古代社会中的重要性,兵阴阳在中国古代数术文化中具有特殊的地位。比如古代天文星占,就被称为是"军国星占学"。③ 军事领域内唯物主义思想和兵阴阳思想的斗争,对中国古代思想的发展也产生了深刻影响。要深入研究和认识中国古代的思想史和文化史,不能不对军事数术和兵阴阳家进行研究。

第三,大量的考古文献可供利用和有待研究。近数十年来出土的大量先秦、秦汉时期的简牍帛书材料,数量最大的属于数术文献,其中涉及兵阴阳家的文献资料很多,大大弥补了传世文献记载的不足。如20世纪出土的马王堆汉墓帛书、云梦睡虎地秦简、银雀山汉简、江陵包山楚简、江陵张家山汉简、天水放马滩秦简,21世纪发现和公布的上博简、清华简、北大简、岳麓简等,为我们研究数术和兵阴阳家提供了颇为丰富的资料,这些资料一方面大大拓展了我们的认识;另一方面又提出了许多新的问题和挑战。

第四,有益于助推社会的良性发展。在当代,数术及相关迷信活动仍然普遍存在并继续影响着现代中国人。通过对兵阴阳的研究,进一步揭露数术迷信虚妄的本质,探讨其仍有一定社会影响的深刻原因,以便正确对待数术和迷信活动,促进社会和谐与稳定,因此研究兵阴阳家也具有重要的现实意义。

然而,目前学术界对先秦兵阴阳家的研究还很不够。作为一种交叉性的历史文化事象,当下的有关研究呈现出这样一种状况:在兵家研究方面,兵阴阳家长期受到忽略,成果很少;而在思想史、文化史乃至数术史研究中,专门讨论兵阴阳的也不多,与古代思想文化和数术研究的

---

① 葛兆光:《思想史的写法——中国思想史导论》,复旦大学出版社2004年版,第31页。
② 李零:《中国方术正考》,中华书局2006年版,第12页。
③ 江晓原:《12宫与28宿——世界历史上的星占学》,辽宁教育出版社2005年版。

火热形成了明显的对比。因此，加强对兵阴阳家的研究很有必要，具有重要的学术价值。

第二节　研究综述

由于阴阳五行、数术与兵阴阳家之间有密切的关系，有关兵阴阳家的学术史回顾不能不涉及大量阴阳五行和数术研究的内容。如果全面综述以往的有关成果，不仅工作量极大而且也没有必要，因此本书对阴阳五行和数术研究的重要成果仅择要加以介绍，而把重点放在兵阴阳家研究方面。

一　阴阳五行和数术研究

阴阳五行思想是中国传统数术和阴阳家最重要的观念基础，对中国传统文化影响至深，因此近代即为学术界所关注，近几十年来相关研究成果相当丰富。彭华的博士学位论文《阴阳五行研究——先秦篇》对有关学术史有颇为翔实的回顾总结，可以参看。[①]

民国时期举凡治中国哲学史、思想史、历史者，大都不能不涉及阴阳五行。1935年顾颉刚编撰的《古史辨》[②]第五册是较早研究阴阳五行的专题论文集，该书收入梁启超《阴阳五行说之来历》、顾颉刚《五德终始说下的政治和历史》等研究文章多篇，是近代有关研究及体现水准的代表作。由于缺少考古资料，这一时期的研究只能从传世文献出发，因此成果具有较大局限。

1949年以来，大陆有郭沫若、丁山、杨向奎、杨超、金德健、任应秋、庞朴等人，[③]在台湾地区则有李汉三、孙广德、王梦鸥、戴君仁、徐

---

① 彭华：《阴阳五行研究——先秦篇》，华东师范大学博士论文，2004年。
② 顾颉刚等：《古史辨》第五册，上海古籍出版社1982年版。
③ 郭沫若：《〈奢靡篇〉的研究》，《奴隶制时代》，人民出版社1973年版；丁山：《中国古代宗教与神话》，上海文艺出版社1988年版；杨向奎：《五行说的起源及其演变》，《文史哲》1955年第11期；杨超：《先秦阴阳五行说》，《周易研究论文集》第2册，北京师范大学出版社1989年版；金德建：《论邹衍的著述和学说》，《司马迁所见书考》，上海人民出版社1963年版；任应秋：《阴阳五行》，上海科技出版社1960年版；庞朴：《竹帛〈五行〉篇校注及研究》，（台北）万卷楼图书有限公司2000年版。

复观等人，①对阴阳五行的起源、发展、邹衍和阴阳家的关系及其历史影响等进行了讨论。得益于学术积累，更因为这一时期的研究者能够较多地利用甲骨文和金文史料，相关研究较前有所进展。

20世纪70年代末以后，中国学术环境发生根本改变，相关考古资料大量出现，国内外关于阴阳五行思想的研究成果众多，登上了一个新的台阶。较重要的如顾颉刚和刘起釪对阴阳五行与《尚书》及古史系统，对邹衍、阴阳家和方士等问题的研究；②庞朴、李学勤、魏启鹏、廖名春、邢文等人对郭店楚简和马王堆帛书《五行》的研究；③饶宗颐、李学勤、李零、刘乐贤、胡文辉等人对战国秦汉简牍资料中的阴阳五行和数术的研究；④饶宗颐、沈建华、连劭名等人利用甲骨文、金文对阴阳五行起源的研究；⑤金景芳、谢维扬、邢文、葛志毅等人对《周易》中的阴阳五行观念的研究；⑥

---

① 李汉三：《先秦两汉之阴阳五行学说》，（台北）钟鼎文化出版股份有限公司1967年版；孙广德：《先秦两汉阴阳五行说》，（台北）钟鼎文化出版股份有限公司1969年版；王梦鸥：《阴阳五行家与星历及占筮》，《中央研究院历史语言研究所集刊》，第43本第3分，1970年；戴君仁：《阴阳五行学说究原》，《大陆杂志》，第37卷第8期，1968年10月；徐复观：《阴阳五行及其有关文献的研究》，《中国人性论史（先秦篇）》，上海三联书店2001年版。

② 顾颉刚：《秦汉的方士与儒生》，上海古籍出版社1998年版；刘起釪：《释〈尚书·甘誓〉的五行与三正》，《文史》第七辑，1979年。

③ 庞朴：《竹帛〈五行〉篇校注及研究》，台北万卷楼图书有限公司2000年版；李学勤：《简帛佚籍与学术史》，江西教育出版社2001年版；魏启鹏：《简帛〈五行〉笺释》，（台北）万卷楼图书有限公司2000年版；廖名春：《思孟五行说新解》，《哲学研究》1994年第11期；邢文：《楚简〈五行〉试论》，《文物》1998年第10期。

④ 饶宗颐：《秦简中的五行说与纳音说》，《楚地出土文献三种研究》，中华书局1993年版；饶宗颐：《谈银雀山汉简〈天地八风五行客主五音之居〉》，《简帛研究》第1辑，法律出版社1993年版；胡文辉：《银雀山汉简〈天地八风五行客主五音之居〉释证》，《中国早期方术与文献丛考》，中山大学出版社2000年版；李零：《中国方术正考》，中华书局2006年版；李零：《中国方术续考》，中华书局2006年版；刘乐贤：《五行三合局与纳音说》，《睡虎地秦简日书研究》，文津出版社1994年版。

⑤ 饶宗颐：《秦简中的五行说与纳音说》，《古文字研究》第14辑，中华书局1986年版；沈建华：《释卜辞中方位称谓"阴"字》，《初学集——沈建华甲骨学论文选》，文物出版社2008年版；连劭名：《式盘中的四门和八卦》，《文物》1987年第9期。

⑥ 金景芳：《周易讲座》，吉林大学出版社1987年版；谢维扬：《至高的哲理——千古奇书〈周易〉》，生活·读书·新知三联书店1997年版；邢文：《帛书周易研究》，人民出版社1997年版；葛志毅：《重论阴阳五行之学的形成》，《中华文化论坛》2003年第1期。

第一章　绪论

杨宽、葛志毅等人对《月令》的研究；① 葛志毅、孙开泰、白奚等人对邹衍和阴阳家的研究②等，都是非常重要的学术成果。

除了上述成果外，这一时期还有一批概述性的专著面世。如艾兰、汪涛、范毓周主编的《中国古代思维模式与阴阳五行说探源》，③ 陆玉林、唐有伯的《中国阴阳家》、④ 邝芷人的《阴阳五行及其体系》、⑤ 龙建春的《阴阳家简史》⑥ 等。特别应提到的是彭华博士的《阴阳五行研究——先秦篇》，⑦ 该书是一部厚重的专著，在前人工作的基础上，综合各种资料，对先秦时期阴阳五行的起源和发展进行了全面梳理和深入考察，成为有关研究的总结性著作。尽管该书可商榷之处尚多，但却是今后相关研究的一个重要基石。

近数十年来，阴阳五行问题在国际学术界也受到越来越多的关注。出现了日本小林信明的《中国上代阴阳五行思想的研究》、⑧ 岛邦男的《五行思想和礼记月令的研究》、⑨ 井上聪的《先秦阴阳五行》⑩。法国马克的《中国古代宇宙论与神论——〈五行大义〉》等著作。⑪ 英国李约瑟在《中国科学技术史》第一卷《导论》和第二卷《科学思想史》中，也以大量篇幅讨论了阴阳五行思想。⑫

西方研究巫术的著作自爱德华·泰勒的《原始文化》⑬ 开始。弗雷泽

---

① 杨宽：《古史论文选集》，上海人民出版社 2003 年版；葛志毅：《明堂月令考论》，《求是学刊》2002 年第 5 期。
② 葛志毅：《重论阴阳五行之学的形成》，《中华文化论坛》2003 年第 1 期；孙开泰：《邹衍事迹考辨》，《管子学刊》1989 年第 3 期；白奚：《稷下学研究——中国古代的思想自由与百家争鸣》，生活·读书·新知三联书店 1998 年版。
③ 艾兰、汪涛、范毓周主编：《中国古代思维模式与阴阳五行说探源》，江苏古籍出版社 1998 年版。
④ 陆玉林、唐有伯：《中国阴阳家》，宗教文化出版社 1996 年版。
⑤ 邝芷人：《阴阳五行及其体系》，文津出版社 1992 年版。
⑥ 龙建春：《阴阳家简史》，重庆出版集团 2008 年版。
⑦ 彭华：《阴阳五行研究——先秦篇》，华东师范大学博士论文，2004 年。
⑧ [日] 小林信明：《中国上代阴阳五行思想的研究》，东京：讲谈社 1951 年版。
⑨ [日] 岛邦男：《五行思想和礼记月令的研究》，东京：汲古书院 1971 年版。
⑩ [日] 井上聪：《先秦阴阳五行》，湖北教育出版社 1997 年版。
⑪ [法] 马克：《中国古代宇宙论与神论——〈五行大义〉》，法国远东学院 1991 年版。
⑫ [英] 李约瑟：《中国科学技术史》，何兆武译，科学出版社 1990 年版。
⑬ [英] 爱德华·泰勒：《原始文化》，连树声译，广西师范大学出版社 2005 年版。

在《金枝》①中提出了巫术思想的两大定律"相似律"和"接触律",并进一步提出了"模拟巫术"和"接触巫术"的概念,弗雷泽有关巫术的分析奠定了巫术研究的理论基础,他的理论对其后的巫术研究产生了深远的影响。

国内学者用现代理论对中国巫术的研究自20世纪20年代开始,较早的著作有江绍原的《发须爪——关于它们的迷信》、②瞿兑之的《释巫》、③陈梦家的《商代的神话与巫术》、④梁钊韬的《中国古代巫术——宗教的起源和发展》。⑤80年代以后,出现了大量的研究巫术的著作,如宋兆麟的《巫与巫术》,⑥在此书中作者讨论了巫师、各种巫术活动以及巫术和其他文化间的相互关系。张紫晨的《中国巫术》⑦分析了巫与巫术、各种巫术活动以及巫术对中国文化的影响。臧振的《蒙昧中的智慧——中国巫术》⑧重点考察先秦时期的巫术情况并对巫术所用理论及它对儒学、佛教、道家和中医的影响,书中还对一些巫术活动进行了分析。胡新生的《中国古代巫术》⑨对中国古代的各种巫术活动进行了考察,同时对巫术的形态和源流进行了分析。高国藩的《中国民俗探微——敦煌巫术与巫术流变》⑩和《中国巫术史》⑪围绕敦煌出土的巫术资料,探讨了中国历史各个时期的巫术,分析了各种巫术的盛衰变化。詹鄞鑫的《心智的误区——巫术与中国巫术文化》⑫对中国的巫术理论和各种巫术活动以及巫术活动对艺术、体育的影响进行了分析,是较系统地研究中国古代巫术的一部著作。与先秦的巫术研究较密切的成果有张光直的

---

① [英]弗雷泽:《金枝》,徐育新译,中国文艺出版社1987年版。
② 江绍原:《发须爪——关于它们的迷信》,中华书局2007年版。
③ 瞿兑之:《释巫》,《燕京学报》1930年第7期。
④ 陈梦家:《商代的神话与巫术》,《燕京学报》1936年第20期。
⑤ 梁钊韬:《中国古代巫术——宗教的起源和发展》,中山大学出版社1989年版。
⑥ 宋兆麟:《巫与巫术》,四川民族出版社1989年版。
⑦ 张紫晨:《中国巫术》,上海三联书店1990年版。
⑧ 臧振:《蒙昧中的智慧——中国巫术》,华夏出版社1994年版。
⑨ 胡新生:《中国古代巫术》,山东人民出版社1998年版。
⑩ 高国藩:《中国民俗探微——敦煌巫术与巫术流变》,河海大学出版社1993年版。
⑪ 高国藩:《中国巫术史》,上海三联书店1999年版。
⑫ 詹鄞鑫:《心智的误区——巫术与中国巫术文化》,上海教育出版社2001年版。

第一章 绪论

《商代的巫与巫术》[1]、童恩正的《中国古代的巫》[2]、弭维的《巫术、巫师和中国早期的巫文化》[3]、文镛盛的《中国古代社会的巫觋》[4]、赵容俊《殷商甲骨卜辞所见之巫术》[5]、吕亚虎的《战国秦汉简帛文献所见巫术研究》[6]等。

从数术研究的角度看，成果也非常丰富。除了上述有关阴阳五行研究已涉及者外，以下是若干最重要的著作：俞晓群在《数术探秘》中以"数"为中心，通过象数、天数、礼数、命数、历数、律数、医数和算数等对中国古代数术之学进行了探究。[7] 宋会群《中国数术文化史》一书，对数术的定义、数术的分类和体系、古代数术起源和发展阶段等进行了论述，值得一提的是，他是首位有意识讨论巫术和数术关系的研究者。[8] 赵益在《古典术数文献述论稿》中对古典数术传世文献作了归纳和总结，并补充了出土资料，对了解古典术数文献源流变迁颇有助益。[9] 刘乐贤的《睡虎地秦简日书研究》《马王堆星占书初探》《战国秦汉简帛丛考》在出土数术文献的解读疏通方面颇有建树。[10] 李零在《中国方术正考》《中国方术续考》等著作对阴阳五行起源、中国古代数术的占卜体系、式与中国古代的宇宙模式，日书与楚帛书研究等方面提出了一系列精辟见解，为学术界所推崇。[11] 胡文辉在《中国方术文献丛考》中对涉及方术的日书、刑德、周易等进行了研究和剖析。[12] 刘瑛的《〈左传〉、〈国语〉方术研究》一书，主要从《左传》《国语》中取材研究先秦方术。[13] 陶磊

---

[1] 张光直：《商代的巫与巫术》，张光直：《青铜器时代》（第2集），生活·读书·新知三联书店1990年版。
[2] 童恩正：《中国古代的巫》，《中国社会科学》1995年第5期。
[3] 弭维：《巫术、巫师和中国早期的巫文化》，《宁夏社会科学》2009年第3期。
[4] ［韩］文镛盛：《中国古代社会的巫觋》，华文出版社1999年版。
[5] ［韩］赵容俊：《殷商甲骨卜辞所见之巫术》，中华书局2011年版。
[6] 吕亚虎：《战国秦汉简帛文献所见巫术研究》，陕西师范大学博士论文，2008年。
[7] 俞晓群：《数术探秘》，生活·读书·新知三联书店1994年版。
[8] 宋会群：《中国数术文化史》，河南大学出版社1999年版。
[9] 赵益：《古典术数文献述论稿》，中华书局2005年版。
[10] 刘乐贤：《简帛数术文献探论》，湖北教育出版社2003年版；《睡虎地秦简日书研究》，文津出版社1994年版。
[11] 李零：《中国方术正考》，中华书局2006年版；《中国方术续考》，中华书局2006年版。
[12] 胡文辉：《中国方术文献丛考》，中山大学出版社2000年版。
[13] 刘瑛：《〈左传〉、〈国语〉方术研究》，人民文学出版社2006年版。

《〈淮南子·天文〉研究》以《淮南子·天文》为讨论基础，论述了式盘、数术中的神明，古代的纪年、刑德等与数术密切相关的内容。① 其后他的《从巫术到数术——上古信仰的历史嬗变》一书更是数术史研究的力作。其借鉴萨满文化的研究成果来考察中国古代巫术到数术的变迁，认为巫术与数术属不同范畴，二者的根本差别是巫术以鬼神信仰为特征，数术以对数的信仰为特征，数术是春秋以后随着新的天道观出现的产物。② 该书对于应如何认识古代数术在理论上和方法上具有重要的学术价值。

总的来看，前人对阴阳五行思想及数术的研究应该说已经较为充分，它们是本书研究和写作过程中不可或缺的基石。当然分歧和问题仍然存在，同时，这些研究因为关注的侧重点各异，还很少有人注意将阴阳五行思想与巫术、数术、阴阳家、兵阴阳家放在一起进行系统性关系梳理和细致研究，兵阴阳家的研究更属薄弱。

二 兵阴阳家的综合研究

在过往的著述中，系统论述兵阴阳家的著作尚未见及，文章数量也较为有限。

陈伟武的《简帛兵学文献军术考述》是较早专门讨论古代军术之作。该文将军术归纳为军事预测术、军事禳辟术、军事诅咒术三个方面，并讨论了军术的实际意义、理论依据和反军术观点。③ 陈氏的"军术"大体可等同于兵阴阳家。其后他的《简帛兵学文献探论》一书，对战国秦汉时期的简帛兵学文献进行了深入探讨，除了军术问题外，其中有关军礼、军法等问题的论述也部分涉及兵阴阳。④岑丞丕在2005年发表的《先秦兵阴阳家问题探论》，是研究先秦兵阴阳家的专文。作者通过对《汉书·艺文志·兵书》中兵阴阳家书籍的复原，探讨了兵阴阳的定义和具体内容，认为兵阴阳家只是任宏校理兵书时以书籍特色来分类的方法，并非真正是兵家的一个流派；兵阴阳家与仪式、祭祀、卜筮等有密切的关系，但

---

① 陶磊：《〈淮南子·天文〉研究》，中国社会科学院博士论文，2002年。
② 陶磊：《从巫术到数术——上古信仰的历史嬗变》，山东人民出版社2008年版。
③ 陈伟武：《简帛兵学文献军术考述》，《华学》第一辑，中山大学出版社1995年版。
④ 陈伟武：《简帛兵学文献探论》，中山大学出版社1999年版。

其源头却来自黄老道家，军礼和兵阴阳家也存在着内在关系。文章探讨了先秦兵阴阳家的基本理论，认为兵阴阳家所用符号系统并非全然迷信而有其合理的成分。而兵阴阳家没落的原因，则包括体系牵涉广泛、学之不易、事涉迷信、战争收效有限以及兵器与战法不断更新等。该文还探讨了兵阴阳与天文、物候、气象、医学间的相互影响。① 岑文主题明确，搜集了较为丰富的史料，是兵阴阳家研究的重要之作。但作者对兵阴阳家的相关概念及关系未作细致梳理，探讨不够全面深入。田旭东《"兵阴阳家"几个问题的初步研究》及《兵书四种之一：兵阴阳家的学术风貌》，从《汉书》所著录兵阴阳文献分析入手，结合传世文献和出土资料，将兵阴阳家的具体内容归纳为兵忌、龟兆占验（含龟占、日月星气占、五音占、式占）、风角、刑德、辟兵五类。她认为兵阴阳家与阴阳数术家和道家学派之中的黄老之学有密切关系。②

陈松长《银雀山兵阴阳书与马王堆兵阴阳书之比较》认为，兵阴阳是兵家中的数术家，是根据天文、气象、时日、五行来预测占断以指导行兵打仗的方法和理论。③ 胡文辉亦持此见解，在《马王堆帛书〈刑德〉乙篇研究》中将涉及军事占测的数术文献都归入兵阴阳。④ 刘乐贤在《简帛数术文献探论》中则认为，《汉书·艺文志》中"阴阳"和"数术"性质相近又有所区别，一重理，一重术。因此他批评胡文辉的归类过于宽泛。⑤ 其后他在《马王堆天文书考释》和《从出土文献看兵阴阳》中进一步讨论了这一问题，明确提出不能简单地将兵阴阳与军事数术画等号，所谓兵阴阳是数术与兵学相结合产物的说法并不符合战国秦汉的情况。在他看来"兵阴阳"和"兵数术"是有区别的，就如同"阴阳"和"数术"的区别。刘氏的后一文章，是研究兵阴阳家的重要文献。⑥

邵鸿老师有多篇文章从不同方面讨论了中国古代军事数术和兵阴阳

---

① 岑承丕：《先秦兵阴阳家问题探论》，中国文化大学硕士论文，2005年。
② 田旭东：《追寻中华古代文明的踪迹》，复旦大学出版社2002年版；《秦汉兵学文化》，三秦出版社2012年版。
③ 陈松长：《银雀山兵阴阳书与马王堆兵阴阳书之比较》，《华学》第六辑，中山大学出版社2006年版。
④ 胡文辉：《中国早期方术与文献丛考》，中山大学出版社2002年版。
⑤ 刘乐贤：《简帛数术文献探论》，湖北教育出版社2004年版。
⑥ 刘乐贤：《马王堆天文书考释》，中山大学出版社2004年版；《从出土文献看兵阴阳》，原载《清华中文学林》2005年第1期，后收入《战国秦汉简帛丛考》，文物出版社2010年版。

家的问题:《春秋军事数术考述——以〈左传〉为中心》以《左传》为主要资料来源,从祭祷、卜筮、天文气象占和有关禁忌,梦占及诸杂占,祓禳,诅咒及其他五个方面,对春秋时代军事数术情况及其影响作了考述。①《兵阴阳家与汉代军事》叙述了兵阴阳家在汉代的发展表现:包括大批兵阴阳著作问世,军事数术形式有新的创造和发展,研习、传授者众多;指出兵阴阳家深刻影响了汉代战争的发生、进程和结局,也影响了汉代军队组织和军官选拔;最后论述了汉王朝对兵阴阳家及数术书籍、活动的忌讳和限制。②《神权垄断的悖论:中国古代国家对数术活动的限制与两难——侧重于兵阴阳学方面》一文,以历史上的兵阴阳家为切入点,指出利用神权是中国古代政治文化的特色,由于数术对于皇权统治具有两面性,因而皇权对数术既利用又限制,这种矛盾立场必然强化社会的神秘主义倾向,加之社会条件的制约和官府数术机构效能低下等原因,统治者最终不得不向民间求得数术支持而无法垄断数术。③《中国古代对军事数术和兵阴阳家的批判》则叙述了古代进步思想家和军事家批判军事数术和兵阴阳的概况,认为这种批判促进了兵阴阳家的衰落和中国古代兵学的进步,也促进了古代哲学和政治思想中唯物主义的发展,但也存在着历史局限。④

此外,在研究先秦秦汉时期的巫术、禁忌或军事思想的文献中也有涉及兵阴阳者。如顾钦《从〈左传〉灾异、占卜、战争记载看兵家阴阳思想》,⑤ 讨论了春秋时期的阴阳思想对军事活动和兵家的影响;王准《论周代战争中的巫术》将周代战争中的巫术分为祭祷之术、告献之术、预测之术和厌胜之术四类,认为周代战争中的巫术越接近中原仪式越规整,进入战国后战争中巫术因素越来越少,最后退出历史舞台;⑥ 王光华《先秦军事禁忌刍议》认为,禁忌思想对具体的军事行为具有实际的指导

---

① 邵鸿:《春秋军事数术考述——以〈左传〉为中心》,《南昌大学学报》(人社版)1999年第1期。

② 邵鸿:《兵阴阳家与汉代军事》,《南开学报》(哲学社会科学版)2002年第6期。

③ 邵鸿:《神权垄断的悖论:中国古代国家对数术活动的限制与两难——侧重于兵阴阳学方面》,《天津社会科学》2002年第1期。

④ 邵鸿:《中国古代对军事数术和兵阴阳家的批判》,《史林》2000年第3期。

⑤ 顾钦:《从〈左传〉灾异、占卜、战争记载看兵家阴阳思想》,《上海大学学报》(社会科学版)2006年第3期。

⑥ 王准:《论周代战争中的巫术》,《求索》2008年第1期。

第一章 绪论

意义，对战争的进程及结果产生重要影响；[1] 程远《先秦战争观研究》提出，三代天命战争观盛行，天是发动战争的依据，制导安排着战争的进程和结局，战争进程中的诸多重大问题都要通过祭祀和占卜的方式向天帝请示，春秋以后战争观念由天命神鬼为主导向民本战争观和功利战争观转变；[2] 其他如杨国勇《宗教在中国古代战争中的作用》[3]、黄朴民《中国古代军事预测述要》[4] 等文章对本书的研究也具有参考价值。

三 兵阴阳家具体形式和相关问题研究

兵阴阳家内涵丰富，形式众多，因之相关的研究著述数量较大，以下分类择要述之。

天文占研究。天文占（星占、天文气象占）是古代数术占候体系中最重要的内容之一。江晓原是中国古代星占学研究的一位重要学者，著有《天学真原》《星占学与传统文化》《12宫与28宿——世界历史上的星占学》《中国星占学类型分析》等书。[5] 中国古代星占学与军事的关系极其密切，因而江氏的著作对研究兵阴阳家实属重要，"军国星占学"的概念也是他最早提出来的。卢央《中国古代星占学》一书，以阴阳五行学说为思想背景对中国古代星占及其衍生形式（各种式法和风角占测）作了系统介绍。[6] 黄一农《社会天文学史十讲》以星占和择日为研究中心，探讨了传统天文学对政治、军事的影响以及它们与社会的互动。[7] 20世纪70年代马王堆帛书出土后，其中三种星占文献——《五星占》《天文气象占》和《日月风雨云气占》的研究论著众多。其中不少注意到了其与数术和军事占候的关系，如何幼琦《试论〈五星占〉的时代和内

---

[1] 王光华：《先秦军事禁忌刍议》，《云南民族大学学报》（哲学社会科学版）2007年第1期。
[2] 程远：《先秦战争观研究》，西北大学博士论文，2005年。
[3] 杨国勇：《宗教在中国古代战争中的作用》，《世界宗教研究》1995年第3期。
[4] 黄朴民：《中国古代军事预测述要》，《军事历史研究》1991年第3期。
[5] 江晓原：《天学真原》，辽宁教育出版社1991年版；《星占学与传统文化》，上海古籍出版社1992年版；《12宫与28宿——世界历史上的星占学》，辽宁教育出版社2005年版；《中国星占学类型分析》，上海书店出版社2009年版。
[6] 卢央：《中国古代星占学》，中国科学技术出版社2008年版。
[7] 黄一农：《社会天文学史十讲》，复旦大学出版社2004年版。

容》、① 刘彬徽《马王堆汉墓帛书〈五星占〉研究》、② 魏启鹏《帛书〈天文气象杂占〉的性质和纂辑年代》、③ 胡文辉《马王堆帛书〈刑德〉乙篇研究》、④ 欧阳傲雪《从马王堆星占简帛看战国星占术特色》、⑤ 王树金《帛书〈天文气象杂占〉"列国云占"探考》⑥ 等。刘乐贤对帛书中的星占术作了大量研究，特别是2004年出版的《马王堆天文书考释》一书，叙述了马王堆天文书的出土及研究情况、内容、性质及时代，并对其文字和若干问题进行了详尽考释。该书是马王堆天文书集成性的重要研究成果，学术价值很高。其中还专门探讨了天文书的性质及其与兵阴阳的关系，这在上文已有介绍。此外，陈久金《中国星占术的特点》、⑦ 何冠彪《先秦两汉占侯云气之著作述略》、⑧ 鲁子建《中国历史上的占星术》、⑨ 刘全志《论〈左传〉星占的思维特征及意义》、⑩ 张卫中《〈左传〉占梦占星预言与春秋社会》，⑪ 以及崔一楠、关云书《占星术对十六国北朝军事的影响》、⑫ 董煜宇《星占对北宋军事活动的影响》⑬ 等文，也都讨论了古代星占与军事活动的密切关系。

  卜筮研究。龟卜筮占是中国古代又一重要数术形式。清代学者胡煦《卜法详考》汇集了先秦史料中有关龟卜的记载并进行考订，⑭ 对研究早期卜法很有帮助。容肇祖1928年发表的《占卜的源流》一文，对从殷代

---

① 何幼琦：《试论〈五星占〉的时代和内容》，《学术研究》1979年第1期。
② 刘彬徽：《马王堆汉墓帛书〈五星占〉研究》，《马王堆汉墓研究文集》，湖南人民出版社1994年版。
③ 魏启鹏：《帛书〈天文气象杂占〉的性质和纂辑年代》，《马王堆汉墓研究文集》，湖南人民出版社1994年版。
④ 胡文辉：《中国早期方术与文献丛考》，中山大学出版社2000年版，第227—235页。
⑤ 欧阳傲雪：《从马王堆星占简帛看战国星占术特色》，陕西师范大学硕士论文，2009年。
⑥ 王树金：《帛书〈天文气象杂占〉"列国云占"探考》，《出土文献研究》，中华书局2010年版。
⑦ 陈久金：《中国星占术的特点》，《广西民族学院学报》（自科版）2004年第1期。
⑧ 何冠彪：《先秦两汉占侯云气之著作述略》，《中国史研究》1988年第1期。
⑨ 鲁子建：《中国历史上的占星术》，《社会科学研究》1998年第2期。
⑩ 刘全志：《论〈左传〉星占的思维特征及意义》，《唐山学院学报》2011年第5期。
⑪ 张卫中：《〈左传〉占梦占星预言与春秋社会》，《史学月刊》1994年第4期。
⑫ 崔一楠、关云书：《占星术对十六国北朝军事的影响》，《船山学刊》2011年第2期。
⑬ 董煜宇：《星占对北宋军事活动的影响》，《上海交通大学学报》（哲学社会科学版）2005年第6期。
⑭ 胡煦：《卜法详考》卷三，影印文渊阁《四库全书》第808册。

到宋明的龟卜、筮占、星占术的起源和发展作了总结和概括。① 董作宾《商代龟卜之推测》对商代的卜法进行了深入探讨，② 宋镇豪《殷墟甲骨占卜程式的追索》对甲骨占卜方法有总结性的讨论。③ 刘玉建的《中国古代龟卜文化》一书对中国历史上的龟卜文化进行了系统论述。④ 张政烺《试释周初青铜器铭文中的易卦》对易卦的起源进行了论述，其后又发表了《殷墟甲骨文中所见的一种筮卦》《易辨》等文章，⑤ 对筮占起源研究做出了重要贡献。徐中舒、金景芳、徐锡台、张亚初、李学勤、饶宗颐、李零等对筮占的起源和发展也有探讨。⑥ 其中李零在《筮占》和《早期卜筮的新发现》等文以出土材料和传世文献相印证，对筮法的起源、卜筮关系、卜筮方法和卜筮的发展等有较为详尽的论述。⑦

与卜筮方法及其起源的研究相比，专门探讨卜筮和古代军事活动关系的著述较少。但近年研究商代甲骨文中军事活动的文章显著增多。如熊祥军《从甲骨刻辞看商代的军事特色》、⑧ 王绍东《甲骨卜辞所见商王国对外战争过程及行为的研究》、⑨ 郭旭东《殷墟甲骨文所见的商代军

---

① 容肇祖：《占卜的源流》，《中央研究院历史语言研究所集刊》，第1本第1分，1928年。
② 董作宾：《商代龟卜之推测》，《董作宾先生全集》甲编第3册，（台北）艺文印书馆1977年版。
③ 宋镇豪：《殷墟甲骨占卜程式的追索》，《文物》2000年第4期。
④ 刘玉建：《中国古代龟卜文化》，广西师范大学出版社1993年版。
⑤ 张政烺：《试释周初青铜器铭文中的易卦》，《考古学报》1980年第4期；张政烺：《殷墟甲骨文中所见的一种筮卦》，《文史》第24辑，1985年；张政烺《易辨》，《周易纵横录》，湖北人民出版社1986年版。
⑥ 徐锡台：《西周卦画探原》，《中国考古学会第一届年会论文集》，文物出版社1979年版；张亚初、刘雨：《从商周八卦数字符号谈筮法的几个问题》，《考古》1981年第2期；李学勤：《西周甲骨的几点研究》，《文物》1981年第9期；李学勤：《〈周礼〉大卜诸官的研究》，《周易经传溯源》，长春出版社1992年版；饶宗颐：《上代之数字图案及卦象以数字奇偶表示阴阳之习惯》，《选堂集林·史林》，（香港）中华书局1982年版；饶宗颐：《殷代易卦及其有关占卜诸问题》，《文史》第20辑，1983年；徐中舒：《数占法与〈周易〉的八卦》，《古文字研究》，第10辑，1983年。
⑦ 李零：《中国方术正考》，第一章"有关《筮占》的部分"和第四章"早期卜筮的新发现"，中华书局2006年版。
⑧ 熊祥军：《从甲骨刻辞看商代的军事特色》，《贵州教育学院学报》2009年第11期。
⑨ 王绍东：《甲骨卜辞所见商王国对外战争过程及行为的研究》，山东大学硕士学位论文，2010年。

礼》、① 李发《商代武丁时期甲骨军事刻辞的整理与研究》、② 金鑫《甲骨卜辞战争叙事特点》、③ 章秀霞《花东卜辞与殷商军礼研究》④ 等。这些文章对于研究卜筮和军事的关系显然是有帮助的。

式占研究。式占是天文占的一种转化形式。20世纪中期以来，王振铎、严敦杰、李约瑟、陈梦家、殷涤非、罗福颐、夏德安、鲁惟一、山田庆儿、李学勤等先后对式占有所讨论。⑤ 在他们的基础上，李零对式占进行了深入研究，其成果主要体现在《式与中国古代的宇宙模式》《从占卜方法的数字化看阴阳五行说的起源》，以及《楚帛书与"式图"》《跋石村"式图"镜》等文。⑥ 诸文对式法的渊源，式图的组成，式图与原始思维和阴阳五行的关系进行考述，对研究式占具有重要意义。马王堆帛书《式法》公布后，相关研究渐多。其主要成果包括陈松长的系列研究《帛书〈阴阳五行〉与秦简〈日书〉》《帛书〈阴阳五行〉甲篇的文字释读与相关问题》《马王堆帛书〈式法〉研究》《马王堆帛书〈式法〉初论》，⑦ 马王堆汉墓帛书整理小组《马王堆汉墓帛书〈式法〉释文摘要》、⑧ 刘乐贤的《马王堆帛书〈式法·天一〉补释》、⑨ 晏昌贵的《读马王堆帛书〈式法〉》、⑩ 刘玉堂、刘金华《马王堆帛书〈式法〉"徙"、

---

① 郭旭东：《殷墟甲骨文所见的商代军礼》，《中国史研究》2010年第2期。
② 李发：《商代武丁时期甲骨军事刻辞的整理与研究》，西南大学博士论文，2011年。
③ 金鑫：《甲骨卜辞战争叙事特点》，《商丘师范学院学报》2012年第10期。
④ 章秀霞：《花东卜辞与殷商军礼研究》，《中原文化研究》2013年第5期。
⑤ 他们的有关研究成果，参见李零《中国方术正考》第二章 "'式'与中国古代的宇宙模式"，中华书局2006年版。
⑥ 李零：《中国方术正考》，中华书局2006年版。
⑦ 陈松长：《帛书〈阴阳五行〉与秦简〈日书〉》，《简帛研究》第2辑，法律出版社1996年版；陈松长：《帛书〈阴阳五行〉甲篇的文字释读与相关问题》，《简帛语言文字研究》，第1辑，2002年版；陈松长：《马王堆帛书〈式法〉研究》，《新出简帛国际学术研讨会文集》，文物出版社2004年版；
⑧ 马王堆汉墓帛书整理小组：《马王堆汉墓帛书〈式法〉释文摘要》，《文物》2000年第7期。
⑨ 刘乐贤：《马王堆帛书〈式法·天一〉补释》，《简帛研究》（上册），广西师范大学出版社2001年版。
⑩ 晏昌贵：《读马王堆帛书〈式法〉》，《人文论丛》2003年卷，武汉大学出版社2003年版。

"式图"篇讲疏》[①]等。此外，连劭名《式盘中的四门与八卦》、[②]陶磊《〈淮南子·天文〉研究》[③]对式占文献和式盘有较多讨论，值得注意。程少轩《放马滩简式占古佚书研究》以放马滩秦简《钟律式占》为中心，对式图、式占、式盘、式法的概念给出定义，对式占方法进行了细致研究，是式占的重要研究成果。[④]近年卢央在《中国古代星占学》中也专门讨论了中国古代的式占。[⑤]但到目前为止，专论式占与军事和兵阴阳的著述似尚未见。

风角音律占。根据风气、钟律进行军事占测，亦为古代数术和兵阴阳的一个重要门类。李零《中国方术正考》曾对其做过扼要讨论，指出此类数术起源很早，与军事有密切关系，在出土文献中银雀山汉简《天地八风五行客主五音之居》是风角五音占的代表作。饶宗颐《谈银雀山简〈天地八风五行客主五音之居〉》[⑥]、胡文辉《银雀山汉简〈天地八风五行客主五音之居〉释证》[⑦]、连劭名《银雀山汉简〈五音之居〉与古代的风占术》[⑧]是讨论这一兵阴阳文献的重要论文。唐继凯《秦汉律吕学研究综述（一）：〈史记·律书〉与秦汉律吕之学及兵学》是少有的专门之作。[⑨]此外，一些讨论古代音律占和鸟占的文章也往往会涉及其在军事方面的功能。[⑩]

---

① 刘玉堂、刘金华：《马王堆帛书〈式法〉"徙"、"式图"篇讲疏》，《江汉论坛》2002年第4期。
② 连劭名：《式盘中的四门与八卦》，《文物》1987年第9期。
③ 陶磊：《〈淮南子·天文〉研究》，中国社会科学院博士论文，2002年。
④ 程少轩：《放马滩简式占古佚书研究》，复旦大学博士论文，2011年。
⑤ 卢央：《中国古代星占学》，中国科技出版社2008年版。
⑥ 饶宗颐：《谈银雀山简〈天地八风五行客主五音之居〉》，《简帛研究》第1辑，法律出版社1993年版。
⑦ 胡文辉：《银雀山汉简〈天地八风五行客主五音之居〉释证》，《简帛研究》第3辑，广西教育出版社1998年版。
⑧ 连劭名：《银雀山汉简〈五音之居〉与古代的风占术》，《出土文献研究》，中华书局2010年版。
⑨ 唐继凯：《秦汉律吕学研究综述（一）：〈史记·律书〉与秦汉律吕之学及兵学》，《汉唐音乐史首届国际研讨会论文集》2009年10月。
⑩ 方建军：《古代乐占试说》，《南京艺术学院学报》（音乐与表演版）2008年第3期；田可文：《方术与乐律》，《中国音乐》1987年第4期；马新利：《师旷与〈师旷〉研究》，东北师范大学硕士论文，2011年；刘毓庆：《诗经鸟类兴象与上古鸟占巫术》，《文艺研究》2002年第3期；连劭名：《殷墟卜辞中的鸟》，《考古》2011年第2期。

时日占研究。《日书》是古代时日占的代表性文献。自20世纪70年代湖北云梦睡虎地秦简《日书》出土以来，类似简帛文献大量面世，有关研究亦形成热潮，成果非常丰硕。有关学术史的回顾，刘乐贤《睡虎地秦简日书研究》和《睡虎地秦简〈日书〉研究二十年》曾有详细叙述。[1] 刑德和孤虚术是古代时日数术的重要内容，且与兵阴阳有密切关系。较早的刑德术研究有李学勤的《干支纪年和十二生肖起源新证》、[2] 张培瑜的《出土简帛书中的历注》，[3] 饶宗颐的《刑德九宫释文》和《马王堆〈刑德〉乙本九宫图诸神释——兼论出土文献中的颛顼与摄提》，[4] 李零《中国方术正考》对刑德术也有简要叙述。[5] 马王堆帛书《刑德》是刑德数术的重要文献，随着《刑德》公布，陈松长在2001年出版了《马王堆帛书〈刑德〉研究论稿》一书，全书分为四个部分：第一部分简述了《刑德》的整理情况和目前的研究现状，第二部分论述刑德的概念和《刑德》，第三部分是《刑德》考释，第四部分是《刑德》甲、乙、丙三篇释文。陈氏有关刑德的文章还有《帛书〈刑德〉乙本释文校读》《帛书〈刑德〉乙本释文订补》《马王堆帛书〈刑德〉甲、乙本的比较研究》等。[6] 胡文辉《马王堆帛书〈刑德〉乙篇研究》对"刑德"概念的演变、移徙规律和《刑德》释文进行考释，并探讨了兵阴阳的源流及其占侯方式。[7] 陈、胡两位都明确地将《刑德》和兵阴阳家联系起来加以考察。法国的马克·卡林诺斯基在《马王堆帛书〈刑德〉试探》中对刑德

---

[1] 刘乐贤：《睡虎地秦简日书研究》，文津出版社1994年版；《睡虎地秦简日书研究二十年》，《中国史研究动态》1996年第10期。

[2] 李学勤：《干支纪年和十二生肖起源新证》，《文物天地》1984年第3期。

[3] 张培瑜：《出土简帛书中的历注》，《出土文献研究续集》，文物出版社1989年版。

[4] 饶宗颐：《刑德九宫释文》，《江汉考古》1993年第3期；饶宗颐：《马王堆〈刑德〉乙本九宫图诸神释——兼论出土文献中的颛顼与摄提》，《简帛研究》第1辑，法律出版社1993年版。

[5] 李零：《中国方术正考》，中华书局2006年版。

[6] 陈松长：《马王堆帛书〈刑德〉研究论稿》，台湾古籍出版有限公司2001年版；陈松长：《帛书〈刑德〉乙本释文校读》，《湖南省博物馆四十周年纪年论文集》，湖南教育出版社1996年版；陈松长：《帛书〈刑德〉乙本释文订补》，《简牍学研究》第二辑，甘肃人民出版社1997年版；陈松长：《马王堆帛书〈刑德〉甲、乙本的比较研究》，《文物》2000年第3期。

[7] 胡文辉：《马王堆帛书〈刑德〉乙篇研究》，《中国早期方术与文献丛考》，中山大学出版社2000年版。

法及其与战国的星占、历算的关系进行了论述。① 陶磊《马王堆帛书〈刑德〉甲、乙本的初步研究》对刑德的移徙规律有独到的见解。② 研究孤虚术的文章则有：刘乐贤《从周家台秦简看古代的"孤虚"术》，③ 秦建明、傅来兮《中国古代的孤虚奇谋》，④ 龙永芳《古代孤虚术小议——兼论周家台秦简中的孤虚法》⑤ 等。此外，刘乐贤《往亡考》《睡虎地日书中的"往亡"与"归忌"》《谈张家山汉简〈盖庐〉的"地橦""日橦"和"日名"》等文，⑥ 也都是研究古代时日占和兵阴阳家应注意参考的文献。

梦占。占梦术研究历来较受重视，但专注于梦占与军事的极少。以下数文是涉及军事的占梦论文：宋镇豪《甲骨文中的梦与占梦》、⑦ 张秋芳《甲骨卜辞中梦研究》、⑧ 晁福林《春秋时期的梦和占梦》、⑨ 杨健民《周代占梦术的发展及其政治功能》、⑩ 刘艳《先秦两汉占梦现象的文化考察》、⑪ 张卫中《〈左传〉占梦、占星预言与春秋社会》、⑫ 王勇《五行与梦占——岳麓书院藏秦简〈占梦书〉的占梦术》。⑬

祭祀禳祝研究。与上述各种数术的主要功能预测不同，祭祀禳祝是

---

① ［法］马克·卡林诺斯基：《马王堆帛书〈刑德〉试探》，《华学》第一辑，中山大学出版社1995年版。
② 陶磊：《马王堆帛书〈刑德〉甲、乙本的初步研究》，《简帛研究（2004）》，广西师范大学出版社2006年版。
③ 刘乐贤：《从周家台秦简看古代的"孤虚"术》，《出土文献研究》第七辑，上海古籍出版社2005年版。
④ 秦建明、傅来兮：《中国古代的孤虚奇谋》，《文博》2009年第2期。
⑤ 龙永芳：《古代孤虚术小议——兼论周家台秦简中的孤虚法》，《荆门职业技术学院学报》2007年第2期。
⑥ 分别见《简帛数术文献探论》，湖北教育出版社2004年版；《简帛研究》第2辑，法律出版1996年版；《战国秦汉简帛丛考》，文物出版社2010年版。
⑦ 宋镇豪：《甲骨文中的梦与占梦》，《文物》2006年第6期。
⑧ 张秋芳：《甲骨卜辞中梦研究》，河北师范大学硕士论文，2011年。
⑨ 晁福林：《春秋时期的梦和占梦》，《烟台师范学院学报》（哲学社会科学版）1995年第3期。
⑩ 杨健民：《周代占梦术的发展及其政治功能》，《福建论坛》（文史哲版）1993年第3期。
⑪ 刘艳：《先秦两汉占梦现象的文化考察》，陕西师范大学硕士论文，2012年。
⑫ 张卫中：《〈左传〉占梦、占星预言与春秋社会》，《史学月刊》1999年第4期。
⑬ 王勇：《五行与梦占——岳麓书院藏秦简〈占梦书〉的占梦术》，《史学集刊》2010年第4期。

另外一类型的数术形式。其通过一定的仪式和馈献，祈求神灵保佑于己，加害于敌。作为一种历史久远、影响至深的文化传统，多年来学术界关于上古时期祭祀的研究很多。有关情况，詹鄞鑫《神灵与祭祀——中国传统宗教论》、张鹤泉《周代祭祀研究》两书有较为全面的介绍，① 因此这里就不重复而仅侧重概述有关军事祭祀禳祝方面的成果。

任慧峰的博士学位论文《先秦军礼研究》全面研究了先秦时代的军礼问题，全文分为五章，分别讨论战前军礼、战中军礼、战后军礼、军旗、与军礼相关的一些问题。因为军礼与祭祀活动密不可分，相为表里，因此本文可以视为研究军祭的专门著述。② 李发、喻遂生《商代校阅礼初探》、③ 杨宽《"大蒐礼"新探》、④ 袁俊杰《两周射礼研究》、⑤ 赵红红《先秦射礼研究》、⑥ 杨华《先秦衅礼研究——中国古代用血制度研究之二》⑦ 等文，对先秦时期有关军礼形式中的祭祀禳祷活动也有涉及。王志平《中国古代的军祭活动》《论中国古代的军祭和战争中的占卜活动》⑧ 两文讨论了古代军祭的一般情形、军祭与宗教的关系及其对军事活动的影响。邵鸿老师《中国古代的祃祭》、⑨ 艾红玲《古代祃祭流变考》、⑩ 王政《类、祃考——〈诗经〉军旅祭典研究之一》，⑪ 对从西周至明清军祭的重要一种——祃祭的对象、地点、程序及其演变进行了探讨。

祝祷诅咒是军祭过程中的重要内容，连劭名、⑫ 张国硕⑬讨论了商代

---

① 詹鄞鑫：《神灵与祭祀——中国传统宗教论》，江苏古籍出版社1992年版；张鹤泉：《周代祭祀研究》，文津出版社1993年版。
② 任慧峰：《先秦军礼研究》，武汉大学博士论文，2010年。
③ 李发、喻遂生：《商代校阅礼初探》，《西南大学学报》（社会科学版）2012年第4期。
④ 杨宽：《"大蒐礼"新探》，《学术月刊》1963年第3期。
⑤ 袁俊杰：《两周射礼研究》，河南大学博士论文，2010年。
⑥ 赵红红：《先秦射礼研究》，浙江大学硕士论文，2009年。
⑦ 杨华：《先秦衅礼研究——中国古代用血制度研究之二》，《江汉论坛》2003年第1期。
⑧ 王志平：《中国古代的军祭活动》，《世界宗教研究》1993年第1期；《论中国古代的军祭和战争中的占卜活动》，《中国军事科学》1998年第2期。
⑨ 邵鸿：《中国古代的祃祭》，（台湾）《历史月刊》2002年第7期。
⑩ 艾红玲：《古代祃祭流变考》，《社会科学论坛》2009年第3期。
⑪ 王政：《类、祃考——〈诗经〉军旅祭典研究之一》，《第三届中国俗文化国际学术研讨会暨项楚教授七十华诞学术讨论会论文集》，2009年。
⑫ 连劭名：《商代军事行动的祝祈》，《殷都学刊》1996年第4期。
⑬ 张国硕：《试论商代的会盟誓诅制度》，《殷都学刊》1998年第4期。

第一章　绪论　　　　　　　　　　　　　　　　　　　　　19

的有关情况；容庚、郭沫若、杨树达、姜亮夫讨论了著名的秦《诅楚文》。①杨宽在前述诸人的基础上著有《秦〈诅楚文〉所表演的"诅"的巫术》一文，对《诅楚文》的神前诅楚祭礼、相关咒诅和"血祠"进行了深入分析，对研究诅军术很有助益。王子今研究了汉匈西域战争中的"诅军"巫术，虽晚于先秦，但亦具参考价值。②与之密切相连的还有各种军事方面的巫术厌胜活动。俞伟超、李家浩识读了战国的"兵避太岁"戈，指出其具有厌胜避兵的性质；③李学勤、李零将其与马王堆帛书"神祇图"相联系，将二者视为相同性质的东西。④

兵阴阳性质的兵书研究。近数十年来考古发现的兵阴阳类文献数量很多，有关研究成果也较多出现。骈宇骞《出土简帛书籍分类述略（兵书略）》、⑤李学勤《张家山汉简概述》，⑥以及前面已提及的胡文辉《马王堆帛书〈刑德〉乙篇研究》、陈松长《银雀山兵阴阳书和马王堆兵阴阳书之比较》、刘乐贤《从出土文献看兵阴阳》等文，对出土文献中的兵阴阳文献进行了指认和归纳。在具体的兵阴阳文献研究方面，除上面各部分已涉及外，较重要的还有李零对《孙子兵法》中的兵阴阳家言和《地典》的研究，⑦陆继鹏对《孙膑兵法》中的兵阴阳思想的研究，⑧曹锦炎、连劭名、田旭东和邵鸿老师等人对《盖庐》的研究，⑨邵鸿老师和徐勇对

---

① 容庚：《古石刻零拾》，中华书局2012年版；郭沫若：《诅楚文考释》，《郭沫若全集·考古编》第九卷，科学出版社1952年版；杨树达：《诅楚文跋》，《积微居小学述林》卷七；姜亮夫：《秦诅楚文考释——兼释亚驼、大沈久湫两辞》，《兰州大学学报》1980年第4期。
② 王子今：《汉匈西域战争中的"诅军"巫术》，《西域研究》2009年第4期。
③ 俞伟超、李家浩：《论"兵避太岁"戈》，《出土文献研究》，文物出版社1988年版。
④ 李学勤：《"兵避太岁"戈新证》，《江汉考古》1991年第2期；李零：《马王堆汉墓"神祇图"应属辟兵图》，《考古》1991年第10期；《湖北荆门"兵避太岁"戈》，《文物天地》1992年第3期；《中国方术正考》，中华书局2006年版。
⑤ 骈宇骞：《出土简帛书籍分类述略（兵书略）》，《中国典籍与文化》2006年第1期。
⑥ 李学勤：《张家山汉简概述》，《简帛佚籍与学术史》，江西教育出版社2001年版。
⑦ 李零：《简帛古书与学术源流》，生活·读书·新知三联书店2004年版。
⑧ 陆继鹏：《简本〈孙膑兵法〉兵阴阳思想探析》，《军事历史》2012年第2期。
⑨ 邵鸿：《张家山汉墓古竹书〈盖庐〉与〈伍子胥兵法〉》，《南昌大学学报》（人社版）2002年第2期；邵鸿：《张家山汉简〈盖庐〉研究》，文物出版社2007年版。曹锦炎：《论张家山汉简〈盖庐〉》，《东南文化》2002年第9期；田旭东：《张家山汉墓竹简〈盖庐〉中的兵阴阳家》，《历史研究》2002年第6期。田旭东：《新公布的竹简兵书——〈盖庐〉》，《中华文化论坛》2003年第3期。

《六韬》中兵阴阳家内容的研究,① 谢祥皓《中国兵学》先秦卷中部分章节也涉及兵阴阳②,等等。

四 存在的问题

虽然前人已经做了大量扎实而有意义的工作,但是有关先秦兵阴阳家研究还有许多混沌不清、亟待解决的问题。

第一,仍缺乏整体和系统的研究。除岑丞丕的论文外,将先秦兵阴阳家作为一个专门命题进行集成性研究的尚未见及,已有著作和论文或者仅仅就兵阴阳家的某一方面进行考察,或者是在研究数术问题或简帛资料时附带涉及。这样的研究相互隔离,较为分散,尽管对兵阴阳家的某些具体部分已有深入了解却难以窥其全貌。

第二,对兵阴阳家的源流研究不足。兵阴阳家是如何形成、又在什么样的背景下产生的?它是沿着哪条线索顺流而下的?巫术、数术、阴阳家、兵阴阳家这些概念之间有何区别和联系?前人还很少涉及这个问题,但是理清这一脉络对研究兵阴阳家的内涵、本质及其源流至关重要。

第三,兵阴阳家的具体内容和形式仍有讨论空间。兵阴阳家作为先秦兵家的四大流派之一,它的内涵和外延究竟为何?哪些内容是兵阴阳家讨论的范畴?它采取了哪些具体的形式,这些形式如何操作并被运用于军事之中?它们之间有无关联?从商代至战国末期有什么样的变化?这些问题或尚少论及,或见解相异,因而都还是需要深入讨论和分析的。

第四,兵阴阳家的历史地位和影响也有待研究。兵阴阳家对春秋战国的军事有哪些影响?春秋战国时期对兵阴阳家的批判思想有哪些?国家对兵阴阳家采取什么样的态度和政策?兵阴阳家的历史地位和影响如何?这些问题对于客观看待和评价兵阴阳家十分重要,但是相关研究却很不充分。

回答这些问题也正是本书的研究目的所在。笔者力图在前贤研究的基础上,对先秦的兵阴阳家作一集成性的梳理和讨论。

---

① 邵鸿、徐勇:《六韬综论》,《济南大学学报》2001年第3期。
② 谢祥皓:《中国兵学》,山东人民出版社1998年版。

第三节　研究所依据的材料和方法主旨

　　研究先秦兵阴阳家最可靠的资料本应该是《汉书·艺文志·兵书》中所记载的兵阴阳文献，可惜的是这些文献到隋唐时期就已全部亡佚。但是根据《兵书》的著录，我们还是可以得到关于先秦兵阴阳家的一些情况。传世文献有诸多直接或间接的关于兵阴阳家的记载，尤其是兵阴阳家与古代的军事和数术密切相关，而中国古代的兵学和数术典籍相当丰富，这也是本书重要的资料来源。同时，近几十年来出土了大量战国秦汉时期的简帛资料，其中很多是兵家和数术文献，这些也是本书研究资料的重要组成部分。

　　本书采用二重证据法，将传世文献和出土资料相结合，从各种传世和出土文献中搜集相关的资料并相互参考，综合加以运用。在研究方法上运用归纳和分析法，对材料进行归类然后进行分析，以期得到相对客观的结论。在研究过程中注重参考和吸纳已有的研究成果，以期能站在前人的肩膀上，将兵阴阳研究向前推进。

第二章

兵阴阳家的源与流

兵阴阳或兵阴阳家正式出现于西汉时期。《汉书·艺文志》:"(兵)阴阳者,顺时而发,推刑德,随斗击,因五胜,假鬼神而为助也。"我们知道,《艺文志》之"兵书"源于西汉成帝时步兵校尉任宏校理著录的《七略·兵书》,而任宏校兵书时在河平二年(公元前 27 年),这便是我们今天所知兵阴阳(家)一词最早出现的时间。但兵阴阳家的历史和渊源,要比这久远得多。按照《艺文志》的定义,兵阴阳家讲求时日选择,以刑德术、天文占和五行相胜之说等为决断,并且利用各种鬼神之术。由此可见,兵阴阳家是以阴阳五行为基础,以运用多种数术及巫术为特征的兵家流派。因此要认识兵阴阳家,明其源流,就必须了解巫术、数术、阴阳五行和阴阳家,理清它们的基本内容、历史发展和相互关系。

第一节 巫术

一 巫与巫术

从世界民族志材料看,早在原始社会巫就是社会中一个重要群体,这是一个极普遍的现象。中国的巫出现也很早,考古学证明,最晚到龙山时代,中国大陆上已经形成了专业化的巫师群体。[①]

《说文·巫部》:"巫,巫祝也。女能事无形,以舞降神者也。""觋,能齐肃事神明者。在男曰觋,在女曰巫。"《国语·楚语下》:"古者民神不杂,民之精爽不携贰者,而又能齐肃衷正,其智能上下比义,其圣能光远宣朗,其明能光照之,其聪能听彻之,如是则明神降之,在男曰觋,

---

① 胡新生:《中国古代巫术》,山东人民出版社 1998 年版,第 15 页。

第二章 兵阴阳家的源与流

在女曰巫,是使制神之处位次主,而为之牲器时服。"在古人心目中,巫是能与神灵沟通的特殊人物,这是他们的主要特征和职能。何休《公羊传·隐公四年》疏:"巫者,事鬼神,祷解以治病请福者也";孔颖达《周易正义》:"史谓祝史,巫谓巫觋,并使接事神鬼之人也";段玉裁《说文》注:"巫觋,见鬼者",都是符合中国实际的准确概括。张紫晨指出,中国各种巫和巫师活动的存在,全都以鬼灵为中心展开,① 其说甚是。

巫一方面交通敬奉鬼神,传达鬼神旨意;另一方面又要防范应对鬼神对人的祸害,于是各种各样的驱使鬼魅、辟邪禳灾和未来预测术被他们发明出来。巫的诸多技术方法即是巫术。巫术的存在至少与巫一样长久,但是"巫术"一词先秦似乎未见,它可能最早出自《后汉书·方术列传》:"徐登者,闽中人也。本女子,化为丈夫,善为巫术。"此后在中国典籍中,"巫术"使用渐多但并不统一,与巫术一词意义相近又有所出入的还有数术、法术、方术、妖术等词汇。② 由其主要特征和职能所决定,中国古代巫术诚如高国藩所说,以"神仙鬼怪巫术最为丰富"③。国内大多数研究者都把古代巫觋活动内容纳入巫术范畴和研究视野,是从中国实际出发,在归纳事实的基础上加以分析讨论的自然结果。研究中国巫术而将鬼神崇拜和各种御使鬼神和预测之术排除在外,并不符合中国的实际。

关于巫术的定义,学术界众说纷纭,未有定论,这里不再展开论述。笔者想指出的是,从世界范围看,巫术和鬼神在绝大多数情况下也都密不可分。早期的西方学者主要从巫师的行事认识巫术的内涵和性质,在他们那里,鬼神和巫术通常是紧密联系在一起的。如18世纪法国思想家伏尔泰认为,巫术被认为是超自然的事情,巫术的操作者为术士,它的职责包括呼风唤雨,观察天体的运行,将天象与人事相联系,诅咒厌劾,能通鬼神等。④ 这种认识是建立在对欧洲和世界很多地区有关现象的观察

---

① 张紫晨:《中国巫术》,上海三联书店1990年版,第32页。
② 胡新生:《中国古代巫术》,山东人民出版社1998年版,第2—3页。
③ 高国藩:《中国巫术史》,上海三联书店1999年版,第5页。
④ [法]伏尔泰:《风俗论·导论》,梁守锵译,商务印书馆2003年版。

和了解之上的。① 19世纪被称为"人类学之父"的爱德华·泰勒在其《原始文化》中指出,巫术建立在人类智慧基础上,是人们在想象和现实之间建立的错误联系。泰勒着重从人类思维方式及巫术的思想原则来探讨巫术,见解深刻,影响很大,但他并没有否认鬼神与巫术的关联。此后詹·乔·弗雷泽在其研究巫术的名著《金枝》中发展了泰勒的思想,进一步认为巫术是被歪曲了的自然规律,是错误的行动准则,并提出了巫术思维的两大规律——"相似律"和"接触律",从而将巫术分为"模拟巫术"(或称"顺势巫术")和"接触巫术"(或称"交感巫术")两大类型,这是弗氏的重大贡献。但是弗雷泽完全将巫术界定为对无人格超自然力的控制性使用,而将鬼神崇拜和有关活动归于宗教,从而将巫术与鬼神相分离,则使巫术研究的范围大为收窄。

由于弗雷泽在巫术研究领域的重大影响,不仅西方很多学者都俯伏于弗氏的理论框架内,在中国,也有不少学者完全按照弗雷泽的定义研究、叙述中国的巫术现象和历史。最典型的代表是詹鄞鑫,他在《心智的误区》一书中认为,巫术是在原始思维方式指导下产生的旨在控制事物的发生、发展和变化结果的人类行为。詹先生不仅坚持鬼神属于宗教范畴而不属于巫术的观点,而且把以判断和预测为目的的各种占卜术也完全排除于巫术之外。这种立场,我们不能赞同。

因为从研究方法的角度来看,究竟是应该从广泛的巫文化现象中采取归纳法,从而得出具有普遍共性的巫术特征及其定义;还是应该从某些人为规定的抽象的概念出发,限定某些行为和现象属于巫术,而某些行为和现象则属于宗教或者其他?笔者认为正确的应是前者而非后者,因为前者是主观适应客观的方式,而后者则是客观适应主观的方式——不客气地说,这是一种削足适履的方式。如果认同这一理念,那么,巫术就不应当像弗雷泽认为的那样,仅仅局限在非人格超自然力的控制和使用,而应当包括人格的和非人格的超自然力的控制和使用。这样的定

---

① 事实上,巫术与鬼神密切相连是人类学家的普遍认识,如泰勒《原始文化》:"魔法和关亡召鬼术在流传的几千年中联系密切。"(上海文艺出版社1992年版,第149页)马林诺夫斯基《巫术、科学、宗教与神话》:"高一等的社会,巫术常是得自灵与怪。"(中国民间文艺出版社1986年版,第57页)即使是坚决主张将巫术和以鬼神崇拜为特征的宗教严格区分开来的弗雷泽,也承认"宗教的理论同巫术的实践混在一起,这种情况在历史上是常见的。实际上很少有什么宗教能完全摆脱古老巫术的影响。"(《金枝》,新世界出版社2006年版)

义才是周延的和符合历史实际的科学定义。罗伯特·路威曾描述道："野蛮人视为神圣的东西，不是那呆板的物件，而是那黏在物件上的超自然的力量。这个力量也许属于一个神或精灵，也许只是一个无人格的力量。"① 这样一个简单的事实，究竟适用于哪一种巫术定义，是很清楚的。反之，我们就会面临很尴尬的处境：在中国历史社会中广泛存在的巫和巫术，绝大部分就都变成了不属于巫术范畴的行为和现象，一部中国巫术史将几乎和鬼神方术毫无关系。这样的中国巫术史，能够反映中国巫和巫术的实际和全貌吗？中国如此，西方其实也同样如此，比如，按照鬼神与巫术没有本质关联的定义，我们又该如何叙述和解释西欧历史上的"猎巫运动"？尽管这是典型的宗教观念的产物，但离开了魔鬼观念，西欧对巫和巫术的恐惧和严酷打击迫害如何能够存在或发生？

因此，笔者拟给出巫术的定义是：建立在超自然力（人格的和非人格的）信仰和原始思维方式基础上，旨在预测、控制事物的发生、发展和变化结果的人类行为。本书对巫术的讨论，就建立在这样的概念基础之上。

二　中国古代巫术类型及其发展

中国古代的巫术活动内容包含广泛，不同学者有不同的归纳和分类。国内多数学者都是遵循西方人类学的习惯，将巫术分为模拟巫术、接触巫术、黑巫术、白巫术等，但也有一些学者不是从人类学的一般理论出发，而是根据中国历史实际来立论。其中尤其值得注意的学者有两位。

李零将中国古代巫术活动归纳为16个方面，即1. 方向之祭；2. 祈雨止雨；3. 请风止风；4. 见神视鬼；5. 祈禳厌劾；6. 转移灾祸；7. 毒蛊；8. 巫蛊；9. 媚道；10. 星算；11. 卜筮；12. 占梦；13. 相术；14. 医术；15. 祝由；16. 房中。这些巫术的基本特征是都与沟通御使鬼神有关，李零依内容不同又将其分为两类，第一类以祠祭祝祷为特点（1—9），大体和西方的"白巫术"和"黑巫术"相近；第二类和中国古代的"方术"即数术方技关系更大（10—16）。② 第二类巫术，实际上包括了

---

① ［美］罗伯特·路威：《文明与野蛮》，吕叔湘译，生活·读书·新知三联书店1984年版，第215—216页。

② 李零：《中国方术续考》，中华书局2006年版，第52—57页。

预测术和医疗养生之术。

　　胡新生将中国古代巫术分为预测、禁忌和禳除三大类。根据他的表述，预测术是通过与预测对象毫无内在联系的神秘方法来推测这些对象未来的走势和结果，这一类巫术在中国古代最为发达，如天文、卜筮、堪舆、相法等数术均与之有关；禁忌巫术是在人们已知孰吉孰凶情况下，对那些能给人们带来危害而人们又无力消灭的神秘力量采取一种躲避、退守的策略，中国古代特别发达的日忌迷信就属于此类巫术；禳除性巫术是最典型的巫术，其以积极的姿态和攻击性手段直接干预自然、社会和个人生活，中国古代大量存在的各种灵物和辟邪方法，控制自然、禁治疾病以及控制人类行为和情感的法术，都是禳除性巫术。①

　　李、胡的分类，相对合理清晰，同时他们均将巫术和后来的数术联系起来。参照他们两位的分类，并考虑本书叙述的方便，下面我们按照祭祀禳除术、预测术和医疗养生术分别叙述原始巫术及其发展的一般情况。②

　　1. 祭祀禳除术

　　（1）祭祀

　　祭祀是通过一定的仪式和物品奉献与鬼神沟通，以求得福佑庇护的人类活动。弗雷泽在《金枝》中曾提到：

> 　　古代巫术正是宗教的基础。虔诚的、要想获得神的恩惠的人，除非双手抓住神，否则就没有成功的机会。而这只有通过一定数量的典仪、祭品、祷词和赞歌等才能得到。神自己也启示过，只有这样对待他，才能使他去做那些要求他做的事。③

　　所谓"一定数量的典仪、祭品、祷词和赞歌"，就是指祭祀活动。就

---

　　① 胡新生：《中国古代巫术》，山东人民出版社1998年版，第3—6页。

　　② 按：鉴于禁忌乃是既有预测结果的固化并成为行为规定，实为预测术的特殊形式，所以不单独列为一类。又上古医疗养生术与祭祀禳除术在性质上很接近，特别是祝由术，本来就是祈禳厌劾之术在医疗中的应用。这里将其单列，是考虑到医术、房中两项所包含的内容不能完全归入第一类之中。

　　③ ［英］弗雷泽：《金枝》，徐育新等译，新世界出版社2006年版，第54页。

其本为沟通神灵且有一定规则而言，祭祀当然是原始巫术的一种重要形式，所以弗雷泽才说巫术是宗教的基础。

考古发现证明，在上古中国距今 7000 年前已有显著的祭祀活动：在前仰韶时代，存在着由"灰坑"构筑的祭祀遗址的普遍现象，磁山文化的居民可能已经有了一定规模的祭天祈年活动；① 在中原以外地区，辽宁阜新查海文化遗址出土祭祀坑和 19.7 米长石龙；② 湖南洪江高庙遗址发现面积约 1000 平方米的大型祭祀场所，在 39 个祭祀坑中发现了两具头部被利器打击致死的人骨架和多具猪、牛、鹿、龟等动物骨骼。③ 此后，在临潼姜寨仰韶文化遗址、山东胶县三里河龙山文化、甘肃永靖大何庄齐家文化墓地都曾发现祭祖的场地；④ 内蒙古赤峰红山文化晚期的牛河梁、东山嘴遗址发现有庙、坛、冢、金字塔形大型祭坛建筑，呈中轴线沿山布局，分布范围广阔并有等级之分，并出土了女神雕塑像、数量众多的玉器以及燎祭遗迹；河南濮阳西水坡龙山文化大型墓葬，出土蚌塑龙虎鹿等图案及大型祭祀遗迹群；浙江杭州湾地区发现良渚文化的众多大型祭坛和玉敛葬遗址。⑤ 这些发现充分证明，在原始社会晚期，祭祀活动不仅极为普遍，而且有的地方已形成了大型祭祀礼仪中心，这种祭祀礼仪中心可能又是早期方国的权力中心。这和文献对五帝时期祭祀的发达和礼仪化的记载颇能吻合，如《史记·五帝本纪》：颛顼"养材以任地，载时以象天，依鬼神以制义，治气以教化，絜诚以祭祀"；舜"乃在璇玑玉衡，以齐七政，遂类于上帝，禋于六宗（郑玄注：'星、辰、司中、司命、风师、雨师也'），望于山川，辨于群神"。祭祀活动对于中国早期文明的产生和发展显然至关重要，因此实为早期巫术的翘楚。

（2）祈禳之术

祭祀在贡献的同时必然通过舞蹈和语言文字等方式，请求福报，免

---

① 卜工：《文明起源的中国模式》，科学出版社 2007 年版，第 39—52 页。
② 辽宁省考古研究所：《阜新查海新石器时代遗址试掘简报》，《辽海文物学刊》1988 年第 1 期。
③ 湖南省文物考古研究所：《湖南洪江市高庙新石器时代遗址》，《考古》2006 年第 7 期。
④ 宋兆麟：《巫与巫术》，四川民族出版社 1989 年版，第 166 页。
⑤ 孙德萱、丁清贤、赵连生、张相梅：《河南濮阳西水坡遗址发掘简报》，《文物》1988 年第 3 期；王明达：《浙江余杭反山良渚墓地发掘简报》，《文物》1988 年第 1 期；芮国耀：《余杭瑶山良渚文化祭坛遗址发掘简报》，《文物》1988 年第 1 期。

遭灾祸，故祭祀必有祈祷禳除活动。祈祷为祝福，禳除为祛祸。从民族志学材料看，原始民族在农、牧业等生产活动中祭祀祈祷丰厚回报是普遍情形。内蒙古阴山岩画狩猎图中多有舞蹈画面，应与狩猎祈禳有关。龙山文化陶寺遗址出土了用鳄鱼皮作鼓面的木鼓和大型石磬乐器，可能是在祭祀活动中为歌舞伴奏的乐器。商周时期这种祭祀舞蹈依然存在，如《周礼·司巫》"若国大旱，则率巫而舞雩"即为一例。此类舞蹈通常伴随着祈祷祝愿，《吕氏春秋·古乐》："葛天氏之乐，三人操牛尾，投足以歌八阙：一曰载民，二曰玄鸟，三曰遂草木，四曰奋五谷，五曰敬天常，六曰达帝功，七曰依地德，八曰总禽兽之极。"胡新生认为遂草木、奋五谷、总禽兽之极，就是一些祝词和咒语。湖北屈家岭文化和石家河文化的邓家湾遗址出土上百个陶俑和上千个陶塑动物，可能也和当时的祈禳仪式有关。① 生育巫术也是上古时期已经显著发生的祈禳巫术活动。在仰韶、马家窑、龙山、大溪、屈家岭和齐家文化等遗址中屡有发现陶或石制的男性生殖器（祖），② 就是最好的证明。

（3）厌劾之术

厌劾是禳除的发展，它通过震慑或攻击性的方式抑制、除去祸患或敌对力量。旧石器时代晚期的山顶洞人，在墓葬中撒有赤铁矿粉，联系后来仰韶文化和龙山文化墓葬中的同类现象和古代术士以朱砂为辟邪灵物的传统，可见其为最早的厌劾辟邪之术。河南濮阳西水坡仰韶文化遗址中的龙虎蚌塑，仰韶文化陶器上的人面形纹和人头塑像，龙山文化陶盘上的蟠龙图形，可能也有辟除恶鬼的巫术意义。夏代曾将各种神物图像铸在九鼎上，其作用据《左传·宣公三年》："民入川泽山林，不逢不若（善），螭魅罔两，莫能逢之"，说明鼎上图像具有辟除恶鬼的作用。古代越族人在身上文上龙蛇，认为这样入水就不会被龙蛇伤害，是同样的事例。在新石器时期的一些建筑基址下有人、畜骨架奠基的情形，可能和厌胜有关。另外，诅咒可能也已成为当时厌劾之术的一项重要形式。

---

① 石家河考古队：《湖北省石家河遗址群1987年发掘简报》，《文物》1990年第8期；荆州地区博物馆、北京大学考古队：《天门邓家湾遗址1987年春发掘简报》，《江汉考古》1993年第1期。

② 李零：《中国方术正考》，中华书局2006年版，第349—353页。

2. 预测术

（1）占卜

占卜术的历史相当古老，早至 9000 年前的河南贾湖裴李岗文化遗址墓葬中，出土数量颇多的带有钻、凿痕并装有石子或水晶的龟甲，又有骨笛和叉形器等。这些龟甲和石子数量似有规律可循，可能属于早期的龟象数卜。[①] 安徽含山凌家滩墓葬出土方形八角纹玉片和玉龟，玉片置于玉龟腹内，也可能是占卜的器物。仰韶文化、龙山文化和齐家文化的多个遗址都曾发现烧灼过的卜骨和卜甲，说明甲骨占卜已经较为普遍。

（2）天文占

我国最早的天文观测和历法制作可溯至新石器时代。冯时等人根据距今 6000 多年的濮阳西水坡 M45 的布局和遗物，推测墓主人很可能是一位"司天者"兼部落酋长或原始国王。[②] 更典型的例证当属在山西襄汾陶寺遗址发现的大型天文观测建筑基址，该遗址由观测台和弧形观测柱列组成，可以完整地观测太阳回归年的太阳视运动情形。观测表明，陶寺历法的一年为 365 天，但还是一种比较原始的历法。[③] 虽然此观象台是否具有其他天体的观测功能还不得而知，但遗址性质为古天文观象台无疑。这和文献记载同样相当吻合，颛顼时"绝地天通"的南正重和火正黎在古代被视为历法的创始人；《世本》："黄帝使羲和占日，常仪占月，臾区做星气，伶伦造律吕，大挠作甲子，隶首作算数，容成综此六术，而著调历。"《尚书·尧典》："乃命羲、和，敬顺昊天，数法日月星辰，敬授民时。"当时发展起来的天文观测显然不是单纯的科学度量，《史记·五帝本纪》称黄帝"治五气""迎日推筴"，"顺天地之纪，幽明之占，死生之说"；《尚书·舜典》："正月上日，受终于文祖。在璇玑玉衡，以齐七政"，皆以天象与人事相联系，可证以星象占测人事吉凶在原始社会末期就已经出现。

由于天文学的特性，从早期开始天文占就具有依赖数学和推数而定

[①] 宋会群：《中国术数文化史》，河南大学出版社 1999 年版，第 51—63 页。
[②] 冯时：《中国天文考古学》，社会科学文献出版社 2001 年版，第 299—301 页；陆思贤、李迪：《天文考古通论》，紫禁城出版社 2000 年版，第 13—14 页。
[③] 中国社会科学院考古研究所山西队：《陶寺中期小城大型建筑 II FJT1 基址实地模拟观测报告》，《古代文明研究通讯》第 29 期；何驽：《陶寺中期观象台失地模拟观测资料初步分析》，《中华文明探源工程文集》（社会与精神文化卷［上］），科学出版社 2009 年版。

的特点。因此，天文占应是最早的数术形式之一。

（3）其他预测术

从考古发现的新石器时代大量聚落遗址来看，当时人们对于如何选择居住地点，显然是有基本认识的，如青睐向阳开敞和临河二级台地等，则可能已经形成某些禁忌。筮占、梦占和时日择吉等数术形式，目前缺少证据，但根据较晚的文献及民族志材料推测，也未尝没有出现的可能性。

3. 医药养生术

原始时期巫医不分，治疗疾病是巫师工作的组成部分。《世本·作篇》："巫彭作医。"《山海关·大荒西经》："有灵山，巫咸、巫即、巫盼、巫彭、巫姑、巫真、巫礼、巫抵、巫谢、巫罗十巫，以此升降，百药爰在。"《海内西经》："开明东有巫彭、巫抵、巫阳、巫履、巫凡、巫相，挟窫窳之尸，皆操不死之药以距之。"清华简《楚居》载，楚人祖先丽季出生时难产，"溃自胁出，妣宾于天，巫并该其胁以楚，抵今曰楚人"。这些材料说明，在原始社会时期的很长一段时间内，巫师就是医生（直至近现代，治病救人也仍然是巫师的主要职能），汉字的医（毉）或从巫，正是这一历史在文字中的体现。上古人以为疾病系鬼神所致，巫成为医生实所必然。巫师治病，驱鬼术应是首选，因此咒术常常被用到，《韩诗外传》卷十："上古医曰茅父，茅父之为医也……北面而祝之。"《素问·移精变气论》："黄帝问曰：余闻古之治病，惟其移精变气，可祝由而已。"所谓祝由，即以咒术治病。当然还有其他巫术，像上举楚先祖丽季出生后，巫用楚条将其母伤损的身体捆扎起来就是一例。在此过程中，药物、针灸等治疗术伴随着巫术也逐渐产生。《史记·黄帝本纪》："神农氏作蜡祭，以赭鞭鞭草木，尝百草，始有医药。"赭鞭鞭草，显然是赤色辟邪术，因此这一传说，正透露出早期巫师巫药兼行，以及医药学起源和巫师有关的历史信息。

由于资料缺乏，我们对中国上古时期巫术情况的了解还非常有限。但可以肯定，这一时期已经出现了很多巫术形式，如祭祀、祈禳、厌劾、占卜、星占、医药、符咒等。这些巫术行为和活动的主体，首先是专门的巫觋群体，但也包括许多并非专业巫觋的社会成员，比如像黄帝这样的部落或酋邦的首领。虽然这些巫术活动的种类和复杂程度还远不能和后代的巫术和数术相比拟，但却是后者的源头和先导。它们是上古社会的重要文化成就，并对国家和文明的产生和发展产生了重要的推进作用。①

三 商周时期巫术的发展与演变

商周时期，中国历史进入了文明时代。随着生产力的提高，人们对自然界的认识亦逐步加深，对天、地、人之间关系的探索也不断深入。巫术作为沟通人与鬼神和自然的活动也更加活跃，类型显著增加，范围不断扩大，数术随之逐渐兴起，深刻而广泛地影响了夏、商、周三代时期和社会的方方面面。下面择其要者加以概述。

1. 祭祀禳除术

（1）祭祀

夏商周时期祭祀是国家政治生活和社会生活的头等大事，地位极其重要。"国之大事，在祀与戎"；"礼有五经，莫大于祭"，② 均可谓一语道尽。《诗经·大雅·云汉》："靡神不举，靡爱斯牲，圭璧既卒"，则是对当时祭祀不计成本的形象描述。"祀"且成为纪年的单位，并由此发展一整套日益繁密的祭祀和政治的规范——礼制。

祭祀以一定的仪式和奉献来祭拜天神、地示、人鬼，殷商时期祭祀的神灵很多，陈梦家《殷墟卜辞综述》总结商代祭祀对象包括："天神：上帝，日，东母，西母，云，风，雨，雪；地示：社，四方，四戈，四巫，山，川；人鬼：先王，先公，先妣，诸子，诸母，旧臣。"西周以来祭祀神灵更是蔚为大观，《礼记·祭法》："有天下者祭百神"，具体如《周礼·春官·大宗伯》：

> 大宗伯之职，掌建邦之天神、人鬼、地示之礼，以佐王建保邦国。以吉礼事邦国之鬼神示。以禋祀祀昊天上帝，以实柴祀日、月、星、辰，以槱燎祀司中、司命、风师、雨师。以血祭祭社稷、五祀、五岳，以狸沈祭山、林、川、泽，以疈辜祭四方、百物。以肆、献、

---

① 巫对上古社会文化的重要意义，有关研究很多，概括性的介绍请参童恩正《中国古代的巫》，《中国社会科学》1995年第5期；赵容俊《殷商甲骨卜辞所见之巫术》，文津出版社2003年版，第2—3、28—30页。

② 《左传·成公十三年》《礼记·祭统》。

祼享先王，以馈食享先王，以祠春享先王，以禴夏享先王，以尝秋享先王，以烝冬享先王。

所祀神灵种类之繁可见一斑。春秋战国时期随着各国经济社会的发展，进入祀典的鬼神愈发扩张，不入祀典的"淫祠""淫祀"更是数不胜数。

与之相随的是祭祀形式的繁缛和礼制化。商代祭祀名目见于甲骨卜辞者，根据李立新、常玉芝的研究，竟达211个，极为众多，[①] 并出现了像周祭和祊祭这样程序严密，连续进行的祭祀制度。周代仅从上举《周礼·大宗伯》来看，其祭祀方式的丰富和礼制化程度的提升都是显而易见的。而且随着阴阳五行说的流行，祭祀的礼仪制度也逐渐为阴阳五行观念所支配和改塑，讲究按照阴阳及五帝、五方、五色、五数等来安排进行。[②]

（2）祝禳厌劾

《礼记·郊特牲》："祭有祈焉，有报焉，有由辟焉。"祈指求福，报谓所祈得遂为之报答，二者实为一事；由辟，则指被禳除弥灾祸。《说文》："祓，除恶祭也"；"禳，祀除厉殃也"。段注："厉殃，谓厉鬼凶害。"

商代在祭祀活动中，广泛运用祝祷、禳除及厌劾等手段，这在甲骨文中有大量记载，文献也有著名的商汤"以身祷于桑林"求雨的故事。[③] 周代在文献中记载更为丰富，比如《尚书·金縢》所载周公以自身为质祝祷武王病愈，是和汤祷齐名的著名事例。以故周代国家中祝禳官数量不少，我们仍以《周礼·大宗伯》为例，其下设立祝禳之官9种，分别为大祝、小祝、丧祝、甸祝、诅祝、司巫、男巫、女巫、神仕，其职掌皆为祝禳之事，如总其事务的大祝之职主要为：

> 大祝掌六祝之辞，以事鬼神示，祈福祥，求永贞。一曰顺祝，二曰年祝，三曰吉祝，四曰化祝，五曰瑞祝，六曰策祝。掌六祈以

---

① 李立新：《甲骨文中所见祭名研究》，中国社会科学院研博士论文，2003年；常玉芝：《商代史》卷8，《商代宗教祭祀》，中国社会科学出版社2010年版，第421—423页。

② 《周礼·春官·大宗伯》："以玉作六器，以礼天地四方，以苍璧礼天，以黄琮礼地，以青圭礼东方，以赤璋礼南方，以白琥礼西方，以玄璜礼北方"；"以血祭即五岳，以狸沈祭山林川泽"。《周礼·地官·牧人》："望祀，各以其方之色牲毛之。"

③ 《吕氏春秋·顺民》《论衡·感虚》。

同鬼神示，一曰类，二曰造，三曰襘，四曰禜，五曰攻，六曰说。

《释名·释言》："祝，属也，以善意之辞相著也。"这里的"六祝"，均为祈祷福祥；而"六祈"，郑玄注："类、造，加诚肃求如志；襘、禜，告之以时有灾变也；攻、说，则以辞责之；禜，如日食以朱丝萦社；攻如其鸣鼓然。"按郑玄似乎只说对了一半，"六祈"实皆厌劾诅咒类的祓禳术。故太祝属官中有诅祝，"掌盟、诅、类、造、攻、说、襘、禜之祝号"，专司这些活动中的诅咒。至于太祝下面管理着大批巫觋，则是因为这些工作历来就是他们的专业。按照《大宗伯》的记载，国家和贵族的各种重要活动如祭祀、丧事、天灾、军事、盟誓、建设等，都不可缺少祝禳官和属员参与从事，一方面祷祠于上下神祇以求福；另一方面则诅咒厌劾恶鬼、敌人以祛祸。《周礼》的职官设置虽非实录，但确是东周时期国家职官和事务的真实镜像，所述均可以从古籍中得到充分证明。又《史记·封禅书》："苌弘以方事周灵王。诸侯莫朝周，周力少，苌弘乃明鬼神事，设射狸首。狸首者，诸侯之不来者。依物怪欲以致诸侯。诸侯不从，而晋人执杀苌弘。周人言方怪者自苌弘。"这一记载证明，东周王朝曾一度试图用厌劾巫术维持统治地位，不但没有得逞反而导致大臣被杀和王权更快的衰落。

其他有关活动，诸如大傩驱鬼，伐鼓用牲救日月食，禳除星变，大雩、焚曝巫尪、作土龙祈雨，磔牲止风，三月上巳祓禊水滨，以及形形色色的招魂术、驱鬼术等，在商代甲骨卜辞和两周各种史料中的记载很多，已是普遍的社会习俗。北京大学藏秦简有《祓除》《祠祝》两种，《汉书·艺文志》杂占下有《执不详劾鬼》8卷、《请官除妖祥》19卷，都是祝禳类的文献。

2. 预测术

（1）天文占

这一时期天文气象占在天文学巨大进步的基础上有了重要发展。商代卜辞中有大量日月、星相、云气观测和占卜内容，并已经发展出一套星占观念和方式。[①] 西周以来，对日月星辰更精细的观察和认识，使天文

[①] 李学勤：《论殷墟卜辞的新星》，《中国古代文明研究》，华东师范大学出版社2005年版；沈建华：《甲骨文所见廿八宿星名初探》，《初学集》，文物出版社2008年版。

气象占更加复杂繁密。二十八宿和岁星行次的区划、分野说的出现,① 为天文占奠定了理论基础,应用逐渐扩展。

东周时期,天文占有了长足的发展。国家设立众多史官负责天文占卜事务,据统计,《左传》《国语》两书中的史官,共出现37人,周王室、诸侯国乃至大夫之家均有设置。② 史是"知天道者",君主有天文云气占断之事就向他们垂询。③《周礼》大史属官内有保章氏,掌天文云气之占,视祲掌"十辉"即日光云气之占,可为印证。春秋战国史料里天文云气占的实例很多,战国还出现了多家天文星官之学。《汉书·艺文志》"数术"收入"天文"书21家,445卷,从题名看绝大部分属于"纪吉凶之象"的天文云气占著作。马王堆出土帛书《天文气象杂占》《日月风雨云气占》和《五星占》证明,战国星云之占不仅涉及日月、五大行星、北斗和众多恒星及云气现象,且现象分类和关联占断已相当繁复,如仅彗星就有29个图形和18个名称,每个图形下均有吉凶占文。此外诸如星官模拟人世命名体系的完成,二十八宿和分野说的进一步发展和运用,星辰群聚(如三星聚、四星聚、五星聚)、五星入日月现象等多天体综合占断的出现,虚拟太岁概念的确立并广泛用于纪年和星占、式占、择日等,都充分地反映了春秋战国天文占术的发展和创造力。和其他许多预测占候术一样,春秋战国的天文占也逐渐被阴阳五行思想框架所笼罩支配。五大行星(太白、岁星、辰星、填星、荧惑)以金、木、水、火、土重新定名,星象云气依五色与五行生克推断吉凶,就是两个突出的表现。

我们已经指出,天文占是最早出现的数术形式之一,因而天文云气占的显著发展,是春秋战国时期数术巨大发展的突出表现。

(2) 式占

式占以模拟天象的式盘为占,是星占学孕育出新的术数形式。虽然

---

① 春秋早期的曾侯乙墓棺上画有二十八宿星图,二十八宿的出现应可上推到西周时期。李约瑟在《中国科技史》第四卷认为二十八宿起源于殷代中期,沈建华《甲骨文所见廿八宿星名初探》也认为二十八宿有可能在商代就已建立。另从《左传》等书的记载来看,与岁星十二次和岁星纪年在春秋已很流行,当亦可溯源于西周。

② 贾俊侠:《先秦史官研究》,陕西师范大学硕士论文,2002年。

③ 如《国语·周语下》记载单襄公回答鲁成公之问,曰:"吾非瞽史,焉知天道";《左传·哀公六年》:"楚有云如众赤鸟,夹日以飞,楚子使问诸周大史。"

现时出土的式盘均属西汉以来,但式占的出现应不晚于战国。《周礼·春官·太史》:"大师,抱天时,与大师同车",郑玄注引郑众:"大出师,则大史主抱式,以知天时,处吉凶。"《汉书·艺文志》"数术"下有《羡门式法》和《羡门式》两种,应是战国晚期或西汉的著作。《史记·龟策列传》和《吴越春秋》分别有宋元王时卫平,以及伍子胥和范蠡的式占言行,不知是否可信。根据李零先生的研究,式是一个小小的宇宙模型,它的空间、时间结构和配数、配物原理处处都带有模拟的特点,式和式图所体现的思维,与阴阳家及多种数术有密切关联,而且其源头可以上溯到新石器时代。①

(3) 音律、风角占

音律、风角占都是根据空气流动产生的声音等物理现象占断吉凶的预测术。它们的不同在于,前者主要是根据律管或音乐之声,后者则是根据风的方向、声音和烈度等进行占测。因为性质相同,后代往往以风角来统称二者。

商代已有对"四方风"的认识和崇拜,这是治史者熟知的。新近的研究显示,当时可能也已出现了八风的痕迹。② 卜辞证明,殷人不仅以风来占断吉凶,而且可能已经设立了专门听音以知天时的职官,并将音占用于军事活动。③ 周代音律知识大大进步,因而音律风角占的发展也十分显著。在理论上,产生了"人神以数合之,以声昭之""乐者敦和,率神而从天"等众多阐述;④ 在实践中,音律、风角占已被普遍应用于吉凶预测和行动抉择,《史记·律书》:"武王伐纣,吹律听声";《左传·襄公十八年》:"晋人闻有楚师,师旷曰:'不害。吾骤歌北风,又歌南风,南风不竞,多死声。楚必无功。'"这是两个非常著名的例子。到战国时期

---

① 李零:《式与中国古代的宇宙模式》,《中国方术正考》,中华书局2006年版,第69—139页。另在《兰台万卷——读〈汉书·艺文志〉》一书中,李先生还明确把天人家、太一家和刑德、六甲、孤虚、六合等都归入与式法或式法有关的数术之中。

② 沈建华:《释卜辞中的"凶风"和"虚风"》,《初学集》,文物出版社2008年版。

③ 饶宗颐:《古代听声之学与"协封成乐"说溯源》,《楚地出土文献三种研究》,中华书局1993年版;刘钊:《卜辞"师惟律用"新解》,《胡厚宣先生纪念论文集》,科学出版社1998年版;沈建华:《卜辞中的"听"和"律"》,《初学集》,文物出版社2008年版。

④ 《国语·周语下》。

或稍晚，还出现了《师旷》等一批音律、风角占的专门著作。①

（4）时日占

中国古代各种预测占卜术的主要功能，都包括决定行为时间，因而都可以视为时日占。这里的时日占是狭义的，专指日忌类的迷信和选择数术。战国以来的《日书》和后代的黄历，是此类数术的典型代表文献。

时日的禁忌和选择，从人类的较早阶段可能就已发生。人类学家发现，在一些原始民族那里，某些特殊日子很受欢迎，它们往往和月亮的阴暗圆缺有关联。② 中国上古可能也存在着类似的情形，但目前尚缺少确切证据。可以肯定的是，商代已经出现了日忌和择日的现象，表现在大量的择日占卜，狩猎择日有明显的取舍规律，以及已有多种吉凶日的不同称谓，以至于饶宗颐先生说"殷代虽无日书之名，而有日书之实"③。另外，当时可能已有刚柔日的观念。④ 西周以降特别是春秋时期择日现象更为显著，如国家机构中设日官，⑤ 以丁亥和庚、寅日为吉日，以子、卯为凶日，⑥ 出现了"外事用刚日，内事用柔日"的时日选择规定⑦等。在《左传》《国语》等文献中，以天文和五行进行时日推测的史事颇多。春

---

① 《汉书·艺文志》"数术"内有《五音奇胲用兵》《五音奇胲刑德》《五音定名》三种，"兵书"下兵阴阳内有《师旷》一种，为战国至西汉的音律、风角占文献。银雀山汉墓出土竹简《天地八风五行客主五音之居》，则是出土文献中的相关重要资料。另从马王堆汉墓帛书《日月风雨云气占》和《史记·天官书》等文献看，战国以来的天文著作无不包括风角占的内容。

② ［法］马塞尔·莫斯：《巫术的一般理论》，杨渝东译，广西师范大学出版社2007年版，第58页。

③ 饶宗颐：《殷代的日祭与日书蠡测》，《华学》第1辑，中山大学出版社1995年版；连劭名：《商代的日书与卜日》，《故宫博物院院刊》2001年第3期；沈建华：《从菁华大版卜辞看商人风俗及信仰》《释殷代卜辞择日术语"易日"》，《初学集》，文物出版社2008年版。

④ 张光直：《谈王亥与伊尹的祭日并再论殷商王制》，《中国青铜时代》，生活·读书·新知三联书店1983年版；李学勤：《夏小正新证》，《古文献丛论》，中国人民大学出版社2010年版；董莲池、刘坤：《殷墟卜辞所见商人择日之俗考》，《中国文字研究》2009年第6期。

⑤ 《左传·桓公十年》："天子有日官，诸侯有日御。日官居卿以厎日，礼也。日御不失日，以授百官于朝。"按日官即史官，据《周礼·春官·大史》可知，史官职责包括卜日知天时，《左传》称之为"日官""日御"，盖因为春秋以来时日之占渐成气候，故以"日"代"史"名官。

⑥ 黄伟然：《殷周青铜器赏赐铭文研究》，香港龙门书店1978年版，第69页；姜亮夫：《为屈子庚寅日生进一解》，《楚辞学论文集》，上海古籍出版社1984年版，第84页；刘自兵：《先秦时期的"日者"与择日制》，《山西师大学报》2007年第2期。

⑦ 《礼记·曲礼上》《礼记·表记》。

秋晚期到战国，建立在阴阳五行基础上的多种时日数术如建除、丛辰、堪舆、刑德、孤虚、遁甲、太乙、纳音等以及五花八门的时日禁忌兴起，① 繁盛一时，大有超越卜筮等传统数术的势头。社会上不仅出现了专门的日者，而且出现了若干流派，但可能以五行家地位最为重要。② 与此同时，汇集众术、便于民间日用翻检的《日书》亦开始广泛流行。

（5）卜筮

商代甲骨占卜空前广泛，商王和贵族几乎无事不卜，并形成了严密的制度和庞大的贞人集团，现存十多万片的甲骨即其遗留。两周时期，骨卜地位虽逐渐下降，但较之筮占仍然高出一截，故有"筮短龟长"之语。③

筮以布蓍成卦为占。《易·系辞下》等古籍说伏羲"始作八卦"，难以据信，但筮占可能源于古老的石子占和枝条占，也有久远的历史。④《说文》："筮，易卦用蓍也。从竹筮，筮，古文巫字。"《世本·作篇》："巫咸作筮。"可见筮占也是古巫的发明和擅长。战国以来，卜筮预测吉凶也还是巫的分内之事。⑤"凡卜筮，实问于鬼神，龟筮能出其卦兆之占耳"，⑥ 卜筮有赖于与鬼神相交通，所以早期筮占非巫莫属。传说夏有《连山》、商有《归藏》两种易占，可信度不高。⑦ 但商代筮占应已开始流行，商代卜甲、器物上出现的诸多筮占卦画就是证明。商周之际，周文王对之进行了重大改进而有《周易》。相对于甲骨占卜，筮占日益广泛和重要。

---

① 遁甲、太乙、纳音术出现于战国，据饶宗颐《云梦秦简〈日书〉研究》和《秦简中的五行说与纳音说》，见《楚地出土文献三种研究》。

② 《史记·日者列传》："孝武帝时，聚会占家问之，某日可取妇乎？五行家曰可，堪舆家曰不可，建除家曰不吉，丛辰家曰大凶，历家曰小凶，天人家曰小吉，太一家曰大吉。辩讼不决，以状闻。制曰：'避诸死忌，以五行为主。'"

③ 《左传·僖公四年》。

④ 河南淮阳平粮台古城遗址出土龙山文化陶纺轮上发现有刻画符号，李学勤先生释为易卦符号，如此说不误，应是最早的易卦实例。见李学勤《谈淮阳平粮台龙山文化纺轮的"易卦"符号》，《光明日报》2007年4月12日。

⑤ 《荀子·王制》："相阴阳，占祲兆，钻龟陈卦，主攘择五卜，知其吉凶妖祥，伛巫跛觋之事也。"楚辞《招魂》："帝告巫阳曰：'有人在下，我欲辅之。魂魄离散，汝筮予之。'"

⑥ 《周礼·春官·天府》注。

⑦ 《周礼·春官·太卜》："掌三易之法，一曰连山，二曰归藏，三曰周易。其经卦皆八，其别皆六十有四。"

到战国，卜、筮都出现了多种分支，并行于世。受阴阳五行说的影响，以阴阳五行解说龟兆逐渐流行；① 在筮占方面，卦画从传统的筮数转变为阴阳爻，多种《易传》普遍以阴阳解易，乃有"《易》以道阴阳"之说出现。② 按照春秋人的说法，龟卜为象占，而筮占则为数占，③ 筮显然是一种数字型的巫术，最能体现数术本从巫术中来。

卜筮对于商周国家具有特殊意义，无论是军国大事，还是统治阶级的日常生活，都需要依靠卜筮做决定，这在甲骨卜辞和各种文献材料中有大量记载。正如《史记·龟策列传》所述："自古圣王将建国受命，兴动事业，何尝不宝卜筮以助善！唐虞以上，不可记已，自三代之兴，各据祯祥，涂山之兆从而夏启世，飞燕之卜顺故殷兴，百谷之筮吉故周王。王者决定诸疑，参以卜筮，断以蓍龟，不易之道也。"在民间，百姓日常生活的方方面面也多离不开卜筮，社会上遂涌现出数量庞大的巫觋术士群体，为民众提供相关服务。④

（6）梦占

以梦象为占的梦占，是上古巫术活动的又一重要内容，故《汉书·艺文志》有"众占非一，而梦为大"之说。梦是人熟睡后大脑生理活动的产物，古人则认为梦是人的灵魂存在的证明，也是神灵对现实生活的启示，梦占的产生可能非常之早。早期的占梦也应主要是巫觋的职责，春秋以来仍然可看到巫觋为人解梦，⑤ 这乃是历史的孑遗。

商代西周时期的梦占已很发达。卜辞和《诗经》《左传》《周礼》等古文献中有很多梦占的记录。胡厚宣先生《殷商占梦考》对卜辞中的梦占现象进行了系统研究，证明殷商梦占非常普遍，涉事众多，其中涉鬼之梦尤多，遇到灾祸也往往归咎于做了噩梦。新近的研究还揭示，商王

---

① 《左传·哀公九年》："晋赵鞅卜救郑，遇水适火。"孔疏引服虔云："兆南行适火。卜法：横者为土，直者为木，邪向经者为金，背经者为火，因兆而细曲者为水。"《周礼·春官·龟人》："各以其方之色与其体辨之。"

② 《庄子·天下》。

③ 《左传·僖公十五年》："龟，象也；筮，数也。物生而后有象，象而后有滋，滋而后有数。"

④ 邵鸿、耿雪敏：《战国民间的巫觋术士群体》，《江西社会科学》2013年第6期。

⑤ 如《左传·成公十年》：晋侯梦大厉，召桑田巫解梦；《襄公十八年》：晋中行献子将伐齐，梦与厉公讼而不胜，问于梗阳之巫皋；楚辞《招魂》有巫阳"掌梦"之文。

做了噩梦,会在宗庙举行用棘条祓除驱鬼仪式。① 商周历史上很多大事和梦有关,如武丁梦傅说得之于傅岩(《尚书·说命》),周文王因梦访得太公于渭滨(《庄子·田子方》),以及周武王以"朕梦协朕卜,袭于休祥,戎商必克"(《国语·周语下》引《太誓》)而坚定克商信心,等等。近年新出清华简《程寤》:

> 惟王元祀正月既生魄,太姒梦见商廷惟棘,乃小子发取周廷梓树于厥间,化为松柏棫柞。寤惊,告王。王弗敢占,诏太子发。俾灵名凶,祓。祝忻祓王,巫率祓太姒,宗丁祓太子发,币告宗祊社稷,祈于六末山川,攻于商神,望,烝,占于明堂。王及太子发拜吉梦,受商命于皇上帝。②

此例不仅可见当时统治者对梦占的重视,亦足见占梦仪式程序的郑重和复杂。春秋以来,梦占更加发展。除了有更多实例见诸记载,仅《左传》一书就有多达19个梦占事例,还表现在:

对梦的分类更加细致。《周礼·春官》:"占梦,掌其岁时观天地之会,辨阴阳之气。以日月星辰占六梦之吉凶:一曰正梦,二曰噩梦,三曰思梦,四曰寤梦,五曰喜梦,六曰惧梦。季冬,聘王梦,献吉梦于王,王拜而受之。乃舍萌于四方,以赠恶梦,遂令始难殴疫。"

占梦的方法丰富多样。《周礼·春官·大卜》:"掌三梦之法,一曰《致梦》,二曰《觭梦》,三曰《咸陟》。其经运十,其别九十。""三梦",据郑玄注是夏商周三代占梦之法,比之"三易","三梦"应是当时同时存在的数种占梦体系。"其经运十,其别九十"是说基本占法有十种,进而又演化出90种具体占法。岳麓书院所藏秦简有《占梦术》一种,详列各种梦境预示结果,大概就是所谓的"别"。《汉志》有《黄帝、长柳占梦》《甘德、长柳占梦》两种,应是同类占梦专著。

国家设立专门官员。商代西周时期似乎还没有专门的占梦官,东周

---

① 刘钊:《释甲骨文中的"秉棘"》,《书馨集——出土文献与古文字论丛》,上海古籍出版社2013年版。
② 清华大学出土文献研究与保护中心:《清华大学藏战国竹简(壹)》,中西书局2010年版,第136页。

或在史官系统内增设,《周礼·春官》:"占梦,中士二人,史二人,徒四人。"占梦主掌六梦吉凶预测,属于太卜管辖,而太卜的职司是总管"三易、三兆、三梦之法"。

占梦术升级。早期的梦占较为简单,根据梦境直观比附以断吉凶。春秋以来的梦占要复杂许多,如上引《周礼·占梦》:"掌其岁时观天地之会,辨阴阳之气。以日、月、星、辰占六梦之吉凶";又《左传·昭公三十一年》:"十二月辛亥朔,日有食之。是夜也,赵简子梦童子裸而转以歌,且占诸史墨,曰:'吾梦如是,今而日食,何也?'对曰:'六年及此月也,吴其入郢乎!终亦弗克。入郢必以庚辰,日月在辰尾。庚午之日,日始有谪。火胜金,故弗克。'"占梦不仅与天象、时日相联系,而且开始以阴阳五行说占梦,昔日简单的巫术向复杂的数术转变。岳麓书院藏秦简《占梦书》的发现,更确定了这一点。①

(7) 相术

根据人的面容、身体和言行举止预测其未来命运,就是相术。《庄子·应帝王》中记载了一个故事:"郑有神巫季咸,(相人)知人之死生寿夭,期以岁月时日若神。"可见相术也是巫术的一种。相术的起源似乎较晚,春秋时期文献中才有明确记载,但事例较多。如《左传·文公元年》周王室内史叔服为鲁大夫公孙敖二子相面,认为弟弟"谷也丰下,必有后于鲁国";楚令尹子上以"蜂目而豺声"反对楚王立商臣为太子;《宣公四年》楚子文因为司马子良的儿子越椒"熊虎之状而豺狼之声",断言其必灭其宗;又如《国语·周语中》周王孙说评价鲁大夫叔孙侨如"其状方上而锐下,宜触冒人",等等。春秋晚期以降,相术已十分发达,流行于全社会,并出现了大相士郑人姑布子卿和魏人唐举,"相人形状颜色而知其吉凶妖祥,世俗称之"。②

早期相术多用简单类比之法,其后逐渐为阴阳五行说所影响,开始用五色来解释人的面相与命运。③相术并被汇入《日书》,秦汉《日书》中有很多根据相貌测事的文字,如据人面色判断其病死何日,或将干支、

---

① 王勇:《五行与梦占——岳麓书院藏秦简〈占梦书〉的占梦术》,《史学集刊》2010年第4期。

② 《荀子·非相》。

③ 如《逸周书·太子晋解》:"师旷见太子晋,曰:'汝声清浮,汝色赤。火色,不寿'";《吕氏春秋·达郁》:"(尹铎曰)臣尝闻相人于师,敦颜而土色者忍丑。"

时日和十二生肖挂钩据以测占盗贼的相貌。《汉书·艺文志》有《相人》二十四卷,不知是否为战国古书。战国时看手相也已见诸记载。① 春秋战国社会流动加剧,人们的命运变化和原先世袭分封制下大相径庭,所以达官贵人请相士相看儿子成为风气,相术奇验的故事也屡见不鲜。因为相术在社会上很流行,荀子曾愤而写下《非相》一书,在中国历史上第一次对相术进行严厉抨击。

（8）杂占

在日常生活中,常常会有一些罕见的事象发生。古人认为这些异常具有神秘的预示意义而欲探知,因此就有种种相关的预测占候术出现。《易经》中有许多涉及事物之象的占断爻辞,如"枯杨生稊"（《大过》九二）、"羝羊触藩"（《大壮》上六）、"鼎折足"（《鼎》九四）、"鸿渐于陆"（《渐》九三）等,李镜池先生称之为"物占",实际就是我们这里所说的杂占。② 商代此类现象已经显著出现,两个著名的例子是："高宗祭成汤,有飞雉升鼎耳而雊,祖己训诸王,作《高宗肜日》《高宗之训》"；"伊陟相大戊,亳有祥桑谷共生于朝。伊陟赞于巫咸,作《咸乂》"。③ 以野雉非时而鸣为灾异,在甲骨卜辞中也有反映。④ 这两个例子,一为凶兆,一为吉兆,周人分别称为妖、祥,西汉又称之为灾异、祥瑞、祯祥。由于各种异象都可以归入这两大类,故妖祥占实为杂占的主体。

周代史书中的妖祥占事例渐多,如武王伐纣,渡河有白鱼入舟,宿营有赤乌在屋上；⑤ 秦文公时出猎,获黑龙；⑥ 秦献公十八年,"雨金栎阳",献公以为瑞,作畦畤,祠白帝,⑦ 均是著名的祥瑞事件。有时事如

---

① 《韩非子·诡使》。
② 李镜池：《物占的起源》,《周易探源》,中华书局1978年版。
③ 《史记·殷本纪》《尚书序》《尚书大传》。上博藏战国楚简中有《竞建内之》一篇,亦载高宗雉呴事。
④ 李学勤：《夏小正新证》,《古文献丛论》,中国人民大学出版社2010年版。另据刘钊研究,商代已出现"获白麟"等记录,应是最早的祥瑞史料（《"小臣墙刻辞"新释——揭示中国历史上最早的祥瑞记录》,《安阳殷墟大墓出土骨片文字考释》,均见《书馨集——出土文献与古文字论丛》,上海古籍出版社2013年版）。
⑤ 《史记·周本纪》。
⑥ 《史记·封禅书》。
⑦ 《史记·秦本纪》。

凶兆，实为祯祥，如鲁僖公三十二年，晋文公出殡，"柩有声如牛。卜偃使大夫拜，曰：'君命大事。将有西师过轶我，击之，必大捷焉。'"其后晋果然有殽之战大捷。① 灾异之例则如：

> （成王逐周公）天大雷电以风，禾尽偃，大木斯拔，邦人大恐。……（公归）天乃雨，反风，禾则尽起。（《尚书·金縢》）
>
> 石言于晋魏榆，晋侯问于师旷曰："石何故言?"对曰："石不能言，或冯焉。不然，民听滥也。抑臣又闻之曰：作事不时，怨讟动于民，则有非言之物而言。今宫室崇侈，民力雕尽，怨讟并作，莫保其性，石言，不亦宜乎?"于是晋侯方筑虒祁之宫。（《左传·昭公八年》）
>
> 初，内蛇与外蛇斗与郑南门中，内蛇死……公闻之。问于申𬭎曰："犹有妖乎?"对曰："人之所忌。其气炎以取之。妖由人兴也。人无衅，妖不自作。人弃常，则妖兴，故有妖。"（《左传·庄公十四年》）

周代又有一种特殊的灾异占——谶纬。谶纬当时主要表现为预言性的童谣，如周宣王时有童女谣："檿弧箕服，实亡周国"，预告了后来褒姒亡周。② 又如《左传·僖公五年》童谣"虢公其奔"预言晋师灭虢，《左传·昭公二十五年》童谣"公出辱之"预言鲁昭公流亡难归，都是早期谶纬的例子。

战国以来，随着阴阳五行学说的兴盛，以之说解妖祥、占候奇异成为主流，西汉时期出现的《洪范五行传》和《汉书·五行志》是其典型代表。

3. 医药养生术

（1）传统巫术

延续巫医一体的传统，商周时期巫术治病仍是相当普遍的情形。

首先，人们用各种占卜方法叩问病因和结果，这在先秦史料中有大量记载，特别是商代的问疾卜辞，春秋战国文献关于病祟占卜和讨论的故事，以及近数十年来考古陆续发现的楚国疾病卜筮祭祷简文，事例极

---

① 《左传·僖公三十二年》。
② 《史记·周本纪》。

为丰富。① 春秋战国有这样的故事：卜人不明致病之鬼，大臣只好屈尊向外国使节请教；占卜病祟之源甚至成为国家之间斗争的阴谋手段，能使国土失而复得，可见当时占问何方鬼神致病的特别重要。② 秦睡虎地《日书》有《诘咎》篇，一一介绍许多致病的恶鬼，也是为了适应民间这方面的需要。

既然疾病来自鬼神，那么医治者之后采取的措施自然便是进行祭祷禳劾来驱疫。何休注《公羊传》："巫者，事鬼神，祷解以治病请福者也。"所谓"祷解"，即祈祷和攻解（也即上文提到的祈和由辟），二者是巫术治病的基本手段。晏昌贵对楚简的研究表明：

> 祭祷施行于较大的神灵，采取以食物供祭、以言语告祷等求媚的形式，是软的一手；攻解则施行于级别较低的恶灵，不用祭牲，纯以威嚇、攻伐等手段，是硬的一手。楚简所见方术，是软硬兼施，先软后硬，软多硬少。③

祭祷的显例，如周公为武王病祷，求以身代；④ 成王病，周公剪爪沉于河而祝于神；⑤ 孔子病，子路请祷，子曰"丘之祷久矣"。⑥ 而禳劾攻

---

① 关于这一问题，可参近期韩国学者赵荣俊的综述性讨论，见所著《殷商甲骨卜辞所见之巫术》第四章第二节"医疗方面"，文津出版社2003年版。另胡厚宣《殷人疾病考》，《甲骨学商史论丛初集》，齐鲁大学国学研究所1944年版；晏昌贵《巫鬼与淫祠——楚简所见方术宗教考》，武汉大学出版社2010年版，分别对甲骨卜辞中的疾病占卜和楚简中的卜筮祭祷简有深入探讨，是相关研究的重要成果。

② 分别见《左传·昭公元年》："晋侯有疾，郑伯使公孙侨如晋聘，且问疾。叔向问焉"，曰："寡君之疾病，卜人曰：实沈、台骀为祟。史莫之知，敢问此何神也？"《左传·昭公七年》："郑子产聘于晋。晋侯疾。韩宣子逆客，私焉，曰：'寡君寝疾，于今三月矣，并走群望，有加而无瘳。今梦黄熊入于寝门，其何厉鬼也？'对曰：'以君之明，子为大政，其何厉之有。昔尧殛鲧于羽山，其神化为黄熊，以入于羽渊。实为夏郊，三代祀之。晋为盟主，其或者未之祀也乎？'韩子祀夏郊，晋侯有间，赐子产莒之二方鼎。"《战国策·东周策》："赵取周之祭地，周君患之。告于郑朝，郑朝曰：君勿患也，臣请以三十金复取之。周君与之，郑朝献之赵太卜，因告以祭地事。及王病，使卜之，太卜谴之曰：'周之祭地为祟。'赵乃还之。"

③ 晏昌贵：《巫鬼与淫祠——楚简所见方术宗教考》，武汉大学出版社2010年版，第290页。

④ 《尚书·金縢》。

⑤ 《史记·鲁周公世家》。

⑥ 《论语·述而》。

解之例，如楚昭王有疾，周大史说可通过被禳移于令尹、司马，昭王以为是"除腹心之疾，而置诸股肱"而不从。①

如上所述，春秋战国国家机构中有专门的祝禳官员和专职巫觋，攻解驱疫是他们的基本职责之一。《周礼·春官》属员有大祝、小祝、丧祝、甸祝、诅祝、司巫、男巫、女巫、神仕、方相氏等，总其职事的大祝执掌"六祝""六祈"已见上引，又如"男巫掌望祀、望衍、授号，旁招以茅。冬堂赠，无方无算。春招弭，以除疾病"；"女祝掌王后之内祭祀，凡内祝祷祠之事。掌以时招、梗、袷、禳之事，以除疾殃"；"方相氏掌蒙熊皮，黄金四目，玄衣朱裳，执戈扬盾，帅百隶而时傩，以索室驱疫"。这些，当然是当时社会上广泛存在的巫师和巫术治病活动在官府的体现。

驱疫的主要手段是诅咒、使用工具药物和其他特殊仪式技术。《韩诗外传》卷十："上古医曰茅父，茅父之为医也，以莞为席，以刍为狗，北面而祝之，发十言耳，诸扶舆皆平复如故。"《论衡·言毒》："巫咸能以祝延□人之疾、愈人之祸。"此即巫术的禁咒疗法（祝由）。马王堆汉墓帛书《五十二病方》收入禁咒方28个，涉及病名13个，说明当时此法使用的广泛。咒禁祝由科在后世长期存在，直到近代仍有行之者。使用工具、药物并佐以一定的技术或动作，也是巫术治病的常用方法，睡虎地《日书·诘咎篇》、北京大学藏秦简《祓除》、马王堆帛书《五十二病方》《养生方》和《杂疗方》收录有很多此类方术。② 李零曾根据马王堆帛书将其具体操作法概括为17种，分别是：

---

① 《左传·哀公六年》。
② 如："（哀鬼）令人色柏（白）而毋气，喜契（洁）清，不饮食。以棘锥、桃秉以敲其心，则不来。""一宅中毋故而室人皆疫，或死或病，是是棘鬼在焉。正立而狸（埋），其上旱则淳，水则干，屈（掘）而去之，则止矣。""人毋故一室人皆疫，或死或病，丈夫女子隋（堕）须（发）黄目，是人生为鬼。以沙人一升室其春曰，以黍肉食人，则止矣。""一室人皆瘵体，疠鬼居之。燔生桐枼其室中，则止矣。"（以上《诘咎》）"北乡（向），禹步三步，曰：'譆（呼）！我智（知）令某虐，令某虐者某某也。若苟令某虐已□□□言若……"（以上《祓除》）"（治诸伤方）伤者血出，祝曰：'男子竭，女子截。'五画地□之。""（治疣方）以月晦日下之丘井有水者，以敝帚骚（扫）尤（疣）二七，祝曰：'今日月晦，骚（扫）尤（疣）北。入帚井中。'""（治癃方）以杆为弓，以甑衣为弦，以葛为矢，以□羽□。旦而射，莫（暮）而□小。""（治魅方）禹步三，取桃东枳（枝），中别为□□□之倡而笲门户上各一。"（以上《五十二病方》）又如以女子月经布治疗人病马不痫，牡痔、烧伤、中蛊等）"即不幸为蚖虫蛇蠚（蜂）射者，祝，唾之三，以其射者名名之，曰：'某，女（汝）弟兄五六七人，某索智（知）其名……某贼，玺（尔）不使某之病已，且复（下残。）'"（以上《杂疗方》）

(1) 喷。喷水。
(2) 唾。吐唾沫。
(3) 吹。呼气。
(4) 呼。呼号。
(5) 鼓。击鼓。
(6) 毆。以椎、杵、斧、礛石等驱鬼。
(7) 捪。以匕刮摩患处。
(8) 摩。以土块或某些药物摩擦患处。
(9) 涂。以泥土或猪屎、鸡屎涂抹患处。
(10) 弃。将施术时染有血污病毒之水或他物（帚、禾等）弃去，表示将病毒除去。
(11) 覆。将施术时使用过的器物反扣。
(12) 禹步。一种常用的巫术舞步。
(13) 画地。画地为防，用以禁避鬼怪等的伤害。
(14) 桃枝。用以辟邪。
(15) 祝。祈告神祇和威胁鬼怪。
(16) 辜。辜磔，用肢解之物禳除休咎。
(17) 其他。如骑扫帚和骑黑猪等。①

这些都是典型的巫术，可能很早就已经广泛流行并被应用到医疗之中，很多在后代也仍然可以看到。

(2) 医药术

远古巫医一体，但随着治疗实践的经验积累和社会的发展，不借助鬼神及超自然力量的医药治疗方法开始出现，并日益显示出其成效和进步性。于是巫、医开始分化，至春秋战国时期，中国传统医学逐渐形成。

其突出表现在，医疗治病不再以鬼神为主宰，而是以经络脏腑学说为生理认识基础、以阴阳五行学说、辨证施治为思想方法基础、以望闻问切为基本诊断方式、以动植矿物等药物、针灸术和养生学为基本治疗和保健手段的医学体系完整呈现，以及一批著名的医者如医和、医缓、

---

① 李零：《中国方术正考》，中华书局2006年版，第267—268页。

长桑君、扁鹊等现身历史，以《黄帝内经》为代表的大量医药学著作面世，如《汉书·艺文志》"方技"有医经7种、经方11种，另有多种房中、行气、导引书，近数十年来考古也发现大批战国秦汉医著如《引书》《脉书》《五十二病方》等。这些都标志着中国古代医药学由经验活动上升为真正意义上的医药学和巫、医分道扬镳。扁鹊自言治病有"六不治"，其中之一是"信巫不信医"，① 这是医者否定巫术、自立门户的宣言书。《吕氏春秋·尽数》说卜筮祷祠，疾病只会越来越重，"故古之人贱之也，为其末也"。这则代表了社会上否定巫术治病认识的显著增长。因此，大致春秋以来已是巫、医并称，② 在官府也正式设立了医官，《周礼·天官》有医师，下分食医、疾医、疡医、兽医四科，并有严格的考核制度。具体见于史籍的，则秦国已有太医令之设。③

当然，巫医分途不等于二者已经截然分开。在很长一段时间内，巫医还有不少粘连和重合。如医生治病仍使用祝由术，医药书往往仍称"禁方""禁方书"，④ 其中仍然有不小比例的巫术方法，以及养生学和神仙术联系紧密（见下文）等，都是典型的表现。特别应指出的是，新的医学体系以阴阳五行为主导思想，尽管其体现了从鬼神信仰到天道信仰的重大转变，包含有科学的思想成分（如人与自然的适应、辨证方法），但总体上仍然属于一种模拟巫术思维，这就决定了中国古代的医学还是一种原科学。

（3）养生方术

春秋战国时期伴随着新医药学的发展，养生术也大行于世。养生术的主体，包括房中、服食、行气、导引、按摩、黄白炼丹术等，《汉书·艺文志》"方技"下收入有关书籍共计18家，391卷，分别属于房中、神仙两类，与同属"方技"的医经、经方（18家，490卷）相比，家数相同，卷数较少。

概括地说，养生方术具有明显的两重性。一方面，它们的很多内容对于强身健体确有功效，如食疗、气功、健身操、按摩等；即使是房中

---

① 《史记·扁鹊仓公列传》。
② 如《论语·子路》："人而无恒，不可以作巫医"；《管子·权修》："上恃龟筮，好用巫医，则鬼神骤祟"；《逸周书·大聚解》："乡立巫医，具百药以备疾灾，畜百草以备五味"。
③ 《史记·扁鹊仓公列传》。
④ 同上。

术，讲求的也是男女交接方法以求"平和寿考"，可以归入传统医学之中。另一方面，其中很多方术希冀长生不老，以致神仙，则完全是巫术的新变种，所以《艺文志》概归入"神仙"类，并批评说"或者专以为务，则诞欺怪迂之文弥以益多，非圣人所以教也"。相对于前者，"神仙"类方术在战国秦汉时期极为盛行，燕齐海上方士甚至成为影响当时国家政治的重要角色。

综合以上论述我们可以看到，到春秋战国时期，传统巫术已经发生了巨大变化，出现了许多新的特征。

一是多样化。新型巫术种类激增，不仅出现了式占、音律风角占、时日占、梦占、相法、形法、杂占等占候之术以及多种神仙方术，而且传统巫术如祭祀、禳劾、卜筮等的内涵和形式也更加丰富多样。其中，时日选择和神仙方术的发展尤为显著，后来居上，影响和地位日益重要。

二是数字化和阴阳五行化。新型巫术不仅种类众多，其基本性质也有重要变化。一方面它们多表现出数理推演而非观象比附的类型特征，这尤其突出地表现在天文占、式占、筮占、时日选择和形法等方面；另一方面，也是更为重要的一个方面，则是它们已普遍建立在阴阳五行学说的基础之上：不仅刑德、孤虚、六壬、太乙、遁甲等新兴占候术如此，五行家且蔚为大宗；祭祀、星占、卜筮、占梦等传统巫术也都为阴阳五行所支配和改造；同样的变化，也显著发生在方技之学中。由此，春秋战国以来的新型巫术实际上都是数术，也就是说，数术的显著发展是这一时期巫术文化发展最突出和最重要的特征。清《四库全书总目提要》说："术数之兴，多在秦汉以后，要其旨，不出于阴阳五行生克制化，实皆《易》之支流，傅以杂说耳。"其实我们今天所能看到的秦汉数术形式大多直接承自春秋战国，说数术是《易》的支流显然是错误的，但指出数术的要旨是阴阳五行，却是很正确的。数术不以鬼神崇拜而是以天道——非人格的超自然力崇拜为特质，因而决定了中国巫术类型的重大转变和未来发展的总趋势（关于这一问题，下一节将作深入讨论）。

三是礼制化。巫术活动被充分地纳入国家机构的体制和运行中。祭礼是国家最重大的礼仪和活动，相关典礼严密繁缛，每有宗教、政治、军事活动必然伴随巫术操作。在国家机器中，设置了专门的机构和官吏属员，以满足国家巫术活动需求。《周礼》中大大小小服务于巫术活动的人员数量众多，几乎占去职官总量的40%。这一方面是昌盛不衰的民间巫术文化在国家层面上的反映和体现；另一方面又决定了此后历史时期中国巫术、数术发展的官、民对立、博弈和发展规律。

此外还应特别指出，战国以来，数术在军事领域尤其得到了广泛应用和发展，兵阴阳家成为主要的军事流派之一。《史记·天官书》曾对此作出解释："田氏篡齐，三家分晋，并为战国。争于攻取，兵革更起，城邑数屠，因以饥馑疾疫焦苦，臣主共忧患，其察禨祥、候星气尤急。"太史公的确道出了一个直接而重要的原因。

要之，及至东周，巫术形态和原始巫术已呈现巨大反差。巫术的多样化说明了这一时期是巫术发展的繁荣期；阴阳五行化给巫术发展注入新的动力，促使巫术向数术发生转变并沿此路径向前发展；而礼制化则反映了巫术与国家政治的深刻内在联系，并将产生深刻的历史影响。中国巫术史，实以春秋战国为一巨大转折分界。

第二节　数术

春秋战国时期社会发生了巨大变迁，祖先崇拜在政治领域的地位和影响逐渐下降，怀疑天命、鬼神的思想出现，新的天道观逐渐形成，王官之学向民间转变，诸子百家盛况空前。伴随着这些变化，"凡人神以数合之"的数术思想和各种数术迅速发展壮大，以鬼神信仰为基本特征的传统巫术从整体上逐渐开始向数术转变。

一　数术概念的演变

"数术"或"术数"，早期的意义主要指人主治国理政之术或工匠制器之术，宋会群《中国数术文化史》第一章举出若干例证，如：

> 此不令为政者，所以寡人之道，[由]数术而起与？圣人为政特无此，不圣人为政，其所以众人之道，亦[由]数术而起与？故子墨子曰：去无用之费。(《墨子·节用上》)

> 夫奸臣得乘信幸之势，以毁誉进退群臣者，人主非有术数以御之也。《韩非子·奸劫弑臣》：

> 奚仲之为车器也，方圆曲直，皆中规矩钩绳，故机旋相得，用之牢利，成器坚固。明主犹奚仲也，言词动作，皆中术数。……人

第二章 兵阴阳家的源与流

主务学术数，务行正理，则化变日进，至于大功。（《管子·形势解》）

临利而后可以见信，临财而后可以见仁，临难而后可以见勇，临事而后可以见术数之士。（《鹖冠子·天训》）

可见在先秦时期，数术一词并非指特定的学派或知识系统，而主要指治国理政之道术。汉代及以后的文献中此种用法逐渐少见，但并未完全消失。如《汉书·晁错传》："人主所以尊显功名，扬于万世之后者，以知数术也。"

西汉以来，数术一词的基本内容发生了重要的变化，《汉书·艺文志》：

至于成帝时，以书颇散亡，使谒者陈农求遗书于天下。诏光禄大夫刘向校经传诸子诗赋，步兵校尉任宏校兵书，太史令尹咸校术数，侍医李柱国校方技。每一书已，向辄条其篇目，撮其指意，录而奏之。会向卒，哀帝复使向子侍中奉车都尉歆卒父业。歆于是总群书而奏其《七略》，故有《辑略》，有《六艺略》，有《诸子略》，有《诗赋略》，有《兵书略》，有《术数略》，有《方技略》。今删其要，以备篇籍。

尹咸所校数术诸书，刘氏父子收入《七略·术数略》，《汉书·艺文志》改作《数术》，共190家，2528卷，其下分为天文、历谱、五行、蓍龟、杂占、形法六类。可见西汉时期"数术"的基本意思，已非政治道术而主要是各种吉凶占候之术了。此后这一概念被广泛使用并沿袭至今，数术的早期之意反而隐没不彰了。

《汉书·艺文志》"数术"总序云：

数术者，皆明堂羲和史卜之职也。史官之废久矣，其书既不能具虽有其书而无其人。《易》曰："苟非其人，道不虚行。"春秋时鲁有梓慎，郑有裨灶，晋有卜偃，宋有子韦。六国时楚有甘公，魏有石申夫。汉有唐都，庶得粗觕。盖有因而成易，无因而成难，故因旧书以序数术为六种。

作者没有直接从内涵上明确何为数术，而是从其来源——"明堂羲和史卜之职"上加以界定。羲和掌天文，史卜职占卜，这是治史者熟悉的，而明堂是宗教性建筑并非官守，故李零释此为"明堂下设的羲和、史卜"①。按"明堂"为天子所居，或说即是太庙所在，②故应指羲和、史卜的工作地点似更为合理。说数术就是此等人所做的天文、占卜之类工作，可谓不言而言，勾勒出了数术的大概外延。

二 数术的内容

《汉书·艺文志》将数术分为天文、历谱、五行、蓍龟、杂占和形法六个部分，并对各部分给出说明：

> 天文者，序二十八宿，步五星日月，以纪吉凶之象，圣王所以参政也。《易》曰："观乎天文，以察时变。"然星事凶悍，非湛密者弗能由也。夫观景以谴形，非明王亦不能服听也。以不能由之臣，谏不能听之王，此所以两有患也。（按：此类包括天文气象占验，图书秘记等书）

> 历谱者，序四时之位，正分至之节，会日月五星之辰，以考寒暑杀生之实。故圣王必正历数，以定三统服色之制，又以探知五星日月之会。凶厄之患，吉隆之喜，其术皆出焉。此圣人知命之术也，非天下之至材，其孰与焉！道之乱也，患出于小人而强欲知天道者，坏大以为小，削远以为近，是以道术破碎而难知也。（按：此类包括历书、年谱、算数等书）

> 五行者，五常之形气也。《书》云："初一曰五行，初二曰羞用五事。"言进用五事以顺五行也。貌、言、视、听、思心失，而五行之序乱，五星之变作，皆出于律历之数而分为一者也。其法亦起于五行终始，推其极则无不至。而小数家因此以为吉凶，而行于世，浸以相乱。（按：五行内容较杂，大致相当于阴阳时日一类，包括阴

---

① 李零：《兰台万卷：读〈汉书·艺文志〉》，生活·读书·新知三联书店2011年版，第199页。

② 前者见：《吕氏春秋·十二纪》，后者见：《礼记·明堂位》"大庙，天子明堂"。

阳、五行、堪舆、灾异、钟律、式法、刑德、孤虚、风角等书）

著龟者，圣人之所用也。《书》曰："女则有大疑，谋及卜筮。"《易》曰："定天下之吉凶，成天下之亹亹者，莫善于著龟。""是故君子将有为也，将有行也，问焉而以言，其受命也如响，无有远近幽深，遂知来物。非天下之至精，其孰能与于此！"及至衰世，解于齐戒，而娄烦卜筮，神明不应。故筮渎不告，《易》以为忌；龟厌不告，《诗》以为刺。（按：此类包括龟卜书和著占书）

杂占者，纪百事之象，候善恶之征。《易》曰："占事知来"众占非一，而梦为大，故周有其官。而《诗》载熊罴虺蛇、众鱼旐旟之梦，著明大人之占，以考吉凶，盖参卜筮。《春秋》之说訞也，曰："人之所忌，其气炎以取之，訞由人兴也。人失常则訞兴，人无衅焉，訞不自作。"故曰："德胜不祥，义厌不惠。"桑谷共生，大戊以兴；鸲雉登鼎，武丁为宗。然惑者不稽诸躬，而忌訞之见，是以《诗》刺"召彼故老，讯之占梦"，伤其舍本而忧末，不能胜凶咎也。（按：此类包括占梦、相衣器、嚏耳鸣杂占、变怪吉凶、劾除妖祥、请雨止雨、候岁积贮、相土田等农渔事知识诸书）

形法者，大举九州之势以立城郭室舍形，人及六畜骨法之度数，器物之形容以求其声气贵贱吉凶。犹律有长短，而各征其声，非有鬼神，数自然也。然形与气相首尾，亦有其形而无其气，有其气而无其形，此精微之独异也。（按：此类包括相地、相宅、相人、相剑刀、相六畜诸书）

从以上叙述并考察其所著录图书可知，数术的内容包括了天文气象占验、历书、年谱、算书、阴阳、五行、灾异、式法、刑德、孤虚、风角、龟卜、筮占、占梦、禳除、祷祠、农事占和相法等诸多内容。这个划分，体现了西汉时人对何为数术或者说数术内涵的基本认识。从这个划分不难看出，数术的主要部分自然是各种吉凶占卜之术，但也包括了禳祷解除巫术，同历书、年谱、算术、农技等一些今日可以归入自然科学知识的内容。[1] 在后代的图书著录中，历书、年谱、算数和农技等逐渐

---

[1] 称之为自然科学知识只是相对而言，事实上历书和年谱中包含着"知命之术"，农技和占候混合难分，算术的基本功能之一也是推数以卜吉凶。

从数术门类中退出，数术遂成为单纯的吉凶占卜术和部分巫术的集合。

在现代学者里，李零将传统的数术划分为三个系统：与天文历算有关的星占、式占等；与动物之灵和植物之灵崇拜有关的龟卜、筮占等；与人体生理、心理现象、疾病、鬼怪有关的占梦、厌劾、祠禳等。① 宋会群则提出了数术五原生系统：星占、式占系统；卜筮系统；厌胜、相术、梦占系统；形法、风水系统；杂占系统。② 宋氏增加两项但仍然不太完善，如将厌胜、相术和梦占混为一类，以及祭祀祠禳的缺失。笔者以为以下五类的分类可能更为合理：

第一类：星占、式占、五行系统。（观天）
第二类：卜筮及动植物杂占系统。（状物）
第三类：形法、风水系统。（察地）
第四类：梦占、相法系统。（相人）
第五类：祭祀、祠禳、厌劾系统。（通神御鬼）

如是，不仅《艺文志》六类数术内容均可概括，而且在逻辑上也更加清晰。

根据上引《艺文志》"数术"之文所述，数术的基本特点是察象以占吉凶。所谓的"象"，指世间事物的各种物理表征，即"杂占"条下"纪百事之象"。数术其他部分的天文气象之征、位节辰会、形气、卦兆、声气等，也均是事物之象。根据"象"推其数理以占断吉凶，是各类别彼此一致的。因此，数术具有察象占断吉凶的特征，举凡察象以占吉凶的技术或行为，皆可称之为数术。就这一点而言，数术和巫术是完全相同的。

值得注意的是，《艺文志》还触及了更深层的问题。文中论及，察象之所以可占吉凶，隐藏其后的原理是"非有鬼神，数自然也"，这一句话非常重要。

这里的"数"，首先自然有数字的意思。数术之学无疑和数的描述和推算有关，天文观测，确定历谱节气，筮占和各种时日推算等都离不开数字。但更重要的是，"数"还有定数、必然规律之意。天体运行要遵从一定的"数"，所以从事天文律历之人被称为"传天数者""为天数者"

---

① 李零：《中国方术正考》，中华书局 2006 年版，第 67 页。
② 宋会群：《中国数术文化史》，河南大学出版社 1999 年版，第 19 页。

第二章 兵阴阳家的源与流

或"执数者";① 五行的相生相克也遵从一定的数，湖南沅陵虎溪山西汉墓所出《阎氏五胜》有"水之数胜土""金之数胜木""土之数胜水""木之数胜土"之语，其意甚明;② 择日之术也与数有关，所谓"日加喜数而福大；日加忧数而祸大矣"，③ 喜忧吉凶，均有其数，皆由数定；卜筮、杂占和形法可以预知未来，也是因为在古人看来事物的表象和结果之间自有定数，这也是一种"数"。因此，"数"比"象"更接近事物的本质，更深刻也更玄妙。《汉志》"非有鬼神，数自然也"中的"数"，显然就是在这一意义上使用的，它是与鬼神完全不同的客观存在和必然规律。东汉王充说："天地历数，当然也"，④ 意思相近但不如《汉志》深刻。

在古人观念中，数是天道的体现和奥妙所在，所以有"受数于天"的说法。⑤ 后世所谓"气数"之类的观念，即从此发展而来。因此，神秘的天道可以由数而探知，《鹖冠子·世兵》："道有度数，故神明可交也"；《淮南子·缪称训》："欲知天道，察其数"；《四库全书总目提要》："物生有象，象生有数，乘除推阐，务究造化之源者。"《楚辞·卜居》描写屈原询问太卜现实黑暗不平原因何在，后者答："物有所不足，智有所不明，数有所不逮，神有所不通。用君之心，行君之意，龟策诚不能知此事。"这里的"数有所不逮"，是说世间之事有不能以"数"推知者。但显然，这种认识的基础正是"数"本是可以推知万物万事的。我们看《汉志》的各种数术，几乎全都和"数"有关。由此可见，数术察象而占的背后，推数才是数术的内在和本质特征，故曰术数或数术。《艺文志》虽然没有对此作一个总的概括，不免仍将"象""数"混淆，但隐约已是呼之欲出了。班固改《七略》"术数略"为"数术"似非偶然，可能在他的心目中，数为数术之本的概

---

① 《史记·天官书》《淮南子·氾论训》。
② 湖南省文物考古研究所等：《沅陵虎溪山一号汉墓发掘简报》，《文物》2003 年第 1 期；刘乐贤：《虎溪山汉简〈阎氏五胜〉及相关问题》，《文物》2003 年第 7 期。
③ 同上。
④ 《论衡·治期》。
⑤ 《鹖冠子·世兵》。又《国语·周语下》载春秋时伶州鸠云："凡人神以数合之，以声昭之。数合神和，然后可同也。"此从音律方面谈及神人之间以数为纽带，其虽然尚以神为支配，但应是以自然之数为天道体现观念的前身。

念比刘向、刘歆父子更为清晰。《汉书·艺文志》各类总序和其内诸小序是否因袭刘氏，学者看法不尽相同，但由此一例可证班固至少是有所改变的。

"历谱"小序提到，天文历谱是"圣人知命之术"；又说"患出于小人而强欲知天道者"，可见圣人所以知命，是因为其明乎天道。所以"知命之术"四字，也是对数术的一种较为重要的描述。"数自然也"是从学理上说，"知命之术"则是从目的、作用方面说，二者有着内在的一致。

三 数术与巫术的关系

外国没有数术的概念，常用巫术一词泛指中国的数术及各种神秘术，以之涵盖中国历史上的各种神秘文化行为。但在中国古代，巫术和数术既是源流关系，又是并存关系，既有共同点，又有所区别，将二者决然对立或是绝对等同都是不正确的。

1. 数术与巫术的区别

典型的数术和通常意义上的巫术确实存在着重要的差异。

第一，复杂程度不同。

一般来说，巫术主要是多种习惯性的、相对简单的操作技术，缺乏系统性的理论著作；而数术，不仅有较为繁复的推算操作规程，更有大量理论著作，形成庞大体系。战国以来，阴阳五行理论几乎笼罩支配了所有数术，但是一般的民间巫术往往并不涉及阴阳五行推演，更多的还是直接的通神接鬼之术。正如陶磊所指出："从巫术到数术，就其所呈现的外在形态来看，确有由个体性、即时性，向连续性、系统性的转化。"① 这一点，只要比较一下民间巫师的"跳大神"和天文占、星命术，就可以看得非常清楚。

第二，信仰主体和施术机理不同。

从信仰主体看，"巫术时代以鬼神信仰为特征，数术时代以对数的信仰为特征，这是数术与巫术的根本差别之所在"②。因此，巫和巫术沟通的是神鬼与人，而数术沟通的则是天与人。所谓"非有鬼神，数自然也"这八个字，是数术本质的经典表述。马王堆帛书《要》借孔子之口说：

---

① 陶磊：《从巫术到数术：上古信仰的历史嬗变》，山东人民出版社2008年版，第181页。
② 同上书，第5页。

"赞而不达于数，则为之巫；数而不达于德，则为之史"，其意为：赞于神明还停留在巫的层次，通于数术才达到了史官的水准，而懂得德为吉凶之本才是真正的圣贤，这同样深刻地反映了巫术、数术之间的本质差异。汉代王充在《论衡》中也谈及这个区别，《知实篇》云："圣贤之才，皆能先知。其先知也，任术用数。"《实知篇》亦云："推用数术，若先闻见，众人不知，则谓神圣"，圣贤之所以为圣贤，是因为他们懂得数术，可以推数而知未来，而与"鬼神用巫之口告人"不同，在施术机理上存在着很大差异。巫术系以法术役使鬼神以致其用为根本，而数术则不然，它是在掌握了数的神秘特性和规律的基础上，利用天道预知命运、趋吉避凶。"从认为事物背后存在着神的支配，到认为支配事物的是天道，正反映了先民认识水平的提高。"①战国以来阴阳五行学说的发展，则将推数以占吉凶推向了新的时代。

第三，精神特质不同。

巫术的目的在于利用鬼神的力量影响和改变事物，而数术的目的在于遵从天道，选择利于自己的最佳行为方式。就精神特质而言，数术活动的特点是顺天，而巫术的特质则是改变，表现出对待超自然力的显著不同态度。

数术视天道为至高无上，万物自有定数规则，不可抗拒违逆而只能顺之而行。"与巫术不同的是，在数术观念下，物之于人的吉凶利害是有定数的，人们要做的就是去探求物之数，发现其对人的利害法则，从而实现趋利避害。因此，在数术中，没有祈生，也没有厌劾。后世利用数的生克法则所行的祈生与厌劾，实际是与时俱进的巫术。"②

巫术对待神鬼既尊敬膜拜，又总是试图驾驭驱使。所以巫术多有祈禳符咒厌胜祛劾之法，以驾驭驱使鬼神来祛病解祸，改变受术者的处境。在巫师面前，鬼神常常像是他们改变现状的工具。也因此，巫觋常常又表现出明显的实用主义态度，人们就像谈判双方一样与神鬼讨价还价，既有祈求讨好也有威逼利诱，顺己则敬之，逆己则罚之。《诗经·大雅·云汉》是求雨仪式上巫师的祷词，首先讲世人对神灵的恭敬，牺牲、玉帛不敢吝惜，祭祀不敢中断，对各路神灵不敢怠

---

① 陶磊：《从巫术到数术：上古信仰的历史嬗变》，山东人民出版社 2008 年版，第 17 页。
② 同上。

慢；其次讲旱情严重，如果再不下雨山川就要干涸，百姓就要死光了；再次，就开始斥责神灵，现在情况这么严重，为什么你们视若无睹，不有所作为？最后以"敬恭明神，宜无悔怒！瞻仰昊天，曷惠其宁！"结束，又开始安抚神灵，希望他们不要生气，怜悯天下的人民，赶快降雨。全篇娓娓道来，有理有据，将人对神既恭敬又威胁的态度表现得淋漓尽致。《尚书·金縢》中记载武王有疾，周公作策书告先祖，请代武王而死：

> 史乃册，祝曰："惟尔元孙某，遘厉虐疾。若尔三王，是有丕子之责于天，以旦代某之身。予仁若考，能多才多艺，能事鬼神。乃元孙不若旦多材多艺，不能事鬼神。乃命于帝庭，敷佑四方。用能定尔子孙于下地，四方之民，罔不祗畏。呜呼！无坠天之降宝命，我先王亦永有依归。今我即命于元龟，尔之许我，我其以璧与珪归俟尔命。尔不许我，我乃屏璧与珪。"①

周公旦在给祖先讲了一通以己身代武王死的原因，最后说道："如果你答应我的请求，我就将以璧与珪奉献给你们，如果不答应我就将它们藏起来。"这两句话充分暴露了人与鬼神之间是赤裸裸的交易关系，答应人的请求人们就奉献牺牲满足鬼神，如果不答应鬼神就得不到相应的供奉。历史上有很多人们对神灵祈求讨好无效便惩罚它们以达到目的的故事，诸如暴晒龙王、缚笞城隍等，更是这一关系巫术精神特质的生动反映。

2. 数术与巫术的共同点

虽然数术和巫术之间具有上述明显差异，但它们之间又有着重要的共同点或者说内在联系。

第一，基本性质相同。

数术和巫术都是崇拜神秘力量的观念和行为。巫术崇拜鬼神等人格或非人格的超自然力，数术也崇拜超自然力，只是这种超自然力主要是非人格的"数"，或者说是由"数"所决定和支配的。崇拜神秘的超自然力，并因此产生出许多相关技术和禁忌，在这个根本点上，数术和巫术

---

① 《尚书·金縢第八》。

并无二致。

第二，基本思维方式相同。

巫术和数术的认识逻辑也是相同的，这就是布留列尔所谓原始思维之"相似律"。弗雷泽指出巫术两大原则：模拟原则和接触原则，其实从广义上说，接触原则——认为接触必然传染祸福或产生影响——也是模拟原则的一种体现。所谓"相似律"，简单地说就是相信"同类相生"，"果必同因"，用马林诺夫斯基的话来说就是"相似产生相似"，[①] 即把生活中的局部现象和特殊联系当成普遍规律来看待和利用。比如人害怕污秽荆棘，便以为鬼魅可以用屎尿刺棘加以驱逐；人畏惧猛兽，便可以用貔貅、狮子的雕像用于避邪；锥刀可置人于死地，所以就有针刺刀砍偶人的黑巫术；生育有赖于两性交合，崇拜男根以求子遂成为许多原始民族的习俗。这种建立在错误联系和模拟行事基础上的规律认识和利用，也正是数术的思维方式与特征。以战国以来成熟的数术形式为例，它们均建立在阴阳五行说的基础上，而阴阳五行说的逻辑起点是阴阳对立、五行生克以及五行与万物的搭配，因为五行有生克进而制化扶抑、王相休咎死等关系，所以所有事物也就有了相应的关系，由此辗转推理占测人和事物命运休咎。这套系统看起来精细复杂，逻辑严密，但无论是五行生克、五行配物还是事物的相应关系，究其质仍然是建立在错误的归纳和模拟基础之上，同样是原始思维的产物。

第三，数术源于巫术又包容巫术。

首先，多种数术由巫术发展而来。从上文所述巫术和数术的内容来看，两者多有交叉，难分彼此。《艺文志》"数术"包含天文气象占、钟律风角占、卜筮、占梦、相法和杂占等预测术，以及祭祷、劾除妖祥、请雨止雨等祷禳解除术，[②] 都是历史上巫术的内容，二者之间具有源流关系是显而易见的。宋会群指出，在原始社会阶段，数术知识体系从属于巫知识体系，数术是从巫术中起源的；在夏商周秦汉时代，巫术和数术逐渐分道扬镳，数术成为一种专门的知识体系。[③] 就数术出于巫术这一点

[①] ［英］马林诺夫斯基：《文化论》，费孝通译，中国民间文艺出版社1987年版，第63页。

[②] "杂占"下有：《祯祥变怪》二十一卷、《人鬼精物六畜变怪》二十一卷、《变怪诰咎》十三卷、《执不祥劾鬼物》八卷、《请官除妖祥》十九卷、《禳祀天文》十八卷、《请祷致福》十九卷、《请雨止雨》二十六卷。

[③] 宋会群：《中国术数文化史》，河南大学出版社1999年版，第58页。

来讲，宋说是很正确的。顺便指出，历史上的医药养生巫术未包括在《艺文志》的"数术"之中，而是放到了"方技"部分，这说明方技也和巫术有着密不可分的关系，为巫术之源分出的另一支流。数术、方技两部分实为中国历史上"方术"一词的来源和基本内容，因此，我们自然也可以说巫术和方术也有着源流关系。

其次，利用数字的形式进行推算预测也始自巫术。早期的天文占、石子卜、枚占、筮占等，都与数字有关。此类数字化的占卜逐渐发展，特别是逐渐趋于阴阳五行化以后，最终成为典型的数术形式。李零曾注意到这个问题，他在《从占卜方法的数字化看阴阳五行说的起源》中说道："仔细分析数术类的各种占卜，我们不难发现，年代越早、形式越简单的占卜，它们在方法上的直观性和随机性越强；相反，年代越晚、形式越复杂，则抽象性越强，推算的色彩越浓。"[①]从一定意义上可以说，巫术是数术的初级形式，数术是数字化、理论化、系统化的高级巫术。在从巫术向数术演进的过程中，阴阳五行学说具有至为关键的意义，正是这一理论为中国数术的特异性发展创造了条件（详见下文）。

再次，先秦两汉时期数术和巫术具有很高的共存度。即使到了汉代，建立在阴阳五行学说基础上的典型数术得到极大发展之时，一方面，民间巫觋仍在大量从事着卜筮、占梦、相人等已可归入数术范畴的活动（祭祷禳除和治病疗疾更不待言）；另一方面，数术活动和有关文献也从来没有和巫术真正划清界限。除了上述祷禳解除文献正式著录于"数术"，又如在考古出土的多种战国秦汉《日书》中，数术内容也总是和形形色色的驱鬼厌除术汇聚一堂，推数和事鬼并行不悖。[②]其他数术也常常与鬼神相关，并保持着敬事鬼神的仪式，比如筮占，《易·说卦》："昔者圣人之作易也，幽赞于神明而生蓍"；马王堆帛书《易之义》："赞于神明而生占也"，"赞于神明"，即是

[①] 李零：《中国方术续考》，中华书局 2006 年版，第 66 页。
[②] 《日书》的主体是根据阴阳五行原理形成的各种吉凶选择术和具体规定，但与此同时其中也充满鬼怪神灵，若干篇目明显属于驱鬼巫术范畴，如睡虎地秦简《日书》甲种的《诘》，以及《梦》《马禖》，放马滩秦简《日书》的《禹须臾》《禹步》，江陵九店《日书》之《告武夷》等均是。另外在多种《日书》的五行类篇目中，也有一些类似的解除文字。

《周礼·春官宗伯·天府》注所说："凡卜筮，实问于鬼神，龟筮能出其卦兆之占耳"，这正是筮占灵验的原因，所以占卜之前通常要沐浴斋戒，虔祷于鬼神。此外，数术中普遍存在各种神刹，如太岁、太一、天李、丰隆、刑德以及式占各神将等，虽然其多数并无形貌，却具有神性的主体，而非客观的星体或单纯的数字或符号。要之，在有神论占绝对支配地位的古代中国，数术和鬼神通常是密切相关的，尽管在理论上可以区分，但在社会观念和实践中并不存在全与鬼神无关的数术。从而，数术往往与巫术相互渗透，并始终无法彻底取代巫术。坚决主张数术与巫术存在重大差异的陶磊也意识到这一点，承认"数术并非不相信或不承认世界上有鬼神，事实上，在很多数术中，人世的吉凶祸福与神明的活动直接相关联"。虽然他强调，数术的神明背后，还存在具有制约作用的宇宙法则，即所谓数，[①] 但我们更倾向于认为，在古人那里，绝大多数人并不能将数和鬼神分离开来。

根据以上分析，尽管巫术和数术有重要区别，但在根本上属于同一体系而非决然对立，数术不过是中国特定历史和社会条件下巫术发展变异而生成的一种高级形态。由此看来，中国巫术史的最大特点，就是巫术最终发展出数术这样一个特殊的体系，以至于自身地位反而相对下降。童恩正说，我们可以看到一个貌似矛盾的现象：一方面，是远古巫术的衰落；另一方面，又是远古巫术所包括的内容的发扬光大。[②] 李零则说："'礼仪'和'方术'脱胎于'巫术'，但反过来又凌驾于'巫术之上'，限制压迫'巫术'，这是'巫术'的最后结局。"[③] 两位先生使用概念虽异，但一语中的，可谓精辟。因此可以断言，如果将数术和巫术割裂开来，中国数术史和巫术史的研究是难以真正深入和得出透彻认识的。

四 数术的发展与阴阳五行

数术脱胎于巫术，是一个渐进的过程，但毫无疑问，春秋战国时

[①] 陶磊：《从巫术到数术：上古信仰的历史嬗变》，山东人民出版社2008年版，第6页。

[②] 童恩正：《中国古代的巫》，《中国社会科学》1995年第5期。

[③] 李零：《中国方术续考》，中华书局2006年版，第57页。

期是数术发展最为关键的阶段。这一时期,数术种类激增,传统数术得到丰富和发展,数术著作大量涌现,数术在民间普及流行和简便化、阴阳五行化。①

《日书》中不仅有五行生克、五行三合局、纳音五行、六甲孤虚等典型五行家数术的表述,而且多数时日选择之术正是依据阴阳五行的生克规律而作出吉凶判断和规定的,无疑应归入《汉书·艺文志》"数术类"中的"五行"。战国秦汉间地位重要、影响久远,通常被置于《日书》之首的择吉术——建除术和丛辰术,表面上看与阴阳五行没有直接关系,但仔细分析起来,它们和阴阳五行家的王相休咎死和十二宫(长生五行)理论却有着异曲同工之妙,都是以一年内大自然的生长、发育、衰落、死亡周期为推演依据,作出吉凶变化规定,因而属于数术无疑。《汉书·艺文志》明确把"丛辰"类的《钟历丛辰日苑》列在"五行"中,说明丛辰术及建除术确实是属于广义的"五行"类数术的。

数术的发展和春秋战国时期社会的巨大变化有直接关系。首先,新的天道观的出现,促使了巫术向数术的转变。正如陶磊所说:"春秋以后,因为社会的动荡,这个信仰体系也随之崩溃,新的天道信仰出现,数术即在此时出现。"② 春秋以前,人们相信上帝、天神或道德之天,春秋以后天不再具有道德性,而是自然之天,是按秩序和规律运行的天。在前一种天道观的指导下,人们探知神意的方法就是通过巫术的沟通,而在后一种天道观的指导下,人们通过掌握自然界变化的规律,就能得知吉凶祸福。沟通的对象由神化到自然化。自然界的运行遵从数之法则,所以探知天意之法由巫术变为了以究数、推数为核心的数术。完成了由巫术到数术的转变。其次,是由于科技进步,人们掌握了更多的科学知识,对自然的掌控力逐渐增强。巫术以鬼神信仰,从而将神与人世间的事建立了联系。这种联系往往是经不起实践考验的,随着人们知识的增加,人们对神的权威性产生了怀疑。而自然界的变化是有规律的,这种变化是建立在"数"的基础上

---

① 邵鸿、耿雪敏:《战国数术发展初探》,《山西大学学报》2013年第2期。
② 陶磊:《从巫术到数术:上古信仰的历史嬗变》,山东人民出版社2008年版,第5页。

的。一些特定的自然变化，比如天体运行，气候变化，会导致人们生产生活中必然的结果。随着这种经验的不断积累，人们将人世间的变化与自然界的变化建立起某种联系。而这种联系要比巫术活动中建立起来的那种人神之间的联系可靠得多，这种联系是建立在"数"的基础上的，数变成了天道和人道的中介。巫术逐渐为数术所取代。也就是说，中国古代社会独特的转型和古典哲学的发展促进了中国传统巫术的特异性发展。

这些发展中最重要的一项，乃是阴阳五行学说的流行，及其对传统巫术的改造和新型数术的促生。春秋战国以后，阴阳五行说成为数术的理论基础，也是数术特异性发展的巨大动力。从此，阴阳五行就成为中国神秘主义文化的范式规定和基调，兵阴阳家之所以以阴阳为名，也与此直接关联。因此这里需要对阴阳五行作一概述。

商代甲骨文中已经有阴、阳二字，作 🅰、🅱 形。从字形看，阴字作🅰，指阴天；阳从日从🅱，本意为太阳或对太阳的祭祀，用为地名，又有指示地理方位的含义，因此在商代已有阴阳观念。① 西周时期，阴阳两字开始出现连用现象，如《诗经·大雅·公刘》："既景乃岗，相其阴阳。"《永盂》："命赐畀师永厥田，阴阳洛疆。"但是此时的阴阳，均指自然现象，谓日之晴阴，山水之南北，简单朴素，尚不具备形而上的抽象和深邃意义，更没有以阴阳解释社会和自然现象的情况。②

目前所知最早的以阴阳来解释社会和自然现象的记载，当属西周末伯阳父论三川地震：

> 周将亡矣！夫天地之气，不失其序。若过其序，民乱之也。阳伏而不能出，阴迫而不能烝，于是有地震。今三川实震，是阳失其所而镇阴也。阳失而在阴，川源必塞。源塞，国必亡。夫水

---

① 萧良琼：《从甲骨文看五行说的渊源》，《中国古代思维模式与阴阳五行说探源》，江苏古籍出版社1998年版；沈建华：《释卜辞中方位称谓"阴"字》，《初学集——沈建华甲骨学论文选》，文物出版社2008年版；黄天树：《说甲骨文中的"阴"和"阳"》，《黄天树古文字论集》，学苑出版社2006年版。

② 彭华：《阴阳五行研究（先秦篇）》，华东师范大学博士论文，2004年，第31—34页；陆玉林、唐有伯：《中国阴阳家》，宗教文化出版社1996年版，第8页。

土演而民用也，水土无所演，民乏财用，不亡何待？昔伊、洛竭而夏亡，河竭而商亡。今周德若二代之季矣，其川源又塞，塞必竭。夫国必依山川，山崩川竭，亡之征也。川竭，山必崩。若国亡，数之纪也。不过十年，夫天之所弃，不过其纪。①

伯阳父以天地二气为世界秩序的根本，并以阴阳对立来解释地震的发生，认为阴阳失调，必然对人事产生影响，又可以预示人间灾患；而且天道有数，可据以推断灾患发生时间。在此，阴阳已经具有了抽象的意义，其不仅可以解释自然现象，也可以解释社会现象，后世阴阳家的天地、阴阳和天人相应的观念都已显现，而且还有了初步的数术理念。伯阳父所论，在阴阳家历史上有着重要地位。

春秋时期，阴阳之说已经非常流行。阴阳被用来解释各种现象，史官以阴阳说天文气象之变（如《左传·僖公十六年》内史叔兴之说，《襄公二十八年》《昭公二十一年》梓慎之说，《昭公二十四年》叔孙昭子之说），乐官以阴阳说音律（如《国语·周语下》伶州鸠之说），医家以阴阳说病理（如《左传·昭公元年》医和之说），还有以阴阳说鬼神者（如《左传·昭公七年》子产之说），此时阴阳已经成为解释分析自然现象和社会现象的基本范畴和思维。

春秋晚期至战国前期，阴阳思想已逐渐系统化。《老子》已有"万物负阴而抱阳"之论，赋予阴阳以高度抽象概括的哲学意义。《易传》亦云"一阴一阳之谓道"，以阴阳为基础解《易》，而将天地、风雷等自然事物与男女、君臣、得失等社会事物纳为一体，以有形之卦象彰显无形的阴阳之义，并将阴阳说与筮占相结合。② 范蠡则首次比较完整地展现了阴阳家的基本理论架构：人事必须参照天地才能成功，而天地之常表现为阴阳的对立和循环，因此统治者必须"因阴阳之恒，顺天地之常"，按照天地阴阳的运行规律行事，其中又尤以对"时"的把握最为重要。而把握时机的最佳之境界，是"无过

---

① 《国语·周语上》。
② 陆玉林、唐有伯：《中国阴阳家》，宗教文化出版社1996年版，第10—11页；萧萐父：《周易与早期阴阳家言》，《江汉论坛》1984年第5期。

天极，究数而止"①，到这里，范蠡又已将阴阳理论和推数联系起来。范蠡之说，已和《黄帝书》等黄老道家著作十分相近，在阴阳家形成史上地位非常重要。

有关五行的最早的可靠记载，可能是《尚书·洪范》：

> 一曰水，二曰火，三曰木，四曰金，五曰土。水曰润下，火曰炎上，木曰曲直，金曰从革，土爰稼穑。润下作咸，炎上作苦，曲直作酸，从革作辛，稼穑作甘。②

因为《洪范》时代问题难有定论，故仅以此说五行出于商代或西周初是值得怀疑的。③《国语·郑语》载周幽王时太史伯的论述："夫和实生物，同则不继……故先王以土与金、木、水、火杂，以成百物。"④ 这里，五行是组成世界万物五种基本元素的思想已经非常明确。故而，西周后期五行观念已经出现的可能性很大。

春秋时期五行说已基本成熟。较系统的五行配位逐渐形成，出现了五行与五方、五色、五帝、五正、五祀等的配合，⑤ 如《左传·昭公二十九年》："故为五行之官，是谓五官。实列氏受姓，封为上公，祀为贵神。社稷五祀，是尊是奉。木正曰句芒，火正曰祝融，金正曰蓐收，水正曰玄冥，土正曰后土。"五行相生和相胜（克）之说也已出现，王引之《春秋名字解诂》发现，春秋秦白乙丙、郑石癸甲父、楚公子壬夫子辛、卫夏戊丁和郑印癸子柳五人之名字，分别含有木生

---

① 《国语·越语下》。
② 《尚书·洪范》。
③ 《洪范》写成于何时，争论尤甚，大致有商末、西周、春秋、战国、汉初五说。详参彭华《阴阳五行研究（先秦篇）》，第31—34页。胡厚宣、杨树达、沈建华等学者另辟路径，从甲骨文中的五方观念、郊祭仪礼及"帝五臣""帝五丰臣"等论述商代已有早期的五行观念，尽管这些讨论对理解五行说的起源是有意义的，但证据仍显不足。参见《阴阳五行研究（先秦篇）》，第52、57—58页。沈建华文见《从殷代祭星郊礼论五行起源》，《由卜辞看古代社祭之范围及起源》，《初学集——沈建华甲骨学论文选》，文物出版社2008年版。
④ 《国语·郑语》。
⑤ 彭华：《阴阳五行研究（先秦篇）》，华东师范大学博士论文，2004年，第74—76页。

火、水生木、金生水、火生土、水生木之意。《左传·昭公三十一年》言"火胜金",《哀公九年》言"水胜火",又《文公七年》有"水、火、金、木、土、谷,谓之六府"之说,五行正按照相克顺序排列。又《墨子·经说》《孙子兵法·虚实》有"五行无常胜"的表述。尤其值得注意的是,至春秋晚期或战国初,五行开始与干支、时空相配合,并以相克原理运用于占候预测。这在《墨子》的《迎敌祠》《贵义》两篇中有清晰的反映。①

阴阳和五行最初是各自独立起源和发展的,但是相互接近的迹象很早就出现了。西周末虢文公和伯阳父在阐述时变和地震时,提到由于阴阳之气变动,水土之气也相应发生变动,阴阳已经和五行要素发生了最初的联系。春秋时期,随着阴阳五行的各自发展,它们在观念上的交融初见端倪。这一时期出现了天六地五和六气五行的观念,天地之气和五行的联系得到确立,如《国语·周语下》:"天六地五,数之常也。"《左传·昭公元年》载医和论疾曰:"天有六气,降生五味,发为五色,征为五声。淫生六疾。六气曰阴、阳、风、雨、晦、明也,分为四时,序为五节,过则为灾。"《左传·昭公二十五年》:"则天之明,因地之性,生其六气,用其五行,气为五味,发为五色,章为五声。"到战国,阴阳五行的合流倾向日益明显。《易传》中已出现了部分以五行说《易》的文字,如马王堆帛书《周易》所附传文中有:

> 故易,又(有)天道焉,而不可以日月生(星)辰尽称也,故为之以阴阳。又(有)地道焉,不可以水火金土木尽称也,故律之

---

① 《墨子·迎敌祠》:"敌以东方来,迎之东坛,坛高八尺,堂密八,年八十者八人,主祭。青旗青神,长八尺者八,弩八,八发而止。将服必青,其牲以鸡。敌以南方来,迎之南坛,坛高七尺,堂密七,年七十者七人,主祭。赤旗赤神,长七尺者七,弩七,七发而止。将服必赤,其牲以狗。敌以西方来,迎之西坛,坛高九尺,堂密九,年九十者九人,主祭。白旗素神,长九尺者九,弩九,九发而止。将服必白,其牲以羊。敌以北方来,迎之北坛,坛高六尺,堂密六,年六十者六人,主祭。黑旗黑神,长六尺者六,弩六,六发而止。将服必黑,其牲以彘。"《墨子·贵义》:"子墨子北之齐,遇日者。日者曰:帝以今日杀黑龙于北方,而先生之色黑,不可以北。子墨子不听,遂北至淄水,不遂而反焉。日者曰:我谓先生不可以北。子墨子曰:南之人不得北,北之人不得南,其色有黑者,有白者,何故皆不遂也。且帝以甲乙日杀青龙于东方,以丙丁日杀赤龙于南方,以庚辛日杀白龙于西方,以壬癸日杀黑龙于北方。若用之之言,则是禁天下之行者也。是围(违)心而虚天下也。子之言不可用也。"

以柔刚。又（有）人道焉，不可以父子君臣夫妇先后尽称也，故要之以上下。又（有）四时之变焉，不可以万勿（物）尽称也，故为之以八卦。（《要》）

圣人之立政也，必尊天而敬众，理顺五行，天地无困，民□不渗（？），甘露时雨聚降，飘风苦雨不至，民心相昫以寿，故曰藩庶。（《二三子问》）

……德与天道始，必顺五行，其孙贵而宗不（灭？）（《二三子问》）

子曰：五行□□□□□□□□用，不可学者也，唯其人而已矣。（《易赞》）

正是在此基础上，战国中期以来阴阳五行逐渐合流，其显著标志是《月令》《十二纪》等月令类文献的出现。《月令》类文献以阴阳为经，五行为纬，在阴阳时节的统摄下，自然界和人类社会的各类事物都可以与五行相配，阴阳、五行与五季、五方、五色、五音、五脏、五谷、十二律和干支相配合形成了庞大复杂的推理系统。阴阳五行理论被用来解释四时运行和万物变化，规范约束人类活动。而邹衍的"五德终始"说，"深观阴阳消息"，"明于五德之传"，[①] 用五行说创立新的历史解释学并为统治者立制。所以，在战国晚期的阴阳家思想中，五行已是基本的结构性元素，讲阴阳已经离不开五行。换句话说，阴阳家在战国时期的逐渐形成与发展，是和阴阳与五行观念的逐渐结合联系在一起的。彭华说阴阳家实际上应称为阴阳五行家，应可成立。

第三节 阴阳家

战国时期，阴阳和五行思想进一步发展，最终合流形成与儒、道、墨等并列的阴阳家。西汉刘向父子列儒、道、阴阳、法、名、墨、纵横、杂、农、小说十家，阴阳位居其三，可见其地位之重要。阴阳家思想不仅为儒、道、纵横、兵家等广泛汲取和利用，而且是数术、道教及诸多民间宗教的思想基础，具有巨大而深远的社会影响。"五四以前的中国固

[①] 《史记·孟子荀卿列传》《史记·历书》。

有文化，是以阴阳五行作为骨架的。阴阳消长、五行生尅的思想，弥漫于意识的各个领域，深嵌到生活的一切方面。如果不明白阴阳五行图式，几乎就无法理解中国的文化体系。"① 对于兵阴阳家而言，阴阳家更是至关重要的前提。

一　阴阳家定义

阴阳作为独立的一家出现于史籍，始自《史记·太史公自序》中所录司马谈之《论六家要旨》：

> 夫阴阳、儒、墨、名、法、道德，此务为治者也。直所从言之异路，有省不省耳。尝窃观阴阳之术，大祥而众忌讳，使人拘而多畏。然其序四时之大顺，不可失也。
>
> 夫阴阳、四时、八位、十二度、二十四节，各有教令，顺之者昌，逆之者不死则亡。未必然也，故曰"使人拘而多畏"。夫春生夏长，秋收冬藏，此天道之大经也，弗顺则无以为天下纲纪，故曰"四时之大顺，不可失也。"（《史记·太史公自序》）

关于"大祥"以往有两种解释，一为《史记正义》引顾野王说："祥，善也，吉凶之先见也"，释"祥"为機祥，说阴阳家重视吉凶機祥。此解当然有据，具体的例子至少有邹衍论述"五德终始"时所说黄帝见大螾大螻而知"土气胜"等。而以機祥占吉凶，其实就是数术中的"占事知来"的"杂占"之术。另一为《史记索隐》所说："《汉书》做'大详'，言我观阴阳之术大详。而今此作'祥'，于意为疏也。"此依《汉书·司马迁传》所引读"祥"为"详"，是说阴阳家的禁忌规定复杂琐碎之意，与下言"众忌讳"一致。笔者认同前说，因为后说与"众忌讳"为文重复。

如果说司马谈所述还有不够清晰之处，《汉书·艺文志》"诸子略"的概括则更加明确了：

> 阴阳家者流，盖出于羲和之官。敬顺昊天，历象日月星辰，敬

---

① 庞朴：《阴阳五行探源》，《中国社会科学》1984年第3期。

授民时，此其所长也。拘者为之，则牵于禁忌，泥于小数，舍人事而任鬼神。(《汉书·艺文志》)

"羲和"即占日之官，负责观察天象。汉志之说，本于西汉后期刘向、刘歆父子之《七略》，去《论六家要旨》的撰述时代已有百年以上。刘氏一方面肯定了阴阳家"敬顺昊天"，"顺时而发"，众禁忌而多束缚的特点，这和司马谈所述很是一致；另一方面，又强调了阴阳家来源于古代职司天文之史官，特别是说其"泥于小数"以及"舍人事而任鬼神"，这与司马谈所述有较明显的差异。"小数"实即数术，而"任鬼神"当然是说鬼神崇拜及巫术，刘氏的概括已明确将二者包括在阴阳家的内涵之中了。

概括司马谈和刘歆的记述，阴阳家有以下几点基本理念和特征：第一，阴阳家的根本宗旨，是顺天道而为治，为政者必须顺天行事，遵守不失，才能治国平天下。第二，顺应天道最重要的要求，是按照"春""夏""秋""冬"四时生长规律行事，一年中不同时段有不同的"教令"亦即行事法则，"顺之者昌，逆之者不死则亡"。第三，阴阳家特别重视天文历法知识，讲究"禨祥"，关切天人感应和把握时令，以此为人事立制。第四，禁忌甚多，使人动辄触之，因而有行事多受限制的弊病。由此，我们可以大致明确阴阳家之要义。后世论者"推四时以顺其性，此阴阳家之所生也"；"观天文，察时变，以辅人事，明于末而不知本，阴阳家之流也"之类的说法，[①] 显然都过于粗略，并非阴阳家概念的准确阐述。

战国秦汉时期的阴阳家，有可能作进一步的划分。李约瑟曾将阴阳家分为天文、月令和素问三派，[②] 虽然粗疏，却是有益的尝试。近年彭华主张分为天文、五德终始、月令、方仙、素问、兵阴阳和数术七大流派，[③] 彭说后出转精，但他将天文和数术分成两类于理不通，方仙、素问同属方技可以合并，又忽略了阴阳原理类文献的存在，这是他的不足。

---

① 《后汉纪》卷十二、秦观《淮海集》卷二十一《崔浩论》。
② [英]李约瑟：《中国科学技术史》第二卷《科学思想史》，何兆武译，科学出版社1990年版，第284—285页。
③ 彭华：《阴阳五行研究（先秦卷）》，华东师范大学博士论文，2004年，第172—174页。

笔者将阴阳家大致分为阴阳原理、月令、数术、方技、五德终始和兵阴阳六个流派。下面分别概述月令、阴阳原理、数术和五德终始的大致情况，以此来深化我们对阴阳家的认识，并为讨论兵阴阳家奠定基础。

二 阴阳家与《月令》和原理性文献

不难发现，最符合上述阴阳家观念的先秦秦汉文献，是《月令》类文字。也即是说，"月令"学说是阴阳家的重要主体。张晏解释"各有教令"是"各有禁，谓月令也"，看来并非偶然。

《月令》本有古老渊源。《国语·周语中》单襄公语周定王曰：

先王之教曰：雨毕而除道，水涸而成梁（韦注："教曰月令之属也。九月雨毕，十月水涸。"），草木解节而备藏，陨霜而冬裘具，清风至而修城郭宫室。故《夏令》曰：九月除道，十月成梁。其时儆曰：收而场功，偫而畚梮，营室之中土功其始，火之初见期于司里。此先王之所以不用财贿而广施德于天下者也。

《夏令》简要记叙一年中各月份国家和民众应做的工作，后来的《夏小正》可能与之有关。又《诗经·豳风·七月》之诗，可以看作周人最初的"月令"类文字。从出土的《秦律》看，至战国时期，各国也已大致形成了制度化的月事安排。战国阴阳五行家将其学说和已经制度化的月事安排相结合，配伍成一个完整的体系。① 这种阴阳五行化的文献，已知最早见于战国中期的长沙子弹库楚帛书，随后有《管子》之《幼官》《四时》《五行》《轻重己》，《鹖冠子》之《泰鸿》，《逸周书》之《周月解》《时训解》以及《月令》等篇，可能还有儒家的《明堂阴阳记》和我们不知道的一些文献②，最终形成了《吕氏春秋》"十二纪"这一完整体系。"十二纪"后来被汉儒以《月令》之名编入《礼记》成为经书，后人遂以《月令》统称此类文献。

---

① 杨振红：《月令与秦汉政治——兼论月令源流》，《出土简牍与秦汉社会》，广西师范大学出版社 2009 年版。

② 《十二纪》究竟是吕不韦门客所作还是原有所本，学者们意见不一。钱穆、容肇祖等先生认为出于邹衍，证据尚嫌不足。根据杨宽先生考证，《十二纪》可能出自三晋人的类似文献。见所著《〈月令〉考》，《杨宽古史论文选集》卷七，上海人民出版社 2003 年版。

第二章 兵阴阳家的源与流

东汉蔡邕《月令明堂论》："因天时，制人事，天子发号施令，祀神受职，每月异礼，故谓之月令。"《月令》以阴阳为经，以五行为纬，构筑了一个包括宇宙、社会、人事的整体模式。① 其最基本的前提和原则，就是阴阳五行的运行变化规律，具体说就是，一年四季的变化，为阴阳二气的消长变化和五行轮流用事所致，春季阳气渐盛，万物生长，东方木神主事；夏季阳气大盛，万物繁茂，南方火神主事；夏秋之间，阳气向阴气过渡，中央土神主事；秋季阴气渐盛，万物始凋，西方金神主事；冬季阴气大盛，万物肃杀，北方水神主事。如此循环往复，周而复始。对应于这个自然规律，统治者就必须"毋逆天数，必顺其时，乃因其类"，② 在方方面面加以适应，如春夏多行仁政，以利生长，秋冬可行刑用兵，以应肃杀，如此则风调雨顺，节气循常，不如此则将导致灾异频发，社会动荡。

以《吕氏春秋·孟春纪》为例：

> 孟春之月，日在营室，昏参中，旦尾中。其日甲乙，其帝太暭，其神句芒。其虫鳞，其音角。律中太蔟，其数八，其味酸，其臭膻，其祀户，祭先脾。东风解冻，蛰虫始振，鱼上冰，獭祭鱼，候雁北。
>
> 天子居青阳左个，乘鸾辂，驾苍龙，载青旌，衣青衣，服青玉，食麦与羊。其器疏以达。
>
> 是月也，以立春。先立春三日，太史谒之天子曰：某日立春，盛德在木。天子乃斋。立春之日，天子亲率三公九卿诸侯大夫以迎春于东郊。还，乃赏公卿诸侯大夫于朝，命相布德和令，行庆施惠，下及兆民。庆赐遂行，无有不当。乃命太史，守典奉法，司天日月星辰之行，宿离不忒，无失经纪，以初为常。是月也，天子乃以元日祈谷于上帝。乃择元辰，天子亲载耒耜，措之参于保介之御间。率三公九卿诸侯大夫躬耕帝籍田。天子三推，三公五推，诸侯大夫九推。反，执爵于太寝。三公九卿诸侯大夫皆御，命曰劳酒。
>
> 是月也，天气下降，地气上腾，天地和同，草木繁动。王布农事，命田舍东郊，皆修封疆，审端径术。善相丘陵阪险原隰，土地

---

① 陆玉林、唐有伯：《中国阴阳家》，宗教文化出版社1996年版，第31页。
② 《吕氏春秋·仲秋季》。

所宜，五谷所殖，以教道民，必躬亲之。田事既饬，先定准直，农乃不惑。

是月也，命乐正入学习舞，乃修祭典，命祀山林川泽，牺牲无用牝。

禁止伐木，无覆巢，无杀孩虫胎夭飞鸟，无麑，无卵。无聚大众，无置城郭，掩骼霾髊。是月也，不可以称兵，称兵必有天殃。兵戎不起，不可以从我始。无变天之道，无绝地之理。孟春行夏令，则风雨不时，草木早槁，国乃有恐。行秋令，则民大疫，疾风暴雨数至，藜莠蓬蒿并兴。行冬令，则水潦为败，霜雪大挚，首种不入。

从上述文字可以清楚地看出，《月令》这种规整机械的表述和要求，完全是阴阳五行思维模式的产物。在此，阴阳五行完满圆融地结合在一起，构成了这一模式的纵横二轴。《月令》类文献关于阴阳五行与时空和各种事物的基本配合和有关服制、人事规定，至"十二纪"基本被确定下来，因此它标志着《月令》的定型。《月令》是阴阳五行学说和阴阳家的主要文献类型之一，因此"十二纪"的出现，可以看成是阴阳五行学说和阴阳家基本成熟的重要标志。《月令》礼学色彩浓厚，与实用性的日书等数术文献不同，它对秦汉以来中国历代王朝的礼制影响巨大而深远。

阴阳家文献并不仅仅限于《月令》类文献。《汉书·艺文志》"阴阳家"下收书21种，369篇，绝大多数以人命名，然皆已失传。山东临沂银雀山汉墓所出有阴阳时令占候之书《曹氏阴阳》《三十时》等，陈乃华先生曾指出，它们应该就是早期阴阳学家的著作，其理由是该书没有如邹衍那样完备的五德终始学说、大九洲学说，所说"日阴月阳""天阴地阳"等与秦汉以来流行的说法截然相反，上接《管子·幼官》等篇，下开秦汉阴阳学的先河。[①] 按银雀山诸阴阳时令占候之书成书时间有早有晚，陈说将它们视为一体不够严谨，但就其所据以立论的《曹氏阴阳》和《三十时》而论，则确为卓见。对《曹氏阴阳》连劭名先生也有很好的开创性研究，[②] 此书虽保存不够完整，但大体上以道家思想为本旨，详

[①] 陈乃华：《先秦阴阳学说初探——〈曹氏阴阳〉〈三十时〉的文献学价值》，《山东师范大学学报》1996年第6期。

[②] 连劭名：《银雀山汉简〈曹氏阴阳〉研究》，《中原文物》2007年第2期。

说天地日月四时干支及各种事物的阴阳属性，强调顺天守时、同类相应，天人相感之说，并有一些具体的宜忌规定。湖南沅陵虎溪山出土的《阎氏五胜》也是阴阳家著作，据晏昌贵研究，它主要讲的是"五行之性"和"五行之理"，以及按五行原理行事的宜忌。① 又如近年公布的湖北随州孔家坡汉简《日书》（抄成于汉初，形成年代当在战国晚期）中，有一篇题为"岁"的文章，存700余字，叙述五方、五行与岁的形成，五行配物与相克，四时结解，十二月时令和人事，是一篇比较典型的阴阳家文献②，与《曹氏阴阳》《三十时》等文献有所不同。

三 阴阳家与数术

阴阳家的形成，既有思想文献方面的渊源，还与战国时期以数术、方技为代表的技术模式的显著发展相关联。我们看《月令》类文献，似乎还很难说是"众忌讳"，"使人拘而多畏"，而只有当时的天官时日数术之书才与此密切相合。《史记集解》引李奇曰："阴阳之术，月令、星官是其枝叶也。"（"阴阳之术"据《汉书·艺文志》师古注引文补）又《正义》说"拘而多畏"曰："拘束于日时，令人有所畏忌也。"二人指出阴阳家和天官时日数术有关，是很有见地的。

如前所论，上古巫术传统被数术体系取而代之这一重大转变，是和阴阳五行的结合和普遍支配联系在一起的。这实际上也就意味着，从阴阳五行学说到阴阳家，无论就其性质还是发展过程而言都和数术关系密切。（阴阳五行对数术发展的重大促进作用上一节已有叙述，这里将讨论数术对阴阳家发展的重要意义）

对比汉志"诸子"之阴阳家和"数术"下的说明文字和所收书籍，可以发现有几方面的相同。其一，阴阳家"盖出于羲和之官"；"数术"则说"盖出于明堂羲和史卜之职也"，是其本源相同，皆属于史官系统。其二，阴阳家"敬顺昊天，历象日月星辰，敬授民时，此其所长也"，且为首一书是《司星子韦》；而数术下六类书籍，开篇就是天文、历谱，说明其内容相通。其三，阴阳家"牵于禁忌，泥于小数"；数术中"五行"

---

① 晏昌贵：《虎溪山汉简〈阎氏五胜〉校释》，《长江学术》2003年第5辑。
② 关于《岁》的内容和性质，刘乐贤的《战国秦汉〈日书〉研究》有很好的讨论，见《战国秦汉简帛丛考》。

说明亦云"小数家因此以为吉凶",何为"小数"?《汉书》屡见表述,皆系数术之谓。① 其四,"兵书略"中叙"兵阴阳家"云:"阴阳者,顺时而发,推刑德,随斗击,因五胜,假鬼神而为助者也。"这更清楚地说明,阴阳和数术其实就是一回事。

关于阴阳家与数术之相通,宋陈振孙的《直斋书目解题》、清章学诚的《校雠通义》、近代章太炎的《诸子学略说》和近人余嘉锡的《目录学发微》都曾论及,并且都认为阴阳家与数术在汉志中之所以分列,是因为一言理,一明术的缘故。②"理"指理论性的阐述,"术"指技术性的规定。用李零先生的话说则是,"前者是推数术言哲理,而后者则只讲数术"③。阴阳家和数术虽有区别,但实质相近;各有侧重,但密不可分。后代普遍把数术家称为阴阳家,④ 文献著录阴阳家自《隋书》以来就不再单列而被并入"五行"或"数术"之中,就是因为阴阳与数术相近的缘故。《荀子·王制》:"相阴阳,占祲兆,钻龟陈卦,主攘择五卜,知其吉凶妖祥,伛巫跛击之事也。"杨注:"相,视也。阴阳,谓数也。"荀子的

---

① 如《汉书·孔光传》:"俗之祈禳小数,终无益于应天塞异,销祸兴福。"《儒林传》:"蜀人赵宾,好小数书,后为《易》,饰《易》文以为箕子明夷,阴阳气亡。"《王莽传下》:"(莽)性好时日小数,及事迫急,亶为厌胜。"

② 刘乐贤:《简帛数术文献探论》,湖北教育出版社2003年版,第8—12页;彭华:《阴阳五行研究(先秦篇)》,华东师范大学博士论文,2004年,第170—172页。

③ 李零:《从占卜方法的数字化看阴阳五行说的起源》,《中国方术续考》,中华书局2006年版,第65页。

④ 汉代以来,一般论者多将阴阳家和数术通用,不以为别,以下略举古籍中的相关例证以见一斑。《旧唐书·方伎传》:"夫数术占相之法,出于阴阳家流。自刘向演鸿范之言,京房传焦赣之法,莫不望气视祲,县知灾异之来;运策蓍,预定吉凶之会。固已详于鲁史,载彼周官。"《铁围山丛谈》卷二:"阴阳家流,穷五行数术,不为妄。至一切听之,反弃夫人事,斯误矣。"《秋涧集》卷四十二《赠日者张翱序》:"阴阳家者流,秦汉以来,如五行、勘舆、建除、丛辰、历学、天文、太乙等书,其目虽多,及临事占决,各开户牖,吉凶得失,互皆不同。"《四书蒙引》卷一:"阴阳家,时日克择之学也。"《四书讲义困勉录》卷三:"阴阳家,牵制象数,规规占算之间,徇其有定之粗迹,而迷其无定之圆机。"《元史·泰定纪二》:"(泰定三年十二月)以回回阴阳家言天变,给钞二千锭。"《元史·刑法志二》:《算法新书》卷一:"(明太祖)曰:迩来西域阴阳家推测天象,至为精密,有验其纬度之法。"《鸡肋编》卷上:"世之以五行星命论命者多矣。今录贵而凶终者数人,其盛时未有能言其未至之灾也。以此知阴阳家不足深泥。"《明史·儒林传·邵宝传》:"江西俗好阴阳家言,有数十年不葬父母者。"《清会典》卷五十五,《礼部·祠祭清吏司·方伎》:"凡阴阳家,由直省有司官择明习数术者,申督抚咨部给劄,为阴阳学,府、州、县各一人。府曰正术(从九品),州曰典术,县曰训术(均未入流),以辖日者卜家之属,禁其幻妄祸民。郡邑有大典礼、大兴作,卜日候时用之。"

这一叙述表明，战国人已经把"阴阳"和"数术"活动联系起来。

当代学者刘乐贤对阴阳家与数术之间的关系有着深刻的见解，他认为从本质上说，阴阳家的主旨是顺天道阴阳四时以行人事，而且其强调天道自然是在数字框架中存在和体现的，对天道的认识和顺应可以通过"究数"的方式来进行。而这种天道和数的支配理念，正是数术的理论基础和发生条件。

从源头上说，天文学是阴阳家的源头。阴阳家讲顺应天道，讲阴阳数度，其基础，就是观象授时的天文学。所以《汉书·艺文志》才会用"阴阳家者流，盖出于羲和之官。敬顺昊天，历象日月星辰，敬授民时，此其所长也"来概括它。现代论者多不认可汉志诸子出于王官之说，但唯独对阴阳家出于史官却多予以肯定。上古的天文学，无疑有星占和数术的性质，从这个意义上说，阴阳家思想的萌生，从一开始就离不开早期数术的发展。

从发展过程上说，阴阳家和数术既然有"道"和"术"的对应相通关系，那么二者必然也存在互相推动的关系。一方面，"道"指引"术"的具体发展和深化，比如阴阳说之影响易占、建除、刑德、医方等数术方技的发展；另一方面，"术"的发展、深化及其流行，反过来又促进了阴阳家思想的完善和发展，比如五行生克和五方神祀之于《月令》。同样，如果没有民间流行的多种数术及发达的五行应用，邹衍的五德终始理论绝不可能凭空产生。

从发展主体上说，数术家——日者对阴阳家的发展具有极其重要的作用。日者既把阴阳五行理论具体化并付诸实践，又将阴阳五行不断推导、扩展和深化，他们的贡献恐怕并不比邹衍之类的士人或理论家的小。《史记·太史公自序》："齐、楚、秦、赵为日者，各有俗所用。欲观其大旨，作《日者列传》第六十七。"司马迁为著名日者立传，可谓有识。

在此，我们不能不引用李零对此问题的精辟论断：

> 先秦的阴阳家，现在的理解往往窄了点，好像只有一个"谈天衍"（邹衍），其实阴阳者流和一般数术之学实有不解之缘，界线很难分清……汉代的阴阳家，广义是指数术之学，狭义则指"五德终始"、"阴阳灾异"一类与历朔服饰有关的"政治气候学"。这类东西本来是方士的看家本领，但从武帝以后，逐渐成为儒家的专利。

哀、平之后，并发展为图、谶之学。①

（阴阳家）它绝不是邹衍一派的怪迂之谈所能涵盖，而是由大批的"日者""按往旧造说"，取材远古，以原始思维做背景，从非常古老的源头顺流直下。②

阴阳五行说虽与子学、数术都有关系，但更主要的还是产生于古代的数术之学。它基本上是沿着古代数术的内在逻辑发展而来，并始终是以这些数术门类为主要应用范围，并不像是诸子之学从旁嵌入和移植的结果。……子学对阴阳五行说的精密化和意识形态化当然有推波助澜的重大贡献，但它绝非阴阳五行之源而只是它的流，当可断言。③

彭华也有如下表述："在邹衍以'阴阳'名'家'之前，阴阳的、五行的思想业已林林总总，纷然杂陈于世；至邹衍出，始将其整理为'一贯的学说'，并论述其'理论的根据'。若拉长视线，先秦及秦汉以还依然如此。大致而言，一部分阴阳五行家仍然固守于'数术'这一苑囿，并日渐下沉而流入民间；先秦之日者，秦汉以降之'阴阳先生'者流，所操之'术'即此；另外一部分阴阳五行家，则跃升至'理论'层次，并以此名'家'（如阴阳家），先秦之'阴阳家'（邹衍、邹奭等），秦汉以降之'理论家'（如张苍以及董仲舒等）流，所演之'道'即此。"④

要之，战国秦汉时期的阴阳家，与数术在性质上相通，内容上相近。严格区分，它们有说理和陈术的不同，但概括地说，则同属一个体系。因此无论是司马谈还是刘向父子的有关定义，其实还是比较一致的，我们不能因为司马谈的阴阳家定义中没有明确提到数术，而否认或忽略阴阳家与数术的密切关系。战国时期数术的大发展，是阴阳家发展成"家"的一个重要背景和基础，脱离了这个背景来谈阴阳家的产生和发展，可谓是"只知其一，不知其二"。

---

① 李零：《道家与中国古代的"现代化"》，《李零自选集》，广西师范大学出版社1998年版，第305、308页。
② 李零：《中国方术正考》，中华书局2006年版，第140页。
③ 李零：《从占卜方法的数字化看阴阳五行说的起源》，《中国方术续考》，中华书局2006年版，第72页。
④ 彭华：《阴阳五行研究（先秦篇）》，华东师范大学博士论文，2004年，第172页。

四　阴阳家与邹衍和"五德终始"说

战国时期最被认可的阴阳家是邹衍，彭华的话可为代表："毫无疑问，邹衍是先秦阴阳家的集大成者，也是中国历史上最负盛名的阴阳家的代表。"[①] 但邹衍的学说和阴阳家有什么关系？其在阴阳家发展史上地位如何？这其实很值得探讨。

邹衍，齐人，其生卒年学者有不同的构拟，但都只是推测。他是后于孟子的齐稷下先生，曾与梁惠王、燕昭王相交而倍受尊崇，故其大致生活于公元前4世纪中叶至3世纪中叶之前，是战国晚期人。

邹衍的著作不少，《汉书·艺文志》"阴阳家"内有《邹子》49篇，《邹子主运》54篇，惜均已亡佚。其学说主要见于《史记·孟子荀卿列传》：

> 邹衍睹有国者益淫侈，不能尚德，若《大雅》整之于身，施及黎庶矣。乃深观阴阳消息而作怪迂之变，《终始》《大圣》之篇十余万言。其语闳大不经，必先验小物，推而大之，至于无垠。先序今以上至黄帝，学者所共术，大并世盛衰，因载其禨祥度制，推而远之，至天地未生，窈冥不可考而原也。先列中国名山大川，通谷禽兽，水土所殖，物类所珍，因而推之，及海外人之所不能睹。称引天地剖判以来，五德转移，治各有宜，而符应若兹。以为儒者所谓中国者，于天下乃八十一分居其一分耳。中国名曰赤县神州。赤县神州内自有九州，禹之序九州是也，不得为州数。中国外如赤县神州者九，乃所谓九州也。于是有裨海环之，人民禽兽莫能相通者，如一区中者，乃为一州。如此者九，乃有大瀛海环其外，天地之际焉。其术皆此类也。然要其归，必止乎仁义节俭，君臣上下六亲之施，始也滥（本也）耳。王公大人初见其术，惧然顾化，其后不能行之。

又《史记·封禅书》：

[①] 彭华：《阴阳五行研究（先秦篇）》，华东师范大学博士论文，2004年，第177页。

邹衍以阴阳主运显于诸侯（《集解》引如淳曰："今其书有《主运》，五行相次转用事，随方面而服。"），而燕齐海上之方士，传其术不能通，然则怪迂阿谀苟合之徒自此兴，不可胜数也。

邹衍的思想大致包括以下内容。

一是本于阴阳家天道阴阳之说。邹衍当时就有"谈天衍"之称，刘向亦说他"大言天事"，① 又"深观阴阳消息"，大讲"阴阳主运"，这和阴阳家谈天道阴阳是一致的。但因为文献散失，邹衍究竟怎样讲天道阴阳，已难知其详。

二是本于五行之说，创造了五德转移（终始）理论。这种五德转移理论，将历史上的主要统治政权赋予五行的秉性，然后按照五行相克的逻辑确定和解释其兴替，从而建立了一部五德转移的人类历史。而其五行秉性的确定或证明，则是機祥符应。学术界公认《吕氏春秋·应同》中的下列文字，就是邹衍之说：

> 黄帝之时，天先见大螾大蝼，黄帝曰："土气胜！"土气胜，故其色尚黄，其事则土。及禹之时，天先见草木秋冬不杀，禹曰："木气胜！"木气胜，故其色尚青，其事则木。及汤之时，天先见金刃生于水，汤曰："金气胜！"金气胜，故其色尚白，其事则金。及文王之时，天先见火，赤乌啣丹书集于周社。文王曰："火气胜！"火气胜，故其色尚赤，其事则火。代火者必将水。天且先见水气胜。水气胜，故其色尚黑，其事则水。水气至而不知，数备，将徙于土。

《史记·封禅书》中有类似记载，应同出于邹衍：

> 秦始皇既并天下而帝，或曰："黄帝得土德，黄龙地螾见。夏得木德，青龙止于郊，草木畅茂。殷得金德，银自山溢。周得火德，有赤乌之符。今秦变周，水德之时。昔秦文公出猎，获黑龙，此其水德之瑞。"

---

① 《太平御览》卷二。

按照邹衍的说法，统治者必须依所在之德确定统治方式，即所谓"治各所宜"，其中非常重要的一个方面，就是要规定和遵从相应的"度制"或"服制"。他的这一说法，其实并无根据，显然是他杜撰的。① 秦统一后，有齐人奏其书（上引《封禅书》之"或曰"，当即指此），秦始皇采用其说，定秦代周为水德，色尚黑，数以六为纪，改河水为"德水"，以严刑酷法治国，将"五德终始"付诸实践。②

三是归本于儒家。所谓"然要其归，必止乎仁义节俭，君臣上下六亲之施，始也滥（本也）耳"，与儒家主张接近。《盐铁论·论儒》说"邹子以儒术干于世主，不用；即以变化终始之论，卒以显名……邹子之作变化之术。亦归于仁义"，与司马迁的说法吻合。顾颉刚等人说邹衍是儒家，根据也即在此。

四是创造了独特的大九州学说。按照这一说法，当时人们所认识的"中国"——赤县神州，不过是天下的八十一分之一而已。学者们多肯定此说在人类地理认识史上的意义，以及其与齐人航海业发达的关联，彭华则认为这是阴阳家地道观的体现。③ 无论如何，邹衍大九州说的独特性是此前阴阳家文献中所不见的，倒是和《山海经》之类的文献略相近似。

五是邹衍的方法论，有一个突出的特点：以小推大、由近及远，"必先验小物，推而大之，至于无垠"，时间、空间上皆是如此。五德终始和大九州说，都是以此而推断得出的。

综上所述，邹衍的思想的确持有阴阳家的基本精神，其不仅以阴阳五行为主轴，而且在历史和政治领域创造性地运用和发展了阴阳五行学说，提出了"五德转移"之论，这是他对阴阳家的重大贡献。认定邹衍是阴阳家的大家，是没有问题的。

但另一方面，他的学说有很多奇异不羁的内容，因而被司马迁视为"闳大不经"，"其言不轨"，特别是他说邹衍"深观阴阳消息而作怪迂之变"，④ 尤其值得注意。显然，司马迁认为邹衍思想不是阴阳家的正轨，

---

① 较早的文献如《礼记·曲礼下》说"夏后氏尚黑""殷人尚白""周人尚赤"，就和邹衍的说法相矛盾。

② 《史记·封禅书》。

③ 彭华：《阴阳五行研究（先秦篇）》，华东师范大学博士论文，2004年，第179页。

④ 《史记·孟子荀卿列传》。

而是一种脱离传统的特殊变体。事实上,邹衍的学说和我们所熟悉的此前的阴阳家文字,以及司马谈、刘向父子的阴阳家定义确实有很不相同的地方。所以,邹衍之说可以说发展了阴阳家思想,特别在把五行思想引入到历史解释和政治制度构建之中,历史意义重大,影响深远;另外,邹衍学说对燕齐地区的神仙方术之学影响甚大,这也是应该肯定的历史事实,但要说他是阴阳家的集大成者,是阴阳家的典型代表,可能就要打一个问号,称之为阴阳家一个流派的创始人更加合适。再则,根据上面所述可以确定,邹衍的五德转移之说,其实不过是建立在当时社会上早已流行的五行相克数术基础之上,是阴阳五行说政治化和学术化的一种创新,因而是果而非因。邹衍使用的是人们最熟悉的阴阳五行之话语,①《汉书·艺文志》"五行"小序说"其法亦起于五德终始,推其极则无不至",盖因为看到了邹衍之说对战国以来方术之士的巨大影响,但以之为起源,则显然非是。现代顾颉刚先生说他是五行说的创始人,刚好是本末倒置。同样的道理,认为邹衍学说还没有完成阴阳与五行的合流,②或者说他是把此前并行发展的阴阳说与五行说首次结合起来的思想家,③也是失之过晚了。

然而,很可能也正是因为邹衍极大地改变了阴阳家的面貌,使阴阳家和黄老道家、儒家等在形态上发生了显著区隔,才使阴阳家的独立性得到凸显,以至于汉代学者开始以"阴阳家"来确定阴阳家独立成家的地位。只是在这个意义上,我们才可以说邹衍学说的诞生标志着阴阳家的诞生。也许我们这样来看邹衍之于阴阳家的地位,才是符合历史实际的。

第四节 兵阴阳家

有关战争的巫术和战争的历史一样古老。著名人类学家马林诺夫斯基说:

---

① 何泉达:《阴阳五行说之我见》,《史林》2007年第2期。
② 马勇:《邹衍与阴阳五行学说》,《社会科学研究》1985年第6期。
③ 如萧萐父《周易与早期阴阳家言》,《江汉论坛》1984年第5期;彭林《〈周礼〉的阴阳五行思想》,见《〈周礼〉主体思想与成书年代》,中国人民大学出版社2009年版。

在战争中，无论如何原始的民族，都明白知道攻守武器，地势，兵力多寡，及个人膂力乃是胜负所系。但是这些即使都齐备了，还是有不能预测的偶然事件会使强者败，弱者胜，好像半夜袭击，埋伏突起，及其他种种对于一方特别不利的情形。在初民社会中，我们见到关于战争的巫术。他们相信巫术是和武器及兵力独立的，它可以帮助他们制胜这些偶然的料想不到的事变。①

中国上古时期的战争中，一定也有大量巫术活动。黄帝的征服史中有大量的巫术行为，如请女巫助战、驱使猛兽、制指南车和符箓厌胜等，应该就是这一事实的反映。② 同样可以推测，上古时期的各种巫术及数术形式，多被运用到了军事上。先秦时期军事巫术和数术逐渐发展，到战国，随着阴阳家的形成，在流行的阴阳五行学说影响、改造下，军事数术也呈现出了新的特点，最终形成了兵阴阳家。

一　兵阴阳家的概念

所谓兵阴阳家，《汉书·艺文志》"兵书"中有经典的描述："（兵）阴阳者，顺时而发，推刑德，随斗击，因五胜，假鬼神而为助者也。"③其下著录16家，249篇，图10卷。这批书籍除《地典》在山东临沂银雀山汉墓中有残本发现外，已经全部亡佚，故而今人只能从传世文献的零星记载和近几十年出土的兵阴阳资料来了解兵阴阳家的概貌。下面我们试从《艺文志》兵阴阳定义的诠释入手，结合传世文献和出土资料来探讨兵阴阳家所包含的内容。

1. 顺时而发

这里的时，指的是"天时"。《孟子·公孙丑下》："天时不如地利。"

---

① ［英］马林诺夫斯基：《文化论》，费孝通译，中国民间文艺出版社1987年版，第49页。
② 如《山海经·大荒北经》："蚩尤作兵伐黄帝，黄帝乃命应龙攻之冀州之野。应龙畜水，蚩尤请风伯雨师，纵大风雨。黄帝乃下天女曰魃，雨止，遂杀蚩尤。"《史记·五帝本纪》：黄帝"教熊罴貔貅䝙虎，以与炎帝战于阪泉之野。三战，然后得其志。"《太平御览》卷十五引《志林》："黄帝与蚩尤战于涿鹿之野。蚩尤作大云雾，弥三日，军人皆惑。黄帝乃令风后法斗机作指南车，以别四方，遂擒蚩尤。"《太平御览》卷十五引《黄帝玄女战法》："黄帝与蚩尤九战九不胜，黄帝归于太山。三日三夜雾冥，有一妇人，人首鸟形，黄帝稽首，再拜伏不敢起。妇人曰：'吾玄女也，子欲何问？'黄帝曰：'小子欲万战万胜。'遂得战法焉。"
③ 《汉书·艺文志》。

赵岐注云："天时，谓时日支干五行王（旺）相孤虚之属也。"赵岐注十分精确，需要做一点疏证。

"时日"是"谓"下属句的中心词。析言之，时为四时，即春夏秋冬四个季节；日为一年中的365日。统言之，"时日"可综指各种时间单位（年、季、月、日、时辰等）。

"支干"，即"干支"，谓天干地支，此处指"时日"的干支情形。

"五行"，金、木、水、火、土，此指前面时日、干支的五行属性。

"王相"，即数术所谓"王（旺）、相（次旺）、休（休息）、囚（衰囚）、死（死亡）"之说。此说规定了在同一时间段上，五行各自所处状态和相互关系。其可能来自五行与五季配合的认识，数术据此推算休咎。

"孤虚"，古代计日以十天干顺次与十二地支相配，一旬剩余的两地支称之为"孤"，与孤相对之地支为"虚"，数术以此推算吉凶祸福，是为孤虚术。王相、孤虚只是阴阳五行时日选择数术的代表，赵岐系举例以概其他，故言"之属"。

由此可见，所谓顺时而发，就是按照阴阳五行时日选择数术的吉凶规定从事军事活动。如上所述，顺时是阴阳家的核心，讲究"顺之者昌，逆之者不死则亡"，这一精神当然要延伸到军事上，如阴阳家文献《阎氏五胜》："举事能谨顺春秋冬夏之时，举木水金火之兴而周还之，万物皆兴，岁乃大育，年雠益俶，民不疾役，强国可以广地，弱国可以抑强敌。"兵阴阳家强调战争要顺时而发，与之一脉相承，完全是阴阳家思想在军事领域的延伸和体现。

战国以来兵家常说"天时"或"天道""天"，如：

> 故经之以五事，校之以计而索其情：一曰道，二曰天，三曰地，四曰将，五曰法。（《孙子兵法·计篇》）
>
> 天时、地利、人和，三者不得，虽胜有央（殃）。（《孙膑兵法·月战》）
>
> （凡）用兵之谋必得天时，王名可成。（张家山汉简《盖庐》）
>
> 将必上知天道，下知地理，中知人事。（《六韬·虎韬·垒虚》）

在绝大多数场合，它们都具有兵阴阳色彩。即使如孙武这样具有唯物主义立场的军事家，对"天"的解释也是"天者，阴阳，寒暑，时制也"，把"阴阳"放在首位；至于地道的兵阴阳家，就更不用说了。比如湖北江陵张家山汉墓出土兵阴阳著作《盖庐》说"天时"曰："九野为兵，九州为粮，四时五行，以更相攻。天地为方圜，水火为阴阳，日月为刑德，立为四时，分为五行。顺者王，逆者亡。此天之时也。"又如《淮南子·兵略训》："明于奇胲阴阳刑德五行望气侯星龟策禨祥，此善为天道者也。"由此我们可以清楚地知道，兵家之天时，并非很多现代学者所解释的那样主要是气象条件或用兵时机，而首先是指是否"顺时"，亦即是否符合阴阳五行数术的择日规定。

兵阴阳的"顺时"不仅指时日，也常与方位有关。因为按照阴阳家的原理，时间、阴阳、五行与空间具有匹配对应关系，因此时日选择也必然涉及空间、方向，如《盖庐》：

[秋]生阳也，木死阴也，秋可以攻其左；春生阳也，金死阴也，春可以攻其右；冬生阳也，火死阴也，冬可以攻其表；夏生阳也，水死阴也，夏可以攻其里。此用四时之道也。①

这里的左、右、表、里，指的东、西、南、北四方，时节不同，进攻的方向也相应不同。可见，兵阴阳家的时日选择术同时也是择向之术。

时日选择是兵阴阳家和军事数术的重要组成部分，下文所谓"推刑德""随斗击""因五胜"，也都与时日选择密不可分。从实践角度看，无论使用什么数术，最终决定还是要落到军事行动的时间、方向上来。《艺文志》将"顺时而发"列在兵阴阳家的首位，正表明了其地位最为重要。

2. 推刑德

刑德主要指刑德术。关于刑德数术及其在军事上的运用，将在下一章作专门讨论，这里暂不展开。简言之，"刑""德"是战国时期人们虚构出的两个非人格的神煞，它们在九宫之中按照固定规律（即按五行生

---

① 张家山二四七号汉墓竹简整理小组：《张家山汉墓竹简【二四七号墓】》（释文修订本），文物出版社2006年版，第164页。

克,"德行所不胜,刑行所胜"①)。随时运行移徙,其所处位置不同,对人类活动影响不同,或吉或凶,因此就需要根据五行生克及其运行规律推断刑、德所在,决定行止。这就是所谓的"推刑德"。《汉书·艺文志》"数术"五行类下有《刑德》七卷,今已不存;马王堆汉墓出土帛书有《刑德》两种(甲、乙篇),② 是战国秦汉时期刑德术的代表性文献。据这两个文献可知,刑德术有不同形式,但它的主要功能,就是用于军事预测。如《刑德乙篇》:

> 德在火,名曰不足,以此举事,必见败辱,利以侵边,取地勿深,深之有后央(殃),倍(背)刑德,单(战),胜,拔国。倍(背)德右刑,单(战),胜,取地。左德右刑,单(战),胜,拔国。

显然,刑德术要求按照刑德的运行规律和方位来进行战争,不可违背,战争的结果也可由刑德来推算出来。因此,不少学者将《刑德》视为兵阴阳家文献和军占书,甚至将刑、德视为占测军战吉凶的天神或主兵之神,③是很有道理的。

《刑德》所反映的是刑德术的主要或狭义的形式,战国秦汉时期还有其他一些也可称为刑德术的军事数术。如《史记·天官书》:"(太白)出东为德,举事左之,迎之,吉。出西为刑,举事右之背之,吉,反之皆凶",这是军事天文占中的刑德术;又如《地典》:"高生为德,下死为刑,四两顺生,此胃(谓)黄帝之胜经",④ 这是军事地理占中的刑德术;《汉书·艺文志》"数术"内有《五音奇胲刑德》二十一卷,则似乎

---

① 银雀山汉墓竹简整理小组:《银雀山汉墓竹简(贰)》简、《天地八风五行客主之居》1982号简,文物出版社2010年版,第235页。

② 最初以为尚有丙篇,后陈松长先生指出,《刑德》丙篇与甲、乙篇内容有较大差异,"还不如称其为隶书《阴阳五行》乙篇",见《帛书刑德丙篇试探》,《简帛研究》第3辑,1998年版。

③ 陈松长:《帛书刑德略说》,《简帛研究》第1辑,法律出版社1993年版,第97页;陶磊的《马王堆帛书〈刑德〉甲、乙本的初步研究》和陈伟武的《简帛兵学文献军术考述》中的论述。

④ 银雀山汉墓竹简整理小组:《银雀山汉墓竹简(贰)》《地典》1107号简,文物出版社2010年版,第147页。

是与风角占有关的刑德术。除此之外，有的军事数术虽然没有以刑德术的形式出现，但内容很是接近，如银雀山汉简《天地八风五行客主之居》中的"天地"占，其"天""地"类似刑、德，故可以视为刑德术的变种。① 因而，《艺文志》"推刑德"的含义应不仅仅限于《刑德》所叙述的刑德术，所指范围应更宽广。

刑德术在数术和兵阴阳中地位突出。如：

> 计倪曰："阴阳万物，各有纪纲。日月、星辰、刑德，变为吉凶；金、木、水、火、土更胜，月朔更建，莫主其常。顺之有德，逆之有殃。"（《越绝书·计倪内经》）

> 明于奇胲、阴阳、刑德、五行、望气、候星、龟策、禨祥，此善为天道者也。（《淮南子·兵略训》）

> 明于星辰日月之运，刑德奇胲之数，背向左右之便，此战之助也。（《淮南子·兵略训》）

> 凡用太阴，左前刑，右背德，击钩陈之冲辰，以战必胜，以攻必克。（《淮南子·天文训》）

特别值得注意的是下面这一条记载。《尉缭子·天官》："梁惠王问尉缭子曰：'黄帝刑德，可以百胜，有之乎？'尉缭子对曰：'刑以伐之，德以守之，非所谓天官、时日、阴阳、向背也。黄帝者，人事而已矣。'"② 尉缭对刑德自有唯物主义的理解，但由其所论可以发现，战国时期的人们不仅相信掌握运用"黄帝刑德"可以百战百胜，而且他们理解的黄帝刑德术统括了天官、时日、阴阳、向背之术。在这里，"刑德"显然是多种军事数术的代指。这样说来，《艺文志》的"推刑德"，实际上也是以刑德术为典型泛指多种推数军占。

3. 随斗击

古人心目中的天是神秘的，它与人类活动相互感应，人类可通过观察天象来预测人间的祸福吉凶，即《易·系辞下》"天垂象，见吉凶"，

---

① 胡文辉：《银雀山汉简〈天地八风五行客主五音之居〉释证》，《简帛研究》第三辑，广西教育出版社1998年版。

② 《尉缭子·天官》。

因之天文占在诸多占候术中地位尤为重要。星象是天象的主要体现，北斗七星又是星象中最具特殊意义的星体。这是因为，北斗不仅形象特殊，又可确定北极方位，更与四时有密切的关系，"斗柄东指，天下皆春；斗柄南指，天下皆夏；斗柄西指，天下皆秋；斗柄北指，天下皆冬"①。因此在星占学上，北斗星占极其重要，非其他星辰可比，《史记·天官书》："斗为帝车，运于中央，临制四乡。分阴阳，建四时，均五行，移节度，定诸纪，皆系于斗。"

因此，兵阴阳家对北斗占也格外重视。其中北斗斗柄所指，在兵阴阳家眼中尤有特殊意义。战争中以"随斗击"为大吉，所谓的"斗击"，或称"斗系"，是指北斗对冲之辰，即斗柄所指之十二辰及星宿。②《盖庐》："维斗为击"；《淮南子·天文训》："北斗所击，不可与敌"；马王堆帛书《阴阳五行》："此用斗之大方也。故曰：左青［龙而右］白虎，前丹虫而后玄武，招摇在上，□□在下，乘龙戴斗，战必胜而功（攻）必取。"凡此等等，都是兵阴阳家的有关论述。《艺文志》兵阴阳内有《太一兵法》和《天一兵法》两种，也与之有关。

"随斗击"也具有指代意义，它实际上是以北斗指代整个天官系统，以北斗占指代天文气象占。凡星占和望气、风角、式占等军事数术，均可归为兵阴阳家的这一方面。

4. 因五胜

"五胜"，指"金木水火土更胜"，③也就是五行的依次相胜。战国以来，数术全面阴阳五行化，五行成为数术的基本原理和法则，五行家更成为数术的一大流派。④ 五行生克当然也是兵阴阳的基本逻辑，因为战争是激烈对抗，战胜克敌为大，故突出五行相克（胜）而谓之"因五胜"。"因"，遵守不失也。

"因五胜"在战争中的应用，下面几段表述颇具代表性：

---

① 《鹖冠子·环流第五》。
② 曹锦炎：《论张家山汉简〈盖庐〉》，《东南文化》2000 年第 9 期。
③ 《越绝书·计倪内经》。
④ 在《汉书·艺文志》"数术"中，五行类书目和卷数均最多。又《史记·日者列传》褚少孙补："孝武帝是，聚会占家问之，某日可取妇乎？五行家曰可，堪舆家曰不可，建除家曰不吉，丛辰家曰大凶，历家曰小凶，天人家曰小吉，太一家曰大吉。辩讼不决，以状闻。制曰：'避诸死忌，以五行为主。'"五行家显然地位较高。

五行之神，道之常也。可以知敌。金、木、水、火、土，各以其胜攻之。(《六韬·龙韬·五音》)

善用兵者，持五杀以应，故能全其胜。(《淮南子·兵略训》)

皮（彼）兴之以金，吾击之以火；皮（彼）兴[之]以火，吾击之以水；皮（彼）兴[之]以水，吾击之以土；皮（彼）兴之以土，吾击之以木；皮（彼）兴[之]以木，吾击之以金。此用五行胜也。(张家山汉简《盖庐》)

《盖庐》引文据田旭东研究，此处的火、水、土、木、金分别代表不同的阵形或战术，① 其实与上面两段意思相似，都是一般性地说明在军事活动中如何应用"五胜"原则，并不仅仅局限于阵形、战术以及时间、方向等。也就是说，与战争有关的各种因素都可以根据五行相胜原理加以推算，决定行动。比如《墨子·迎敌祠》说因敌人来攻举行祭祀，祭坛方向、数制、旗色、神祇、祭牲等均要与之匹配；《六韬·龙韬·五音》说以宫、商、敎、徵、羽五音侦测敌情，"此五行之符，佐胜之征，成败之机"；《孙膑兵法·地葆》说军队阵地与战争胜败的关系，"五壤之胜：青胜黄，黄胜黑，黑胜赤，赤胜白，白胜青"，如此等等，都是"用五行胜"的具体应用。

兵阴阳和军事数术种类众多，《艺文志》不可能一一列举。因为其均以五行为本，所以"因五胜"一句，既是明其基本法则，也是概括时日、刑德、天官占之外未能详列的所有形式。

5. 假鬼神以为助

相对于以上四个方面，"假鬼神"是兵阴阳中的独特一系。

说其独特，是因为此类内容主要和传统巫术有关，重心不在推数而在事鬼神，以此趋吉避凶。因此和前四个方面全为军事预测术不同，这一项主要是祭祀禳除厌劾之术。《艺文志》"兵阴阳"类有《辟兵威胜方》一种，多达70篇，"是讲刀枪不入的方子"，② 就属于此类文献。其

---

① 田旭东：《张家山汉墓竹简〈盖庐〉中的兵阴阳家》，《历史研究》2002年第6期。
② 李零：《兰台万卷——读〈汉书·艺文志〉》，生活·读书·新知三联书店2011年版，第161页。

内另有《苌弘》15篇，苌弘乃东周有名的方士，《史记·封禅书》："苌弘以方事周灵王。诸侯莫朝周，周力少，苌弘乃明鬼神事，设射狸首。狸首者，诸侯之不来者。依物怪欲以致诸侯。诸侯不从，而晋人执杀苌弘。周人言方怪者自苌弘。"据此可以推知，《苌弘》一定是讲鬼神方怪和厌劾巫术的兵阴阳著作。

如我们前面所指出，巫术、数术本质相通，内容相互出入，《艺文志》"数术"已将祭祀禳除列在其中，而且在第四章我们将看到，在先秦时期的军事活动中，存在着大量祭祀禳除厌劾活动，所以《艺文志》把"假鬼神"列入兵阴阳家不是偶然的。这一方面证明，至晚到西汉人的观念里，有关军事的巫术活动已经被纳入兵阴阳和军事数术的范畴；另一方面也说明，那种把巫术和数术决然对立起来的观点是错误的。

"假鬼神以为助"，"假"为借用、借助之意，同"以为助"正相吻合。显然，整理者任宏认为此类兵阴阳有"神道设教"的色彩。这则恐怕只是作者的主观认识而不符合当时一般人的客观实际了。

以上，我们分别对《汉书·艺文志》兵阴阳家定义所涉及的各概念进行了分析梳理。总起来看，上述有关兵阴阳家的各内容如阴阳、日时、刑德、北斗、五胜、鬼神等并非孤立和并列的概念，而是相互联系、彼此交融的有机整体。同时，它们实际反映的内容比字面上说出来的要丰富得多。按照这一定义，我们可以得出：所谓兵阴阳家，是兵家中特殊的一派，它的特征是通过多种阴阳五行数术和鬼神巫术方法来指导战争和军事活动。我们认为，这一定义是深刻精当的。

二 兵阴阳家与阴阳家和数术的关系

兵阴阳家和阴阳家无疑属于同一个体系。《艺文志》以"阴阳"冠名兵阴阳家，这本身足以说明问题。从上节对《汉书·艺文志》兵阴阳家的分析更可以看出，兵阴阳以阴阳五行学说为理论依据，以顺应天时为首要，以刑德、天文、五行等多种数术推测为手段，以鬼神巫术为辅助，与阴阳家是完全一致的。我们可以很确定地说，兵阴阳家乃是阴阳家在兵学领域里的延伸和应用，阴阳家和兵阴阳家是一般与特殊的关系，是种概念和属概念的关系。

兵阴阳家与数术也密不可分，它的主要内容和具体操作实施都离不开数术。因为兵阴阳是用于指导军事活动的，因此它和一般的阴阳家不

第二章 兵阴阳家的源与流

同，兵阴阳家是阴阳家的"理"与数术的"术"的结合。从这个意义上说，兵阴阳就是兵数术。现代学术界很多学者将军事数术和兵阴阳不作区分，是无可非议的。刘乐贤试图从概念出发对兵阴阳家和兵数术进行区分，他在《从出土文献看兵阴阳》一文中认为："军事领域中可能也有兵阴阳与兵数术（军术）之分。《汉书·艺文志》兵书略所说的兵阴阳，既然以'阴阳'为名，理应与兵数术（军术）有别。他们大概与我们今天见到的《地典》《盖庐》一样，是阴阳家的分支。由此看来，将兵阴阳等同于军事数术的说法，并不符合战国秦汉时期的实际情况。"[①] 笔者认为，从学理上划分阴阳家和数术是没问题的，但基于上述理由，把这种划分延伸到兵家领域就纯粹只有理论意义而无实际意义了，而真正是"不符合战国秦汉时期的实际情况"。我们看《艺文志》，虽有"阴阳家"和"数术"的区分，但在"兵书"四个流派中则只有"兵阴阳"而无"兵数术"，而且我们也从来没有在任何古籍里看到"兵数术"的名目。因此硬要将兵阴阳和军事数术割裂开来，既不可能也无必要。刘先生还认为，不应将记载占测用兵吉凶条文较多的文献称作兵阴阳文献，比如将马王堆帛书《五星占》乃至《史记·天官书》和《乙巳占》《开元占经》等一并视为兵阴阳书籍。因为这样一来，天文和兵阴阳的界限就变得十分模糊，没有区别。[②] 这一意见有合理的成分，我们确实不能简单地把所有数术书籍和兵阴阳文献画等号，它们之间显然有一般和专门之别；但同样明显的是，一般数术书籍中涉及用兵吉凶的条文，当然属于兵阴阳文字，因而当然属于我们的研究对象。

因此，本书所研究的兵阴阳家，既包含兵阴阳家理论，也包括各种军事数术和巫术，诸如时日选择、卜筮、占星、望气、式占、占梦、杂占、祭祀、禳祷、诅咒、厌胜等一切被应用于军事的趋吉避凶方术。也就是说，我们所说的兵阴阳或兵阴阳家的概念是比较宽泛的，这一点必须在此予以强调。

[①] 刘乐贤：《战国秦汉简帛丛考》，文物出版社2010年版，第243页。
[②] 刘乐贤：《马王堆天文书考释》，中山大学出版社2004年版，第19页。

第三章

兵阴阳家的形式与内容（上）

前文分析了兵阴阳家的源流，从本章开始论述兵阴阳家的具体形式、内容及其在军事中的应用情况。如上所述，先秦的兵阴阳家基本上是沿着由巫术到数术这条线索发展而来，并包含了众多巫术、数术的形式和内容，如卜筮、天文云气占、风角、式占、占梦、时日、祭祀禳劾等。因其形式多样，内容丰富，下面用两节分别进行论述。

第一节 卜筮

卜筮是上古时期使用最为广泛也最重要的预测方术之一。"国之大事，在祀与戎"，战争作为决定国家生死存亡的头等大事，更是与卜筮密不可分。正如《史记·龟策列传》所说："王者发军行将，必钻龟庙堂之上，以决吉凶。"[1] 商代龟卜盛行，几乎无事不卜，战争当然要以占卜来决定，甲骨卜辞中大量有关征伐的记载就是明证。仅根据《甲骨文合集》"战争"类统计，五期共计2086片，这尚未包括其他类别如"军队""方域""祭祀"等门类中的相关卜辞。商人在征伐之前，往往都要卜问上帝是否保佑取得胜利，以此决定是否出战。他们不仅占问上帝是否保佑出征作战，而且占问参战人选的安排，努力地去揣摩上帝的意志。[2] 周代占卜依然盛行，《周礼·春官·大卜》："以邦事作龟之八命，一曰征，二曰象，三曰与，四曰谋，五曰果，六曰至，七曰雨，八曰瘳。"[3] 据郑玄注，

---

[1] 《史记·龟策列传》。
[2] 常玉芝：《商代史》卷八《商代宗教祭祀》，中国社会科学出版社2010年版，第50—57页。
[3] 《周礼·春官·大卜》。

第三章 兵阴阳家的形式与内容(上)

此必须占卜的八事分别是征伐、天象、赐予物品、谋议大事、问举事结果、人来与否、有无降雨、病能否痊愈。其中，征伐属于军事自不待言，谋、果两项，其实也和军事有关。《大卜》又云："大师，则贞龟"，说得就更为明确。周人除了龟卜之外还擅长筮占、卜筮并用，各种史料中有关军事的占例很多。如《左传》中的各种卜筮之例共计70条，其中直接与战争有关的占例24条，是各种占例中数量最大因而最为重要的一项。[①] 可以说，卜筮是先秦军事活动中不可缺少的固定程序和内容，对军事而言卜筮至关重要。所以我们首先来分析先秦战争中的卜筮行为、特点及其对战争的影响。

根据卜筮行为发生的时间，可以将先秦战争中的卜筮行为分为战前卜筮，临战卜筮和战中卜筮。

一 战前卜筮

战争关系国家命运，又往往有着极大的不确定性，因此战前实施占卜，就成为极其普遍的战争前奏。这在殷商甲骨卜辞中已有大量实例，如：

> 壬辰卜，亘贞，王往出于辜？（《合》7941正）
> 丙辰贞，王征召方，受佑？（《屯南》4103）
> 甲辰卜，争贞，我伐马方，帝受我佑？（《合》6664正）
> 贞，𢐗（登）人三千呼伐舌方，受有佑？（《合》6168）
> 辛巳卜，争贞，今𢀛王共人呼妇好伐土方，受有佑？五月。（《合》6412）
> 丁酉卜，㱿贞，今𢀛王共人五千征土方，受有佑？三月。（《合》6409）
> 登妇好三千，𢍂旅万，呼伐□（《合》39902）
> □戌卜，争贞，令三族从沚䖒伐土方，受佑？（《合》6438）
> 贞王从䖒伐巴，帝受祐。（《合》6474）
> 庚戌卜，王其从犬𠂤，惟辛无戋？（《合》41529）
> 壬子卜，贞，步自无𡆥？（《合》33069）

[①] 刘玉建：《中国古代龟卜文化》，广西师范大学出版社1993年版，第374—375页。

其[?]兄辛惟右车用，有征。(《合》27628)

贞惟子画乎伐?

贞惟师般乎伐?

贞惟昌乎伐?

贞惟王往伐舌?(《合》6209)

贞惟王往伐舌? 贞惟皋呼伐舌?(《合》6211)

丁酉，贞，王作三师：右、中、左。(《合》33006)

右戍不雉众? 中戍不雉众? 左戍不雉众?(《屯南》2320)

辛丑卜，殻贞，舌方其来，王勿逆伐?(《合》6197)

王占曰：有祟，有梦，其有来艰。七月己丑，允有来艰自北。长戈化呼告曰：邛方征于我示。(《合》137 反)

上举诸例证清楚地表明，商人在战争之前，不仅要反复卜问仗要不要打，而且对开战时出兵多少，兵种使用，将领为谁，从何方向进攻、损失如何等都要进行占卜。在平时，他们也经常贞问会否有敌人入境侵略。

周代龟卜依然盛行，自然也大量卜问战争。如陕西扶风周原出土的甲骨卜辞中，就有"征巢"（11∶116）、"兹伐蜀"（11∶68）和"今秋，王西克往密"（11∶136）等内容，据研究都应是周文王时有关征讨的卜辞。① 文献中的例子也相当之多，如《尚书·泰誓》："朕梦协朕卜，袭于休祥，戎商必克。"② 又《史记·齐太公世家》："纣杀王子比干，囚箕子。武王将伐纣，卜，龟兆不吉，风雨暴至。群臣（公）尽惧，唯太公强之劝武王，武王于是遂行。"③ 这一记载与《泰誓》正好相反，但是我们从中可以得知，在武王发动征商战争之前进行占卜的行为确实存在。除了龟卜，长于筮占的周人在战争之前也普遍参用筮占，以定吉凶。《周易》的爻词中多有关乎军事者，很可能就是周人军筮的历史记录。如《易》中有关武王伐纣的《师》卦，其卦辞和爻辞为："师，贞，丈人吉，无咎。初六，师出以律，否臧凶。九二，在师中，吉，无咎，王三

---

① 徐锡台：《周原甲骨文综述》，三秦出版社1987年版。
② 《尚书·泰誓中第二》。
③ 《史记·齐太公世家》。

锡命。六三，师或舆尸，凶。六四，师左次，无咎。六五，田有禽，利执言，无咎。长子帅师，弟子舆尸，贞凶。上六，大君有命，开国承家，小人勿用。"这记录了周伐商的仁义之师，最终取得胜利的过程。

春秋战国时期，战事频繁且更加残酷，正如《孙子兵法》所说："兵者，国之大事也。死生之地，存亡之道，不可不察也。"[①] 诸侯、封君等在发动战争前，都十分谨慎，除了考虑物质和军事实力外，还希望通过卜筮来获得神灵的指示，以期作出决断，保全国家。这在各种史籍中有大量的例子，兹以《左传》为例：

> 僖公二十五年，晋人先卜后筮，决定是否纳君抗秦；
> 襄公二十八年，齐国贵族卢蒲癸、王何卜攻庆；
> 昭公十二年，鲁南蒯欲叛，筮得吉兆；
> 昭公十七年，吴伐楚，楚国卜战不吉；
> 哀公九年，晋卜救郑，阳虎复以《易》筮之，不吉；
> 哀公十年，赵简子帅师伐齐，大夫请卜；
> 哀公十七年，简子卜伐卫。

有些国家甚至在采取军事行动前的头几年就开始占卜，《左传·襄公十三年》：石臭言于子囊曰："先王卜征五年，而岁习其祥，祥习则行。不习，则增修德而改卜。"[②] 按照石氏的说法，古代贤王在发动战争前五年，就已经开始为战争的胜负进行龟占，如果占卜的结果不好，就要通过修德从而改变不好的结果。从"先王"之说可知这已非当时通例，但有了战争意向就早早进行占卜的情形却可以推见。

战前卜筮贞问的内容包含很多方面。

预测战争的结果，是最为重要因而也最为普遍的内容。如：

> （晋）献公卜伐骊戎，史苏占之，曰："胜而不吉。"公曰："何谓也？"对曰："遇兆，挟以衔骨，齿牙为猾，戎夏交捽。交捽，是交胜也，臣故云。且惧有口，携民，国移心焉。"公曰："何口之有！

[①] 《孙子兵法·计篇》。
[②] 《左传·襄公十三年》。

口在寡人，寡人弗受，谁敢兴之？"对曰："苟可以携，其入也必甘受，逞而不知，胡可雍也？"公弗听，遂伐骊戎，克之。获骊姬以归，有宠，立以为夫人。(《国语·晋语一》)

秦伯师于河上，将纳王。狐偃言于晋侯曰："求诸侯，莫如勤王。诸侯信之，且大义也。继文之业，而信宣于诸侯，今为可矣。"使卜偃卜之，曰："吉。遇黄帝战于阪泉之兆。"公曰："吾不堪也。"对曰："周礼未改。今之王，古之帝也。"(《左传·僖公二十五年》)

南蒯之将叛也……(枚卜之)，遇《坤》之《比》曰："黄裳元吉"，以为大吉也。示子服惠伯曰："即欲有事，何如？"惠伯曰："吾尝学此矣，忠信之事则可，不然，必败。外强内温，忠也；和以率贞，信也，故曰'黄裳元吉'。黄，中之色也；裳，下之饰也；元，善之长也。中不忠，不得其色；下不共，不得其饰；事不善，不得其极。外内倡和为忠，率事以信为共，供养三德为善，非此三者弗当，且夫易，不可以占验，将何事也？且可饰乎？中美能黄，上美为元，下美为裳，参成可筮。犹有阙也，筮虽吉，未也。"(《左传·昭公十二年》)

秋，卫人伐邢，以报茆(菟)圃之役。于是卫大旱，卜有事于山川，不吉。甯(宁)庄子曰："昔周饥，克殷而年丰。今邢无道，诸侯无伯，天其或者欲使卫讨邢乎？"从之，师兴而雨。(《左传·僖公十九年》)

晋赵鞅卜救郑，遇水适火，占诸史赵、史墨、史龟。史龟曰："是谓沈阳，可以兴兵，利以伐姜，不利子商。伐齐则可，敌宋不吉。"史墨曰："盈，水名也；子，水位也。名位敌，不可干也。炎帝为火师，姜姓其后也。水胜火，伐姜则可。"史赵曰："是谓如川之满，不可游也。郑方有罪，不可救也。救郑则不吉，不知其他。"(《左传·哀公九年》)

上述各例，都是在决定是否发动军事行动前进行卜筮。虽然对于卜筮的结果占卜者有时意见不一，决策者也未必完全服从，但显然这是一个不可缺少的决策程序。

通过卜筮来确定将领的人选及战争中的分工，是战前卜筮的又一重要内容。如哀公十七年，"楚子问帅于大师子谷与叶公诸梁……王卜之，武城尹吉。使帅师取陈麦"。哀公十八年，"巴人伐楚，围鄾。初，右司马子国之卜也，观瞻曰：'如志。'故命之。及巴师至，将卜帅。王曰：'宁如志，何卜焉？'使帅师而行"。僖公十五年，晋侯"卜右，庆郑吉，弗使"。鲁襄公二十四年，"冬，楚子伐郑以救齐……晋侯使张骼、辅砾致楚师，求御于郑。郑人卜宛射犬，吉"。可见，军中重要岗位的将领需要用卜筮来决定。

从上述事例可以看出，战前卜筮是战争决策不可或缺的必经程序，这一点商周时期是一脉相承的。但相对而言，周代的战前卜筮，用筮渐多，占问的内容也不如商代繁杂细密。

二　临战卜筮

当战争已经开始，具体战斗即将发生之前，卜筮也是必需的。商代甲骨卜辞里有一些排兵布阵的卜辞，如：

> 立事于南，右比我，中比舆，左比曾。(《合集》5504)
> 翌日，王其令右旅暨左旅𠂤见方，捷，不雉众？(《屯南》2328)
> 丁酉卜，王族爰多子族立（位）于吾。(《合集》34133)

这一类的占卜，不太可能是出兵之前所为，而应该是在临战前进行的。在金文材料里，西周初的《利簋》记载了武王伐商前夕的情形：

> 武王征商，唯甲子朝，岁，鼎，克，昏夙有商。

关于《利簋》铭文，学术界争论很多，关键在于岁、鼎二字的认识难以达成共识。岁字暂不论，笔者认为，鼎当训为贞，贞即卜筮之谓，亦即临战卜筮。

周代文献中临战卜筮的记载相当之多，如鲁僖公十五年，秦国饥荒，晋国拒绝向曾经帮助过自己的秦国提供救助，导致了秦国讨伐晋国的战争。临战之时，"卜徒父筮之，吉：'涉河，侯车败。'诘之。对曰：'乃大吉也。三败，必获晋君'"；① 又如鲁哀公二年，晋赵简子帅师将与郑

---

① 《左传·僖公十五年》。

战,"卜战,龟焦";① 哀公六年,楚昭王出兵救陈至于城父,"卜战不吉;卜退,不吉。王曰：'然则死也……'"② 但最生动的例子,见于《左传·成公十六年》：

> 楚子登巢车,以望晋军,子重使大宰伯州犁侍于王后。王曰："骋而左右,何也?"曰："召军吏也。""皆聚于中军矣。"曰："合谋也。""张幕矣。"曰："虔卜于先君也。""彻幕矣。"曰："将发命也。""甚嚣,且尘上矣。"曰："将塞井夷灶而为行也。""皆乘矣,左右执兵而下矣。"曰："听誓也。""战乎?"曰："未可知也。""乘而左右皆下矣。"曰："战祷也。"……苗贲皇言于晋侯曰："楚之良,在其中军王族而已。请分良以击其左右,而三军萃于王卒,必大败之。"公筮之。史曰："吉……"公从之。③

这是晋楚鄢陵之战的实录。开战在即,晋军仍从容不迫地进行了卜、筮和大誓、战祷,然后才投入战斗,整个过程历历如绘。先秦时期的战争讲究一套程序,按部就班,彬彬有礼,是为军礼。而从上述几段材料来看,大战之前进行龟卜或筮占,乃是军礼的一项内容。

三　战中卜筮

卜筮活动伴随着战争全程。开战以后,会遇到各种各样的问题,将帅通常要不断借助于卜筮来预测结局和决定以何种方式将战争进行下去。下面是若干实例。

以卜筮来决定是谈和还是再战。鲁宣公十二年,"楚子围郑,旬有七日。郑人卜行成,不吉;卜临于大宫,且巷出车,吉。国人大临,守陴者皆哭。楚子退师。郑人修城。进复围之,三月,克之"④。上博简《曹沫之陈》载曹沫论战败复战说："及尔龟策,皆曰胜之","明日复陈,必过其所"。就是据卜筮决定将战斗继续下去。⑤

---

① 《左传·哀公二年》。
② 《左传·哀公六年》。
③ 《左传·成公十六年》。
④ 《左传·宣公十二年》。
⑤ 马承源主编：《上海博物馆藏战国楚竹书（四）》,上海古籍出版社2004年版。

以卜筮来决定是否追击敌人。鲁襄公十年，卫侯救宋，郑皇耳帅师侵卫，"（卫）孙文子卜追之，献兆于定姜。姜氏问繇。曰：'兆如山陵，有夫出征，而丧其雄。'姜氏曰：'征者丧雄，御寇之利也。大夫图之！'卫人追之，孙蒯获郑皇耳于犬丘"①。文公十一年也有类似的例子，狄人侵齐及鲁。"（鲁）公卜使叔孙得臣追之，吉。侯叔夏御庄叔，绵房甥为右，富父终甥驷乘。冬十月甲午，败狄于咸，获长狄侨如。"② 从后一份材料看，不仅在追敌之前会占卜吉凶，追敌时由谁充当将领也需要占卜决定。

卜筮决定使臣派遣。两国交战，互派使者是经常之事，使者出行祸福难料，出行之前也会占卜吉凶。如鲁昭公五年，楚灵王率诸侯及东夷伐吴，于是有以下对话：

> 吴子使其弟蹶由犒师，楚人执之，将以衅鼓。王使问焉，曰："女卜来吉乎？"对曰："吉。寡君闻君将治兵于敝邑，卜之以守龟，曰：'余亟使人犒师，请行以观王怒之疾徐，而为之备，尚克知之！'龟兆告吉，曰：'克可知也'。君若驩焉好逆使臣，滋敝邑休息，而忘其死，亡无日矣。今君奋焉，震雷冯怒，虐执使臣，将以衅鼓，则吴知所备矣。敝邑虽羸，若早修完，其可以息师。难易有备，可谓吉矣。且吴社稷是卜，岂为一人？使臣获衅军鼓，而敝邑知备，以御不虞，其为吉，孰大焉？国之守龟，其何事不卜？一臧一否，其谁能常之？城濮之兆，其报在邲。今此行也，其庸有报志？"乃弗杀。③

从楚王问"女卜来吉乎"可知，在先秦战争中，使者出使之前的占卜是常有之事。

由以上几个例子可以证明，先秦战争期间卜筮也是经常进行的，蹶由说"国之守龟，其何事不卜"，无异于说战争过程中无事不卜。要之，卜筮在先秦战争中应用极广，贯穿全程，并对战争的抉择和进行产生了

---

① 《左传·襄公十年》。
② 《左传·文公十一年》。
③ 《左传·昭公五年》。

深刻影响。

就先秦时期的军事卜筮而言，还有几个特点值得一叙。

其一，作为一种预测术，长期以来，卜筮的运用比其他巫术或数术形式使用更为频繁，地位也更加重要。卜筮和祭祀禳劾之术一起，构成了春秋及以前最主要的两种军事方术，这自然是由这两者在当时方术系统中的重要地位决定的。直到战国时期，随着天文占的发展和诸多时日占的勃兴，卜筮在军事活动中的绝对支配地位才被动摇。

其二，筮占的地位逐渐超越龟卜。商代军事占卜以龟卜为主，西周春秋以来，筮占地位逐渐提升，但是两者中卜仍然更为重要。《周礼·春官·大卜》："大师，则贞龟"，言龟不言筮，可见筮在军事中的地位不如龟卜。据邵鸿老师统计，《左传》中用卜54次，筮18次，其中卜筮并用7次，6次为先卜后筮，只有一次反之。① 可证《周礼·春官·筮人》"凡国有大事，先筮而后卜"的说法应是较晚的事情。到了战国秦汉时期，龟卜衰落最为明显，星占、择日等数术在军事活动中日益占据上风，但筮占在相当长的时期里仍然盛行，军事中的筮占史不绝书（甚至直到民国时期，我们仍然能够看到这一现象）。这一变化趋势，一方面与龟占烦琐费时、成本较高有关；另一方面也应与筮占更能够和战国以来的阴阳五行说相契合交融有关。

其三，直到春秋时期甚至更晚一些，军中卜筮人员都是兼职的。商周时期的国家机构和贵族之家都设有专门的占卜机构和卜筮人员，如卜、史、祝、宗之官和专职巫觋。由于春秋以上常备军尚未成为军队主体，因此尚没有专职的军官以及专职数术人员设置。战时，王朝和贵族所属卜、史等神职人员要随于军中，以供应用。而且，诸侯、执政大夫、军将也可以主持占卜和解释兆象。这从上面所引战争过程中的占卜事例中可以清楚地看出。到了战国时期，随着常备军的逐渐形成，军中才出现"视日"一类的专职占卜人员。

其四，军事卜筮的操作通常都在祖先灵前举行。在国内，是在宗庙举行，《左传·庄公八年》："治兵于庙，礼也。"治兵，即包括卜筮，也即《史记·龟策列传》所说："王者发军行将，必钻龟庙堂之上，以决吉

---

① 邵鸿：《春秋军事术数考述——以〈左传〉为中心》，《江西师范大学学报》1999年第1期。

凶。"如果是出兵在外,则要将庙、社木主随军而行,《左传·定公四年》:"君以军行,祓社、衅鼓,祝奉(主)以行(从),于是乎出境(竟)。"战时的卜筮就是在随军的祖宗木主之前。上举晋楚鄢陵之战时,晋军"张幕"而"虔卜于先君也",即谓此。

第二节 天文气象占

中国古代天文星占学关心的是国家大事,[①] 其中以军事最为重要。《鹖冠子·天权》:"欲无乱逆,谨司天英,天英各失,三军无实。""天英"即天文。先秦各种与军事有关的数术之中,天文占的记载和相关资料是最为丰富的。如《史记·天官书》中的309则占辞中,涉及军事的有124则,几乎占全部的40%。[②] 因此江晓原称中国的星占学为"军国星占学"。[③] 通过天文占来预测和指导战争,正属于兵阴阳家"随斗击"的内容范畴。本节,我们来探讨兵阴阳家天文气象占的基本内容及其在军事中的应用。

一 日占

日占是以太阳为主要对象的占卜方式。由于太阳是最显著和对人类生活影响最大的天体,因此很早之前人类就极为关注和重视对太阳的观测。《史记·天官书》:"自初生民以来,世主曷尝不历日月星辰?及至五家、三代,绍而明之。""生民以来"自然属于猜想,但在中国上古时代,约五千年前的五帝时期太阳占测已经较为发展则是事实。如《尚书·尧典》记载了尧"乃命羲和,钦若昊天,历象日月星辰,敬授人时",其中还提到,羲、和二人恭敬地观察太阳出入,并以日中、日永、宵中、日短等确定一年四季。《尚书·胤征》记载了夏代羲和未及时预报日食而受到惩罚:"羲和尸厥官,罔闻知。昏迷于天象,以干先王之诛。政典曰:'先时者杀无赦,不及时者杀无赦。'今予以尔有众,奉将天罚。"正因为

[①] 江晓原:《星占学与传统文化》,上海古籍出版社1992年版,第74页。
[②] 刘朝阳:《史记天官书之研究》,《刘朝阳中国天文学史论文选》,大象出版社2000年版,第39—104页。
[③] 江晓原:《12宫与28宿——世界历史上的星占学》,辽宁教育出版社2005年版,第280页。

太阳在各种天文占中具有特殊的地位,所以春秋时期的天文官被称为"日官""日御",战国秦汉的占卜之人被称为"日者",① 军中负责观察天文的军官职务叫"视日",② 而汇合时日及各种杂占巫术的书籍则被命名为《日书》。《周礼》有专门观测太阳云气占候吉凶的官员,《春官·视祲》:"视祲掌十辉之法,以观妖祥,辨吉凶:一曰祲,二曰象,三曰镌,四曰监,五曰暗,六曰蒙,七曰弥,八曰叙,九曰隮,十曰想。"郑众云:"辉,谓日光气也。"因为日占主要依据之一是太阳和云气的关联现象,故视祲实即日占官。很多学人把视祲简单视为云气占之官,严格说来是不准确的。

从现存众多古代天文占书来看,日占的内容非常繁复,而且普遍被应用于军事占测。马王堆西汉初年墓出土的《天文气象杂占》和《日月风雨云气占》两书,形成于战国晚期,是反映这一时期日占的最重要的资料。尤其是前书,涉及日占的条文就有 80 多条,如果加上残缺部分,可能有近百条之多。③ 后书第一部分专讲日月占,日占的条文也有 21 条。而且引人注目的是,两书百余条占文,绝大多数和军事有关。学术界很多学者将它们视为兵阴阳文献,笔者是完全赞成的。概括来说,日占的方式主要有三大类:第一类是日体占,即根据太阳自身状态进行占断;第二类是日位占,即根据太阳运行情况和位置进行占断;第三类是云气占,即将太阳及其周围云气现象联系起来占断。下面我们分别加以叙述。

日体占的内容,包括日食、太阳颜色、亮度、大小、附属物象、数日并出等多种情况的观测判断。其中,最典型也最被兵阴阳家重视的是日食占,我们就以之为例加以考述。

日食(蚀)是月球运行到太阳和地球之间,遮住太阳全部或部分所产生的自然现象。依据月球遮住太阳的程度不同,日食可分为日全食、日偏食和日环食三种。日食是一种极不寻常的日象,古人由于科技水平的限制,认为日食本身就是一种灾难,所谓"天变之大者也","日月之

---

① 见《墨子·贵义》《史记·日者列传》。

② 《史记·陈涉世家》:"周文,陈之贤人也。尝为项燕军视日……"《集解》引如淳曰:"视日(时)吉凶举动之占也。"

③ 刘乐贤:《马王堆天文书考释》第四章"《天文气象杂占》考释",中山大学出版社 2004 年版,第 100—159 页。

灾",[1] 同时它又是人间将有灾难来临的预示。在古人的观念里日代表国君，日食现象与国君和国家息息相关，如马王堆帛书《日月风雨云气占》："日食，为王；月食，为后"；《史记·天官书》："日蚀，国君；月蚀，将相当之"；《晋书·天文志》："日蚀，阴侵阳，臣掩君之象，有亡国。"因此日食占测备受重视。发生日月食必然要进行占断，以明其意义，正如《史记·天官书》所言："……日月薄蚀，皆以为占。"

日食尤其为兵阴阳家所关注，在历代有关文献中的占候文字很多，以下是若干时间可能早至战国者：

凡日蚀，则有兵。《甘氏》（《开元占经》卷九《日蚀从上起五》引）

日始出而蚀，是谓无明，齐、越受兵：一曰亡地。《甘氏》（《开元占经》卷九《日蚀早晚所主四》引）

日中蚀，海内兵大起，王公忧。《太公兵法》（《开元占经》卷九《日蚀早晚所主四》引）

日晡蚀，兵将罢，兵不起。《石氏》（《开元占经》卷九《日蚀早晚所主四》引）

日蚀从中央起，内乱，兵大起，更立太子。《甘氏》（《开元占经》卷九《日蚀从中齐六》引）

（日蚀）过半，必有亡国，期一年。《甘氏》（《开元占经》卷九《日蚀中分日蚀不尽日蚀三毁三复九》引）

秋蚀，有兵战胜。《甘氏》（《开元占经》卷十《日四时蚀一》引）

其食，食所不利；复生，生所利；而食益尽，为主位。以其直及日所宿，加以日时，用命其国也。（《史记·天官书》）

上述材料中，《太公兵法》系战国古书可以肯定，[2] 而《甘氏》《石

---

[1] 朱熹：《诗集传》，《左传·昭公七年》。
[2] 徐勇、邵鸿：《〈六韬〉综论》，《济南大学学报》2001 年第 7 期。

氏》则是署名战国人甘德、石申的星占书,是秦以前文献的可能性也很大。①《天官书》自然是西汉文字,但鉴于中国古代天文占文字承袭性很强,可以作为战国情况的参考。从上述材料可以看出,古人认为日食与军事行动息息相关,日食对战争发生及其结果有重大影响。在兵阴阳家看来,不仅日食的发生季节和方位,甚至日食的方式,日食旁云气的特点,日食产生和消失的时刻所预示的吉凶宜忌都不同。

所以,汉代以后对日食之象及其占断的分类越来越细致烦琐,到了唐代的《开元占经》中,已然有日薄蚀、日蚀早晚所主、日蚀从上起,日蚀从中起、日蚀从下起、日蚀从左右起、周蚀四傍、日蚀中分、日蚀不尽、日蚀三毁三复、日蚀既、日蚀变色、日蚀而珥有云冲之、日蚀而晕珥慧虹霓、日蚀而有云气在日傍、日蚀而地鸣震裂、日蚀而寒风雨雹雷、日蚀而星坠、食尽晦而星见、日与月俱蚀、日四时蚀、日十二月蚀、日六甲蚀、日十二辰蚀、日在东方七宿蚀、日在北方七宿蚀、日在西方七宿蚀、日在南方七宿蚀等 20 多个类别,② 而每一类别均包括多种日食现象并对应着不同的吉凶宜忌。

先秦以日食占断军事的实例,如《左传·昭公三十一年》:"十二月辛亥朔,日有食之。是夜也,赵简子梦童子嬴而转以歌,旦占诸史墨,曰:'吾梦如是,今而日食,何也?'对曰:'六年及此月也,吴其入郢乎,终亦弗克。入郢必以庚辰,日月在辰尾。庚午之日,日始有谪。火胜金,故弗克。'"晋国史官史墨根据日食时间预测吴国将攻进楚国首都,但不能取得最后的胜利,后来这一预测竟然应验。

日位占是日占的又一重要方面,其内容包括日行失序、与其他天体并见或出入凌犯等。如:

  日再出,为渗光,其国君死,有兵起。《石氏》(《开元占经》卷六《日再出再中》引)

  日入月中,并不出,九十日兵大起。《石氏》(《开元占经》卷六《日入月中月入日中》引)

---

① 也有学者认为此二书并非全为甘、石原文,参见王兴文《关于〈甘石星经〉的研究和讨论》,《社会科学战线》2004 年第 7 期。

② 《开元占经》卷九、卷十。

日月出，兵兴，小邦吉，兵为不。

日、朔皆出于西方，天下流血。

大星入日，日不光，邦当者灭亡。（马王堆帛书《天文气象杂占》）

日占的另外一个重要类型，是以日旁云气的颜色、形状（如日珥、日冕、日抱、日晕、蜺虹等）等占断吉凶。这里占断的对象虽然是云气，但它仍然是以太阳为观测中心因而和其他云气占不同。

马王堆汉墓帛书《天文气象杂占》是一部图文并见的天文军占书，这方面的材料很多。如：

> 臣将弑其君。
> 有白环日，七日战。
> 不出三月，有大兵举。
> 战从虹所，胜，得地。
> 曼（冕），天下有立王。
> 又（有）乱，不出三日而不果。
> 四提，大将军死。
> 见此，长如车轴，死者盈千；如辕，死者盈万；如敦布，百万死下。
> 如杼，万人［死下］；如［杼］三，三万人死下；如杼五，五万人死下。
> 日月皆耳（珥），大和，唯攻，且去之，毋兵，天下遇。
> 日有三耳（珥），其邦有大丧。
> 赤云从（纵）减（緘）日，恶岁，兵兴。
> 有赤云如雉属日，不出三月，邦有兵。
> 九月上丙，候日旁见交赤云，下有兵起。
> 黑云裹日，兵兴。

马王堆帛书《日月风雨云气占》中也有类似的文字，如：

> 日戴耳（珥），军前；月戴耳（珥），主人前。

日耳（珥）佩，客环（还）；月佩耳（珥），主人环（还）。

在此类日占中，尤以对日晕的占候最为突出。日晕是一种气象现象，是由于地球大气层的结冰晶体反射或折射日光而在太阳周围形成的光圈。冰晶体的位置、厚度不同所形成的日晕的形状亦不相同。这种冰晶体常常是冷暖空气相遇而形成的，云层中含有这种冰晶体往往预示着风雨的到来。故古语有"日晕雨，月晕风"之说。

兵阴阳家很注重对日晕的观察占断。马王堆帛书《天文气象杂占》中有大量日晕的占文，如：

> 天子立。
> 又（有）王者。
> 攻城，胜。
> 一岁吴人袭郢。
> 天下又（有）大戒，军旅在野，天下又（有）大喜。
> 人主又（有）谋，军旅在野，军又（有）忧。
> 邦亡，以乱兵。
> 有云如戟临之，其邦有兵。
> 衡云穿之，有命兵。

同书还有部分有文无图，其中亦有日晕占文，如：

> 有云赤，入日、月军（晕）中，尽赤，必得而地之。
> 日军（晕）之耳（珥），人主有谋，军在外有悔。围邦见日月军（晕）中有白云出，城降，兵不用。
> 日军（晕），有云如车笠，出日军（晕）中，围降。

《日月风雨云气占》中则有：

> 日交军（晕），军畏。
> 日连军（晕），人主大遇。尽白，大和；尽赤，兵起，【攻，忧国，先】者得地多。

第三章　兵阴阳家的形式与内容(上)

日重军（晕），军畏。
朝日日军（晕），军急；莫（暮）日日军（晕），军缓。
日军（晕）九重，天下有立公伯。

同出于马王堆汉墓的帛书《刑德》，也有若干日晕占文字：

〔日交〕晕，军畏，日连晕，人主〔大〕遇。尽白，大和。尽赤，兵起。
日重晕，军畏，日割，结交，申，不战。日斗晕，战，客不胜。
日〔垣〕，军疲，未讲也。日开，军疲，未讲也。日中寅珥，割地、城。
有晕，军疲，客胜。
有冲日者，贯日以赤晕，大战，客不胜。
朝日日晕，军急；暮日日晕，军缓。

又《史记·天官书》：

两军相当，日晕；晕等，力钧；厚长大，有胜；薄短小，无胜。重抱大破无。抱为和，背（为）不和，为分离相去。直为自立，立侯王；（破军）杀将。负且戴，有喜。围在中，中胜；在外，外胜。青外赤中，以和相去；赤外青中，以恶相去。气晕，先至而后去，居军胜。先至先去，前利后病；后至后去，前病后利；后至先去，前后皆病，居军不胜。见而去，其发疾，虽胜无功。见半日以上，功大。白虹屈短，上下兑，有者下大流血。日晕制胜，近期三十日，远期六十日。

《开元占经》卷八引《太公阴秘》：

日晕，有众云在左右，色黄白，吉，青白，兵行，黑白，内乱，青赤，和解，青黑，流血。俱明者，未解兵不归，明者胜。
日晕，黄白不斗，兵未解；青黑和解，分地；色黄，土功动，民不安；色黑，有水，阴国盛；色白，有丧；色青，有疾病；色赤，大旱，流血千里。

可以得出，以日晕占测兵事主要包括以下几个方面：一是以日晕本身形态为占断依据，日晕的方式、形状如日交晕，连晕、重晕、斗晕、厚长大、薄短小等对应不同的战争结果。二是以日晕的颜色为占断依据，如"尽白""尽赤""黄白""青黑""黄""黑""青"等颜色，各色日晕预示着吉凶不同。三是以日晕旁的云气为占断依据，其颜色、形状各有寓意。四是以日晕的时间为占断依据，日晕发生时间的早晚、长短都决定着战事如何。五是以军队的所处状态、任务等为占断依据，如主客、攻守、出入、强弱等的不同，休咎的判断颇有差异。以"日晕"察吉凶还是有时间期限的，即《天官书》所说"近期三十日，远期六十日"。当然时代不同，流派不同，以日晕之象占断战争的结果也不尽相同。

从上面的引述中不难看出，春秋战国以来的日占，首先是建立在象征比拟思维和阴阳五行说之上。《史记·天官书》说西汉望气专家"王朔所候，决于日旁，日旁云气，人主象。皆如其形以占"。象征比拟其实并不是王朔的特色，而是日云之占的通例。比如日食占，按照阴阳五行说的认识，日属阳、属国君，日食是为阴所蔽，而兵、女人、臣属、水等属阴，所以日食通常都预示着有兵事、叛乱、女祸、水灾等，而且总是不利王公。这明显是综合运用象征比拟和阴阳五行的逻辑推理的产物。在占断过程中，占人也总是用象征比拟和阴阳五行来分析判断其数术意义，如鲁昭公二十一年七月壬午发生日食，星占家梓慎以阴阳观念解释说："二至二分，日有食之，不为灾。日月之行也，分，同道也；至，相过也。其他月则为灾，阳不克也，故常为水。"① 梓慎认为，日食是阳不胜阴，所以灾难常常与水有关。另上举《左传·昭公三十一年》史墨为赵简子占日食，判断吴军将于庚辰入郢但终不能取胜，则是使用五行说来进行日占。这两个例子可以证明，春秋时期阴阳五行说已经融入日占中。

上述两个例子，后者尤其值得关注。史墨进行占断的依据和逻辑，杜预是这样解释的："谪，变气也。庚午十月十九日，去辛亥朔四十一日。虽食在辛亥，更以始变为占也。午，南方，楚之位也。午，火；庚，

---

① 《左传·昭公二十一年》。

金也。日以庚午有变，故灾在楚。楚之仇敌唯吴，故知入郢必吴。火胜金者，金为火妃。食在辛亥，亥，水也。水数六，故六年也。"如果杜说不误，则春秋时期的日占不仅已经阴阳五行化，而且已经是将阴阳五行和干支的配位、配数建立联系，将天体、时、空、人事整合在一个较为复杂的神秘主义的解释体系之中。由此我们也可以看出，日占和战国时期大为发展的时日占之间有着非常密切的内在联系。

当然，不同时代和不同著作在这一点上表现不尽一致，比如《刑德》《天官书》所载日晕占断的方法，仅仅是简单类比，如"晕等""力钧""抱为和""背为不和"等，阴阳五行色彩不太浓厚，但在《太公阴秘》等文献中阴阳五行已成为主色调，如黄对应土，所以"色黄，土功动"，黑对应水故"色黑有水"等。

春秋战国以来的日食占往往借助于分野说。日食对于它所对应的分野国来说是大凶之兆，其所预示，或者"主人死"，或者"破国"。上举《史记·天官书》一条，就认为日食发生所当之国不吉，太阳复生光时所当之国则是吉利的，日食发生最深时为占测的主位，根据此时太阳所在星宿和所对应的分野，结合日食发生的日期和时刻即可判断日食所当之国的军事情况。因此对于日食所当之国，应尽量避免用兵，或者采取一定的手段来禳除灾难。对于攻击者来说，顺从天象从日食的发生之面攻击敌国，就能取得胜利。

日占中表现出来的这些观念和特点，在各种天文气象占中具有共性。

二 月占

月亮是仅次于于太阳的显著天体，与人类生活亦密切相关，故历来同样受到古人重视。以此，月占在兵阴阳文献中也具有特殊的地位。马王堆帛书《天文气象杂占》和《日月风雨云气占》可确认的月占内容，分别为65条和27条，与日占接近，但位置均列于日占之前。这和后代的军占书日占居于月占前的情况相反，很值得注意。《孙膑兵法》中有《月战》一篇论述月占对军事的重要性：

> 孙子曰：间于天地之间，莫贵于人。战□□□不单（战）。天时、地利、人和，三者不得，虽胜有央（殃）。是以必付与而□战，不得已而后战。故抚时而战，不复使其众。无方而战者，小胜，以

付厤者也。孙子曰：十战而六胜，以星也。十战而七胜，以日者也。十战而八胜，以月者也。十战而九胜，月有……〔十战〕而十胜，将善而生过者也。一单（战）……①

可见在作者看来，就军事占候而言，月占比之星、日之占更为重要。《孙膑兵法》并非属于兵阴阳家（《汉书·艺文志》列于兵形势家），但它在书中如此重视月占，足见月占在军事活动中的重要性和兵阴阳家思想在当时的影响之深。

月占之所以在军占中有如此特殊的地位，是因为根据阴阳说，月属阴，月的盈亏与阴阳消长息息相关，战争既然代表凶事，所以与民事贵在阳和时节进行不同，发兵作战应选择在阴气较重的时候，月盛时节尤其适宜。《左传·成公十六年》中有"陈不违晦""以犯天忌"之说，杜预注："晦，月终，阴之尽，故兵家以为忌。"孔颖达疏："日为阳精，月为阴精，兵尚杀害，阴之道也，行兵贵月盛之时。晦是月终，阴之尽也，故兵家以晦为忌，不用晦日陈兵也。"② 这些注释，把理由说得非常清楚。不过，月盛用兵很可能是一种古老的传统，在阴阳说没有出现之前就已经出现了，《史记·匈奴列传》："举事而候星月，月盛壮则攻战，月亏则退兵。"③ 这是匈奴古俗，并未受到阴阳五行的影响，可证华夏的同类观念不一定是阴阳说兴起之后的产物。

月占主要是依据月像对人事和兵事吉凶进行占卜。它也可以大致分为月体占、月位占和月旁云气占。月体占包括以月的盈亏、月的颜色和月食为占，月位占包括月的运行位置、月与其他星体的相互位置为占，月旁云气占则是以月旁云气来占断吉凶。兵阴阳家依据这些不同的月象，来预测战争的结果和指导用兵。马王堆汉墓帛书《日月风雨云气占》有一章专门讲月占的文字：

> 月半白半赤，城半降半施；尽赤，尽施；尽白，尽降。月小中赤余尽白，城中将死，元（其）人降。月大光赤，主人出战，不胜，

---

① 张震泽：《孙膑兵法校理》，中华书局1984年版，第59页。
② 《左传·成公十六年》。
③ 《史记·匈奴列传》。

城拔。月大楖有光，主人出单（战）。月七日不弦，主人将死。月北顷，阴国得地。月楖受衡，亓（其）国安；月立受绳，亓（其）国亡地。月八日南陛，阴国亡地；月不尽八日北陛，阳国亡地。月军（晕）围重，复之，主人出单（战），胜。月军（晕）二重，倍滴在外，私成外；倍滴在中，私成中。月比，亓（其）国忧；有军在外，军伤。月薄，亓（其）主病。中赤，白杵鼎尺杠月，亓（其）主死；有军，军罢。去蒲在月中，亓（其）国后死；在前，辟人死。月旬五日不尽〈盈〉，亓（其）国亡地。月光如张盖，亓（其）国立；三夹之，亓（其）国立将军、上陛。月色黄白，王问。月交军（晕），一黄一赤，亓（其）国白衣受地，名城也。月交军（晕），尽赤，二主遇，起兵。既日为侯。月食，亓（其）国贵人死，用兵者从所者攻之，胜，得地。

以上这一大段文字，把上述三种月占形式都概括在内了。

1. 月体占

和日食占一样，月食占也是月体占的重要方面。月食是指月球运行到地球阴影部分，由于阳光被地球遮挡，月球部分或全部处于黑暗状态。月食分为月偏食和月全食。如上所述，月利兵事，因此月食——月亮被吞噬，在战国兵阴阳文献中就意味着军事行动不利，它对于月食所当之国是一种灾难。如：

月食，其国贵人死，用兵者攻之，胜，得地。（马王堆汉墓帛书《日月风雨云气占》）

无道之国，日月过之薄蚀，兵之所攻，国家坏亡。《甘氏》（《开元占经》卷十七《月薄蚀二》引）

月蚀，其乡有拔邑大战。《石氏》（《开元占经》卷十七《月薄蚀二》引）

师出门而月蚀，当其国之野，大败；一曰：军死而后生。同上

月蚀中分，不出五分，国有忧，兵败、军亡。《石氏》（《开元占经》卷十七《月蚀既及中分五》引）

月斗薄而蚀，有军必战，无兵兵起。《石氏》（《开元占经》卷十七《月蚀而晕斗月并蚀七》引）

月生十日至十四日而蚀，天下兵起。《甘氏》（《开元占经》卷十七《月未望而蚀十》引）

十五日而蚀，国破灭亡。《石氏》（《开元占经》卷十七《月未望而蚀十》引）

从上述材料可以看出，月食发生对于所在或所对应分野的国家来说是不利的，其国会出现"贵人死""大败，军死""国有丧""天下兵起""国破灭亡"等灾难性的后果。所以月食时这些国家应尽量避免用兵。《司马法》："月食班师，所以省战"，注："夫兵，阴象也。月食，则阴毁，故息战也。"[①] 这与上述引文的观念是一致的。

除了月食占，月体占还涉及对盈亏、月色等现象的占测。因为上引《日月风雨气象占》已有不少例证，这里就不多述。

2. 月位占

月亮运行轨道是否异常是月位占的基本内容。《开元占经》卷十一引《石氏》：

大臣用事，背公向私，兵刑失道，则月行乍南乍北。《石氏》（《开元占经》卷十一《月行盈缩三》引）

北三尺，太阴，大水，兵。

行南北河，以阴阳言，旱水兵丧。《正义》："南河三星，北河三星，若月行北河以阴，则水、兵；南河以阳，则旱、丧也。"（《史记·天官书》）

相比之下，根据月亮与其他星体的相对位置的月位占内容更为丰富。如：

月蚀岁星，其宿地，饥若亡。荧惑也乱，填星也下犯上，太白也强（疆）国以战败，辰星也女乱。蚀大角，主命者恶之；心，则为内贼乱也；列星，其宿地忧。（《史记·天官书》）

月食星，有亡邦。星出复立，不出果亡。

---

① 《太平御览》卷二十。

目星入月，月光有□□□□凶。

月衔两星，军疲。

天（妖）星出，赤傅月为大兵，黄为大漾，白为大丧，青有年，黑大水。（马王堆帛书《天文气象杂占》）

星与月斗，军战，主人不胜。

营（荧）域（惑）入月中，所宿其国内乱。

大正入月中，主人大胜藩兵。（马王堆帛书《日月风雨云气占》）

月蚀岁星，不出十三年，【国饥亡；蚀填星，不出□】年，其国伐而亡；蚀大白，不出九年国有亡城，强国战不胜；【蚀荧惑，其国以乱亡；蚀辰星，不出】三年国有乱兵；蚀大角，不三年天子□□□□（马王堆帛书《五星占》）

月蚀列宿，其国忧；星灭，天下有亡国；星复见，王（亡）国复立，兵起大胜。《甘氏》（《开元占经》卷十三《月与列星相犯》引）

月入天仓，市，兵起。《石氏》（《开元占经》卷十三（四）《月入（犯）石氏外官二》引）

大白入月可以战，营（荧）或（惑）入月可以战，日月并食可以战，是胃（谓）从天四央（殃），以战必庆。（张家山汉简《盖庐》）

3. 月旁云气占

月旁云气占是月占的又一重要方面。除了上引马王堆汉墓帛书《日月风雨云气占》以外，又如：

月勿光，主人不胜。

赤云如此，丽月，有兵。

黄云夹月，邦亡。

月军（晕）不成，利以攻城，攻城，道完者所。

月六军（晕）到九军（晕），天下有亡邦；十一军（晕），天下更号；十三军（晕），天下更王。

月军（晕）包（抱），大战。

月晕而珥，主人前而畏。（马王堆汉墓帛书《天文气象杂占》）

月以十二月八日晕再重，大有风，兵起；三重，天下兵大乱。《石氏》（《开元占经》卷十五《月重晕二》引）

月晕岁星，色不明，主人胜客，明，客胜主人。《甘氏》（《开元占经》卷十五《月晕五星五》引）

月晕左角，有军，军道不通（能）。《石氏》（《开元占经》卷十五《月晕东方七宿（角一）》引）

月晕一重，下缺不合，上有冠戴，旁有两珥，白晕连环，贯珥，接北斗，国有大兵，大战流血，其分亡地，不出一年。《石氏》（《开元占经》卷十六《月晕石氏中官一》引）

由此可见，月旁云气的颜色、形状、云气与他星的关系皆是兵阴阳入占的内容。

三 北斗占

北斗七星接近于北天极，终年明亮，位置固定组成勺状，因为其形状极其容易辨认，具有指示方向和季节的作用，所以很早之前，人们就已经注意到它。在殷墟卜辞、《夏小正》《诗经》《楚辞》等先秦文献中有很多关于北斗的记载。考古发现中也有北斗的资料，战国曾乙侯墓漆箱盖上的北斗图像是迄今发现最早的，但也有学者认为6000多年前新石器时代的濮阳西水坡45号墓出土的蚌塑图中，就有北斗的形象。[①]

北斗占在天文占中具有十分重要的地位。古人认为北斗七星是全天众星和整个"天道"运作机制的中枢，《史记·天官书》："旋、玑、玉衡，以齐七政……斗为帝车，运于中央，临制四乡。分阴阳，建四时，均五行，移节度，定诸纪，皆系于斗。"[②] 张家山汉简《盖庐》："天为父，地为母，参（三）辰为刚（纲），列星为纪，维斗为击，转（樞）更始。"《索隐》引《春秋文耀钩》中更是将北斗喻为"天之咽喉"，可见北斗在古人心目中的特殊地位。因此，北斗在星占学中与"人主休咎与天下安危"有密切关系。[③]

北斗七星在军事中运用广泛，是兵阴阳家重点关注的星象，《鹖冠

[①] 陆思贤、李迪：《天文考古通论》，紫禁城出版社2000年版，第2—5页。

[②] 《史记·天官书》。

[③] 章鸿钊：《中国古历析疑》，科学出版社1958年版，第56—58页。

子·世兵》："昔善战者，举兵相从，陈以五行；战以五音，指天之极，与神同方。""天之极"就是北斗。所以《汉书·艺文志》才会以"随斗击"来代表兵阴阳中的星占术。

北斗在兵阴阳家中的应用，主要是以北斗的斗柄所指方向为占，即"随斗击"。所谓的"斗击"，或称"斗系"，是指北斗对冲之辰，[①] 更确切一点说，指的是北斗星中"招摇"和"玄戈"两星所指向的十二辰和星宿，正如饶宗颐先生在《云梦秦简日书研究》中说：

> 北斗七星，其杓端有两星，即招摇和玄戈。《淮南子·天文训》"太阴所居，不可背，可向，北斗所击，不可与敌。"又云："凡用斗击，指北斗对冲之辰。……招摇、玄戈为北斗杓端内外之两星，其所击之（十二）辰及星宿，即所谓的'斗击'是也。"

出土的文献中睡虎地秦简《日书》中有《玄戈》篇，详细列举了一年内每个月份招摇和玄戈所击之辰与宿。马王堆汉墓帛书《阴阳五行》中的"玄戈"和"招摇"章，也是将玄戈和招摇所击的辰宿排列出来，以备战争的查验。兵阴阳家认为攻击斗柄所指方向是顺应天意的，战争必然会胜利，反之则会失败，此即所谓"北斗所击，不可与敌"。这是一条重大的军事原则。

反过来，用兵自然以背北斗为大利。这在古代兵书中有不少记载，如：

> 申胥曰：凡战之道：……左太岁、右五行可以战，前赤鸟、后倍（背）天鼓可以战，左青龙、右白虎可以战，招（招）（摇）在上、大陈其后可以战，一左一右、一逆再倍（背）可以战，是胃（谓）顺天之时。（张家山汉简《盖庐》）

> 此用斗之大方也。故曰：左青〔龙而右〕白虎，前丹虫而后玄武，招摇在上，□□在下，乘龙戴斗，战必胜而功（攻）必取，善者从事下。（马王堆汉墓帛书《刑德》丙篇）

> 必左青龙，右白虎，前朱雀，后玄武，招摇在上，从事于下。

---

① 曹锦炎：《张家山汉简〈盖庐〉》，《东南文化》2000 年第 9 期。

（《吴子·治兵》）

　　行，前朱雀而后玄武，左青龙而后白虎，招摇在上，急缮其怒。
（《礼记·曲礼上》）

　　招摇在上，缮者作下。（《鹖冠子·天权》）

　　这种认识甚至延伸到云气占中。帛书《天文气象杂占》中有："北斗云下，有贤将未立，将大破军。"刘乐贤释"北斗云"为形状为北斗的云气，释"大破军"为将会大破敌军。①

　　当军事行动中不具备这样的条件时，兵阴阳家创造出各种手段来模拟星空，建立起一个符合兵阴阳理论的军事场域或环境以趋利避害。因此，战国以来北斗图案就开始被画在旗帜上。《穆天子传》："日月之旗，七星之文。"郭璞注："言旗上画日月及北斗星也。"西汉时期由此发展出所谓的"灵旗"。《史记·封禅书》："（公元前112年秋）为伐南越，告祷太一。以牡荆画幡日月、北斗、登龙，以象太一三星，为'太一锋'，命曰'灵旗'。为兵祷，则太史奉以指所伐国。"李零先生说："'太一'和'北斗'不仅是古代天文体系和式法中的重要指示物，在古人看来，其顺逆向背，还有避兵的作用。"② 可见画北斗于旗帜上并非只是装饰，而是具有明确的数术含义，是为了起到厌胜辟兵的作用。汉代王莽是这一思想的忠实信徒，据《汉书·王莽传》记载："（公元17年）是岁八月，莽亲之南郊，铸作威斗。威斗者，以五石铜为之，若北斗，长二尺五寸，欲以厌胜众兵。既成，令司命负之，莽则在前，入则御旁。"汉代以来道教符箓以北斗为主符，也与此有密切关系。③ 有关北斗的避兵功效，我们在下一章还会续有论述。

四　五星占

　　五星指木、金、火、水、土五大行星。五星本各有名（岁、太白、辰、荧惑、镇星），春秋战国时期五行思想兴起，遂同时有五行之名，并与五色、五方、五神帝等相结合。上一章我们在讨论《月令》类文献时

---

　　① 刘乐贤：《马王堆天文书考释》，中山大学出版社2004年版，第139—140页。
　　② 李零："'太一'崇拜的考古研究"，《中国方术续考》，中华书局2006年版，第178页。
　　③ 王育成：《东汉道符释例》，《考古学报》1991年第1期。

已有引证和说明。战国以来的天文占书籍也完全接受了这一系统认识，如马王堆三号汉墓出土帛书《五星占》：

> 东方木，其帝大昊，其丞句芒，其神上为岁星。
> 西方金，其帝少昊，其丞蓐收，其神上为太白。
> 南方火，其帝炎帝，其丞朱明，其神上为荧惑。
> 中央土，其帝黄帝，其丞后土，其神上为填星。
> 北方水，其帝颛顼，其丞玄冥，其神上为辰星。

《史记·天官书》：

> 察日月之行一揆岁星顺逆。曰东方木，主春，日甲乙。
> 察刚气以处荧惑。曰南方火，主夏，日丙、丁。
> 历斗之会以定填星之位。曰中央土，主季夏，日戊、己……
> 察日行以处位太白。曰西方，秋，日庚、辛……
> 察日辰之会，以治辰星之位。曰北方水，太阴之精，主冬，日壬、癸。

五星占是根据五星的星象进行的占卜，起源颇早，春秋时已相当普遍。古人对五星运动对人世的影响非常重视，《荆州占》云：

> 五星者，五行之精也；五帝之子，天之使者，行于列舍，以司无道之国。王者；施恩布德，正直清虚，则五星顺度，出入应时，天下安宁，祸乱不生；人君无德，信奸佞、退忠良、远君子、近小人，则五星逆行、变色、出入不时、扬芒、角、怒；变为妖星、慧、孛、萌、扫、天狗、枉矢、天枪、天掊、搅云、格泽；山崩、地震、川竭，雨血，众妖所出，天下大乱。主死国灭，不可救也，余殃不尽，为饥、旱、疾疫。（《开元占经》卷十八《五星所主一》引）

这一论述虽然晚出，但却有着久远的传统。兵阴阳家对五星占也十分重视，其颜色、大小、方位、速度等都被用来占断战争的胜负吉凶。①马王堆汉墓出土帛书《五星占》，就是这方面的专门文献。

1. 木星占（岁星占、太岁占）

木星又称岁星、相星。岁星12年运行一周天，年行一次，共12次（分别是星纪、玄枵、娵訾、降娄、大梁、实沉、鹑首、鹑火、鹑尾、寿星、大火、析木），古代也以它来纪年。因此五星之中，岁星地位为其他四星所不及，所谓"岁星，君之象也"，② 岁星占在兵阴阳家中更是广为流行。

以木星的行度为占。古人认为木星的运行本有特定的轨道和速度，如果木星运动脱离常规，有所盈、缩，那就是对人世的预警。《史记·天官书》："其趋舍而前曰赢，退舍曰缩。"岁星运行在特定的时间应处在某舍次，超舍或退舍对应之国均不利。春秋时期鲁襄公二十八年发生了"岁弃其次而旅于明年之次"的天象，裨灶曰："今兹周王及楚子皆将死。岁弃其次，而旅于明年之次，以害鸟、帑，周、楚恶之。"而梓慎的占断是："今兹宋、郑其饥乎！岁在星纪，而淫于玄枵。"岁星本应该处在星纪，却提前一年运行到了玄枵之次，这便预示着宋、郑两国必然发生饥荒，原因是"玄枵，虚中也。枵，耗名也。土虚而民耗，不饥何为？"③在军事领域，赢、缩同样被认为关系巨大，《史记·天官书》："赢，其国有兵不复；缩，其国有忧，将亡，国倾败。"

以木星的位置为占。岁星所处位置在兵阴阳家思想中具有尤为特殊的意义。古籍中有关以岁星所在位置为战争占候的有很多，《国语·周语下》记载："昔武王伐殷，岁在鹑火，月在天驷，日在析木之津，辰在斗柄，星在天鼋。"④ 周初的《利簋》涉及此役，有"岁贞克"之铭，论者多以之为武王伐纣确曾当岁之证。⑤ 如此说不误，则商末岁星占已经出现

---

① 如："五星分天之中，积于东方，中国大利。积于西方，负海之国用兵者利"（《开元占经》卷十八引《石氏占》）；"凡五星同色，天下偃兵，百姓安宁"（《开元占经》卷十八引《甘氏占》）；"五星色白圜，为丧、旱；赤圜，则中不平，为兵；青圜，为忧，水；黑圜，为疾，多死；黄圜，则吉。……五星同色，天下昌宁"（《史记·天官书》）。

② 《开元占经》卷二十三引《石氏》。

③ 《左传·襄公二十八年》。

④ 《国语·周语下》。

⑤ 按关于利簋铭文中"岁"的含义，众说纷纭，但以两说可能性较大，一是岁星说，一是岁祭说。笔者认为目前尚难定论，两说可以并存。

并被运用于军占,但笔者不赞成此说(详下章)。春秋以来有关证据则更为充分,如鲁襄公十八年,(楚侵晋),晋董叔占曰:"天道多在西北,南师不时,必无功。"杜注:"岁在豕韦,月又在建亥,故曰:'多在西北。'南师不时,必无功。不时,谓触岁、月。"又如鲁昭公八年,晋侯问史赵陈之存亡,赵回答不亡,原因是"陈,颛顼之族也,岁在鹑火,是以卒灭。陈将如之。今在析木之津,犹将复由"。昭公三十二年,"夏,吴伐越,始用师于越也。史墨曰:'不及四十年,越其有吴乎!越得岁而吴伐之,必受其凶。'"注:"岁星三周三十六岁,故曰不及四十年。"最后这一事例中明确表现出来的"岁星所在国不可伐,可以伐人"的认识,在多种传世天文占文献如《甘氏占》《石氏占》《史记·天官书》《汉书·天文志》等书中均有记载。在出土的文献中,岁星对军事的影响记载与传世文献比较吻合,马王堆帛书《五星占》:

【以正月与营室晨出东方,名曰监德。其状苍苍若有光】。【其国有】德,黍稷之匿;其国失德,兵甲啬啬。其失次以下一若二若三舍,是畏〈谓〉天维纽,其之下【国有忧】,【将亡】,【国倾败】。【其失次以上一若二若三舍】,【是谓天维】赢,于是岁天下大水,不乃天列(裂),不乃地动。纽亦同占。视其左右,以占其夭寿,□□□□□□□□□□□□□□□□□□用兵,所住之野有卿。受岁之国,不可起兵,是胃(谓)伐皇。天光其不从,其阴大凶……其所当之野,其【国凶】,【不可举事用兵】;【出而易】,【所当之国受】央(殃),其国必亡。①

可见,"岁星所在国不可伐,可以伐人"的观念到战国时,已成为兵阴阳家的一大基本定律。正因为如此,如我们在第五章将讨论的,战国以来出现的批判兵阴阳家的人士,也往往举出古代贤王良将违背这一定律却赢得战争的故事作为他们的理据。

从以上占例中我们也可以发现,无论是从行度抑或位置的角度,木星和他星的相互位置和关系都是占断的重要条件。占者往往通过这些条件,推断相关事件的发生地域、时间和结果。这里再举一个占者自我解

---

① 刘乐贤:《马王堆天文书考释》,中山大学出版社2004年版,第34—37页。

说比较详细的例子,《国语·晋语四》:

> 董因迎公于河,公问焉,曰:"吾其济乎?"对曰:"岁在大梁,将集天行。元年始受,实沈之星也。实沈之墟,晋人是居,所以兴也。今君当之,无不济矣。君之行也,岁在大火。大火,阏伯之星也,是谓大辰。辰以成善,后稷是相,唐叔以封。《瞽史记》曰:嗣续其祖,如穀之滋,必有晋国。臣筮之,得泰之八。曰:是谓天地配享,小往大来。今及之矣,何不济之有?且以辰出而参入,皆晋祥也,而天之大纪也。济且秉成,必霸诸侯。子孙赖之,君无惧矣。"

重耳出国和返国的时间,正好岁星处于参星和辰星所在之次,而这两个恒星又恰好是晋国的分星,因此董因断言大吉。

因为岁星占的特殊地位,春秋战国时在岁星占的基础上又发展出太岁占。太岁又称岁阴、太阴,是古人假想出来的一个与岁星反方向运动的星体。因为太岁实为岁星的孪生兄弟,故也应视为岁星占的特殊形式。《史记·天官书》记载了每12年中太岁出入规律和星占规定,其中部分有关于军占的内容:

> 敦牂岁:岁阴在午,星居酉。以五月与胃、昴、毕晨出,曰开明。炎炎有光。偃兵;唯利公王,不利治兵。
> 叶洽岁:岁阴在未,星居申。以六月与觜觹、参晨出,曰长列。昭昭有光。利行兵。
> 大渊献岁:岁阴在亥,星居辰。以十月与角、亢晨出,曰大章。苍苍然,星若跃而阴出旦,是谓"正平"。起师旅,其率必武;其国有德,将有四海。
> 敦岁:岁阴在子,星居卯。以十一月与房、心晨出,曰"天泉"。玄色甚明。江池其昌,不利起兵。其失次,有应见昴。

兵阴阳家对太岁的位置之占,对于太岁的向背最被看重,以面向太岁为凶,以背向太岁为吉。《荀子·儒效》:"武王之诛纣也,行之日以兵忌,东面而迎太岁,至汜而泛,至怀而坏,至共头而山隧。霍叔惧,曰:

'出三日而五灾至，无乃不可乎？'"霍叔之所以恐惧，就是因为在兵阴阳家的观念里，面向太岁不宜用兵，武王伐纣迎太岁是和其他几个现象一样的大凶之象。这个故事未必是实录，但足以代表战国人的一般认识。

2. 金星占（太白占）

金星又称太白，是古代军事行动中最受关注的行星之一。因为根据阴阳五行观念，太白属金，"主杀"，军事行动正是杀戮之事。《汉书·天文志》："太白，兵象也。太白，犹军也。太白经天，天下革，民更王，是为乱纪，人民流亡。"[1] 唐人李淳风在《乙巳占》中更强调说"用兵必占"[2]。故兵阴阳家对金星的观测尤为详细，以金星为军事占断的材料很多。马王堆帛书《五星占》中金星占特别详尽，内容大约占到全书的一半，原因就在于此。

金星的颜色、亮度、形状、位置、行度、动态及其与其他天体的关系等都是军占的依据。

以金星的颜色、亮度和形状为占。

马王堆帛书《五星占》：

> 凡观五色，其黄而员（圆）则嬴；青而员（圆）则忧，凶央（殃）之白（迫）；赤而员（圆）则中不平；白而员（圆）则福禄是听；黑【而员（圆）则】□□□□□□□□□【黄】而角则地之争，青而角则国家惧，赤而角则犯伐〈我〉城，白而角则得其众。四角，有功；五角，取国；七角，伐［王］。黑而【角则】□□□□□□。
>
> 其色□而角，客胜。
>
> 大白始出，以其国日观其色，色美者胜。
>
> 大白小而动，兵起。
>
> 大白旗出，破军杀将，视旗所乡（向），以命破军。

《史记·天官书》：

---

[1] 《汉书·天文志》。
[2] 《乙巳占·填星占》。

太白光见景，战胜。

小以角动，兵起。始出大，后小，兵弱；出小，后大，兵强。

金星的颜色、亮度和形状，对于兵阴阳家来说都对应着不同的战况和结果。总的来看，色泽明亮、形状较大用兵有利。

以金星所在位置、行度和动态为占。

《五星占》："其出东方为德，与（举）事，左之迎之，吉；右之倍之，【凶。出】于【西方为刑】，与（举）事，右之倍之，吉；左之迎之，凶。"金星从东向西运行，无论其出现于东方或西方，作战时均以南向和东向有利，反之则不利。

《史记·天官书》："用兵象太白：太白行疾，疾行；迟，迟行。角，敢战。动摇躁，躁。圜以静，静。顺角所指，吉；反之，皆凶。出则出兵，入则入兵。"《五星占》："将军在野，必视明星之所在。明星前，与之前；后，与之后。兵有大口，明星左，与之左；【右】，【与之右】。"军队要依照太白的运行速度和方向采取相应行动，保持一致，不得违背，这就叫作"用兵象太白"，是金星军占的一条重要规定。

《五星占》："【星高，用】兵入人地深；星卑，用兵浅。其反为主人，以起兵，不能入人地。"《史记·天官书》："出高，用兵深吉，浅凶；卑，浅吉，深凶。太白伏也，以出兵，兵有殃。"金星的高低，决定了用兵深入度从而决定战争的胜负。这一规定，显然是"用兵象太白"的又一体现。《汉书·赵充国传》载，汉宣帝下诏催促赵充国进军，云："太白出高，用兵深入敢战者吉，弗敢占者凶。将军急装，因天时，诛不义，万下必全，勿复有疑。"这是西汉实战中以金星占决定用兵的典型事例。

《史记·天官书》："未当出而出，当入而不入，天下起兵，有破国。"《五星占》："未【宜出而出】，【未宜入而入，命曰矢舍】，【天】下兴兵，所当之国亡。宜出而不出，命曰须谋，宜入而不入，天下堰兵，野有兵讲，所当之国大凶……凡是星不敢经天，经天，天下大乱，革王。其出上及午，有王国；过未及午，有霸国。从西方来，阴国有之；从东方来，阳国有【之】。口口毋张军。"午，如刘乐贤所释，为天空的午位（天幕中央），过此则为"经天"；阴国、阳国则分别指位于西北、东南的国家。① 违反规律的金星运行是战争的前兆，尤其是金星的运行不能经历周天到任意天区，否则便是革命易政的象征。战国以来星占家有一种观念，认为太白"出蚤为月蚀，晚为天夭及彗星，将废其国"②。如前所述，月食为用兵之象，而天夭（妖）、彗星也都是天下兵起的预示（详见下文），这和上面的认识是一致的。

以金星与他星的相对位置为占。

（太白）其入月，将僇。（《史记·天官书》）

月与星相过也，月出大白南，阳国受兵；月出其北，阴国受兵。（《五星占》）

凡大星趋相犯，必战。（《五星占》）

其与列星相犯，小战；五星，大战。（《史记·天官书》）

金、木星合，光，其下战不合，兵虽起而不斗；合相毁，野有破军。（《史记·天官书》）

小白出大白【之左】，或出其右，去参尺，军小战。小白麻（靡）大白，有数万人之战，主人吏死。（《五星占》）

视其相犯也：相者木业，殷若金，金与木相正，故相与殷相犯，天下必遇兵。（《五星占》）

大白与营（荧）或（惑）遇，金、火也，命曰乐（铄），不可用兵。（《五星占》）

因为金星主杀伐，其与他星相出入凌犯多非吉象。如遇五大行星中其他相克者，更是凶兆。

3. 荧惑占

火星又称荧惑。它的运行轨道和颜色都较为特殊，因此古代星占学将其认为是不祥的象征，荧惑之名就与此有关。《史记·天官书》："荧惑为勃乱、残贼、疾、丧、饥、兵。"《汉书·天文志》："荧惑为乱、为贼、为疾、为丧、为饥、为兵，所居之宿国受殃。"《五星占》："天出荧或

---

① 刘乐贤：《马王堆天文书考释》，中山大学出版社2004年版，第60—63页。
② 《史记·天官书》。

（惑），天下相惑，甲兵尽出。"这样一个灾星，当然要受到重视并严密观测。《史记·天官书》："荧惑为孛，外则理兵，内则理政。故曰：'虽有明天子，必视荧惑所在。'"而从军事占候的角度，火星占也必然是一个较受重视的对象。

火星的运行是否失次，是顺行还是逆行及其所处方位，是军占特别注意的方面。《史记·天官书》："礼失，罚出荧惑，荧惑失行是也。"马王堆帛书《五星占》《史记·天官书》对此有较详细的记载：

【进退】无恒，不可为【极】，所见之□□兵革出二乡反复一舍□□□年。其出西方，是胃（谓）反明，天下革王。其出东方，反行一舍，所去者吉，所居之国受兵□□。荧惑绝道，其国分，当其野，【受殃】。【居】之【久，殃】大；亟发者，央（殃）小；□□□，央（殃）大。溉（既）而去之，复环（还）居之，央（殃）□。其周环绕之，入，央（殃）甚。（马王堆帛书《五星占》）

反道二舍以上，居之，三月有殃，五月受兵，七月半亡地，九月太半亡地。因与俱出入，国绝祀。居之，殃还至，虽大当小；久而至，当小反大。其南为丈夫，北为女子丧。若角动绕环之，及乍前乍后，左右，殃益大。

其行，东、西、南、北疾也。兵各聚其下；用战，顺之胜，逆之败。（以上《天官书》）

火星轨道怪异，星占家容易产生测算失误，由此又导致对它的失行极为担心，体现到兵阴阳文献里，就是火星偏离预计轨道和时差越大，可能造成的军事后果就越严重。

火星和其他星宿的相互关系也为兵阴阳家所注重。帛书《日月风雨云气占》："营（荧）或（惑）入月中，所宿其国内乱"；《五星占》："其与他星遇而□□□〔在〕其南，在其北，皆为死亡。"是火星与其他星体相近皆凶。其中，与金星又尤其不能相遇，《史记·天官书》："荧惑从太白，军忧；离之，军却。出太白阴，有分军；行其阳，有偏将战。当其行，太白逮之，破军杀将。"前面已经提及，这是因为火、金相克的关系，故《天官书》说"与金合为铄，为丧，皆不可举事，用兵大败"。

特别值得注意的是，在此类军事占候中荧惑与心宿的位置最受重视，

《史记·天官书》："心为明堂，荧惑庙也，谨候此。"荧惑在心宿由顺行（自西向东）转为逆行（自东向西）或由逆行转为顺行，且停留在心宿一段时间，这就是著名的"荧惑守心"。"荧惑守心"被认为是大灾之象，《史记·天官书》："火犯守角，则有战。房、心，王者恶之也。"心宿与君主有关，荧惑则为灾星，天文史家黄一农甚至称之为"中国星占学上最凶的天象"，故历来为古代星占学者所高度重视。据黄一农统计，历代正史中关于"荧惑守心"天象的记载有 23 次之多，且多与军事有关。①这也从一个方面说明，在中国军事占候的历史上，火星占的确有其重要地位。

火星的颜色、亮度等也为兵阴阳家所关注。但因为相对而言缺乏特色，这里就不多述了。

4. 填星占、镇星占

土星，又称填星或镇星。按照阴阳五行观念，土生长万类，厚德载物，且位在中央，其帝黄帝，因此在古代星占学认为土星是吉星，运行所至，对应之国吉祥，将有得地之利。如《五星占》："岁［填一宿，其所居国吉，得地］……所往之野吉，得土。填之所久处，其国有德、土地、吉。"《史记·天官书》："岁填一宿，其所居国吉……其居久，其国福厚；易，福薄。"《汉书·天文志》："填星所居，国，吉。未当居而居之，若已去而复还居之，国得土，不乃得女子。"反过来，土星所居之国不可攻伐，《五星占》："若用兵者，攻伐填之野者，其咎短命，亡，孙子毋处。"野，如刘乐贤说，即填星分野所在之国。②这是土星不同于其他行星的一个突出特点。土星军占的内容普遍偏少，应该与这一特点有关。

既然土星所居为吉，从逻辑上说，所去则不吉，有失土之患。《五星占》："既已处之，有（又）【西】东去之，其国凶，土地淫，不可兴事用兵，战斗不胜。"《史记·天官书》："若当居而不居，既已居之，又西东去，其国失土，不乃失女，不可举事用兵。"

土星运行如有反常，盈缩失次，均为不吉。《史记·天官书》："赢，为王不宁；其缩，有军不复。"

---

① 黄一农：《中国历史上最凶的天象："荧惑守心"》，《社会天文学十讲》，复旦大学出版社 2004 年版，第 28 页。

② 刘乐贤：《长沙马王堆天文书考释》，中山大学出版社 2004 年版，第 50 页。

土星与他星的关系，《史记·天官书》："（木）与土为忧，主孽卿；大饥，战败，为北军，军困，举事大败。土与水合，穰而拥阏，有覆军，其国不可举事。出，亡地；入，得地。"土星与木星、水星相处不利于军事，显然因为它们的五行属性是相克的关系。

5. 辰星占

水星，又称辰星。按阴阳五行家的定位，其属北方、冬季、水位，主刑杀。《汉书·天文志》："辰星，杀伐之气，战斗之象也。"故兵阴阳家对水星占亦颇为看重。

水星的形状、颜色、方位等情况于军事占断均有意义。《史记·天官书》：

> 青角，兵忧；黑角，水。赤行穷兵之所终。
> ……青圜忧，白圜丧，赤圜中不平，黑圜吉。赤角犯我城，黄角地之争，白角号泣之声。
> 出东方，大而白，有兵于外，解。常在东方，其赤，中国胜；其西而赤，外国利。无兵于外而赤，兵起。

但比较而言，水星的运行是否合轨，更为天文占家和兵阴阳家特别关注。《五星占》："一时不出，其时不和；四时不出，天下大饥。……其出四中（仲），以正四时，经也；其上出四孟，王者出；其下出四季，大耗（耗）败。"《史记·天官书》："其蚤，为月蚀；晚，为彗星及天夭。其时宜效，不效为失，追兵在外不战。……当出不出，是谓击卒，兵大起。"值得注意的是，辰星也被认为是"其蚤，为月蚀；晚，为彗星及天夭"（《五星占》有近似文句，作"其出蚤（早）于时为月蚀，其出免（晚）于时为天夭〔及彗〕星"），此语在金星占中我们也曾看到，可见辰星乱次和太白失轨一样，也是天下大乱、兵将大起的预报，所以军占予以重视。

水星与其他星体相犯并见的情况，也是军占非常重视的一个方面。《五星占》："〔与它〕星〔遇而〕鬬（斗），天下大乱。"斗，谓两星相遇。可见，水星和其他星体相遇基本上是不利的天象。但值得注意的是，《五星占》和《史记·天官书》在叙述五星与其他各星同出的占断时，只有水星仅仅谈及金星，其他则都涉及多星。作为反映战国秦汉天文占的代表性文献，这一特点应与金、水两星均为主战伐杀戮之星有关，两星一同出现特别为军占家所关切。

《五星占》有关占文残缺不全，但下面这段文字的意思还是很清楚的：

> 其入大白中，若麻（摩）近绕环之，为大战，躁胜静也。辰星厕（侧）而逆之，利；厕（侧）而倍（背）之，不利。……侯王正卿必见血兵。

《史记·天官书》的记载则较为丰富和完整：

> 其与太白俱出东方，皆赤而角，外国大败，中国胜；其与太白俱出西方，皆赤而角，外国利。……辰星不出，太白为客；其出，太白为主。出而与太白不相从，野虽有军，不战。出东方，太白出西方；若出西方，太白出东方，为格，野虽有兵不战。……其入太白中而上出，破军杀将，客军胜；下出，客亡地。辰星来抵太白，太白不去，将死。正旗上出，破军杀将，客胜；下出，客亡地。视旗所指，以命破军。其绕环太白，若与斗，大战，客胜。兔过太白，闲可椷剑，小战，客胜。兔居太白前，军罢；出太白左，小战；摩太白，有数万人战，主人吏死；出太白右，去三尺，军急约战。

统观上文，可以有三点认识：第一，金、水两星，对军占意义重大，因此二者在军占中实际上形成了一种双子星式的关系，或者说二者的关联占测受到重视。第二，和水星与其他星相遇皆属不吉不同，金、水双星的军占或吉或凶，两种可能都存在。第三，必须仔细区分两星相遇时的具体位置和主客情况，才能得出正确的判断。

6. 五星综合占

以上分别论述了五星占的基本情况和在军事中的运用。但在叙述中我们已经看到，五星占的每一个具体星占，都包括了与其他行星或星体的合占，也就是需要考虑该行星与其他星体的关系综合实行占断。由于上文已经论述了两星之间的关联星占，这里我们重点关注三行星以上的综合占。

几个行星会聚到一起，对于兵阴阳家来说具有非凡的意义。《史记·天官书》："三星若合，其宿地国外内有兵与丧，改立公王。四星合，兵与丧并起，君子忧，小人流。"《汉书·天文志中》："三星若合，是谓惊立绝行，其国外内有兵与丧，民人乏饥，改立王公。四星若合，是谓大汤，其国兵丧并起，君子忧，小人流。"可见，当多个行星聚集到一个较小的天区时，无论就社会还是军事事务来说，都被认为是凶兆。

但五星会聚却发生了完全不同变化。五星会聚指的是五大行星均运行至二十八宿的某一星宿区域内，因为这种情况极其罕见，因而五星会聚是中国古代星占学中为数不多的大吉之兆。《史记·天官书》：

（岁星）其所在，五星皆从而聚于一舍，其下之国可以义致天下。

《天官书》是分别在叙述木星和金星时出现上述文字的。两语意义基本一致，只是一言以义，一言以兵致天下。其实在五星聚集这个特定的语境下，这两者是统一的，并没有区别。西汉人显然是非常相信这一点的。西汉之兴有五星聚于东井之瑞，史书言之凿凿，《史记·天官书》："汉之兴，五星聚于东井。"《汉书·高帝纪第一上》："元年冬十月，五星聚于东井。沛公至霸上。"据黄一农研究，元年冬十月的天象属于虚构。但他通过计算发现，高帝二年（公元前205年）的四、五月间，井宿确实曾经发生过一次类似的天象，故《史记》的记载比较近实，而《汉书》则将时间提前以附会高祖入咸阳。[①] 其实，黄先生的文章证明了汉初确有五星聚于东井之事，不能把有关记载完全指出为虚构。

此事可以证明，战国以来，社会上对兵阴阳家的此类说法是普遍信从不疑的，而汉初的这一次五星聚集，又为这一说法提供了最佳的证据和巨大的说服力。《汉书·赵充国传》记载宣帝命赵充国尽快出击羌人，其主要理由之一就是"今五星出东方，中国大利，蛮夷大败"；20世纪90年代在新疆民丰东汉末墓葬中出土的文字织锦中有"五星出东方，利中国"之语，都可见当时这一观念的流行和普及。所以后代才会出现虚

[①] 黄一农：《中国星占学上最吉的天象——"五星会聚"》，《社会天文学史十讲》，复旦大学出版社2004年版，第65页。

构这种"中国星占学上最吉的天象"屡见不鲜的情形。①

五 彗星占

彗星在古代又称孛。《公羊传·昭公十七年》:"孛者何？彗星也。"古人认为彗星是恶气所生，《后汉书·天文志上》:"孛星者，恶气所生，为乱兵，其所以孛德";又以为星体之间可以相互变换，星体运行失次等便会变成彗星，如《五星占》:"岁星出入不当其次，必有天夭见其所当之野，进而东北乃彗星，进而东南乃生天部（棓），退而西北乃生天（枪），退而西南乃生天摲。皆不出三月见其所当之野，其国凶，不可举事用兵；出而易，所当之国受央（殃），其国必亡。"② 这里的"天棓""天枪""天摲"，都是彗星的异名，可见在古人的意识中彗星是由其他星体变化而来的。

古人所以称其为"彗"，是因为其状如帚，由此认为彗星象征着除秽，《左传·昭公二十六年》:"且天之有彗也，以除秽也。"《开元占经》卷88引《石氏》:"慧孛出而即灭，扫除凶秽，除故布新，故言扫星。"除秽可以引申为除旧布新，因而又将其视为社会大变动从而凶丧兵乱之兆。一旦彗星出现，所当分野的君主就恐惧异常，禳祷求免；史官占候也特别仔细，故有关记录较多。《左传·昭公十七年》:"冬，有星孛于大辰，西及汉。申须曰:'慧所以除旧布新也。天事恒象，今除于火，火出必布焉，诸侯其有火灾乎！'梓慎曰:'……若火作，其四国当之，在宋、卫、陈、郑乎！'"同书《文公十四年》:"有星孛入于北斗。周内史叔服曰：不出七年，宋、齐、晋之君皆将死乱。"前一例属自然灾害之占，后者就和军事有关了。成书当在战国的马王堆汉墓帛书《天文气象杂占》，其中的彗星占部分常被单独称为《彗星图》，是非常宝贵的古代彗星占资料，所列30多条图像和占文，"几乎全为兵丧凶兆"，如：

　　赤灌，兵兴，将军死。
　　白灌，见五日，邦有反者。

---

① 黄一农：《中国星占学上最吉的天象——"五星会聚"》，《社会天文学史十讲》，复旦大学出版社2004年版，第70页。
② 刘乐贤：《马王堆天文书考释》，中山大学出版社2004年版，第37页。

兵兴，将军死。邦有反者。大将军有死者。
是胃（谓）杆彗，兵起，有年。
蚩又（尤）旗，兵；在外，归。
彗星所出，其邦亡。
彗星出，短，几（饥）；长，为兵。屎在所，利。（屎：柄。①）
嗜星，有兵，得方（柄）者胜。

《开元占经》卷 88《彗星占》下，引《石氏》《甘氏》彗占多条，如：

彗星出而长，名曰白旗，丧气也。当视旗之所指所扫，冲破之下，必有兵丧，其国灭亡。
扫出状如直竹，长二三丈，赤色，尾锐，此谓出急令兵战，以见诸侯不德。
蓬扫出见者饥，有兵，亡地。四方蓬扫出，其状如太白，蓬长三丈，指乐扫见，兵起大乱；渠扫见者，禾稼就；蒲扫见，兵起于境上，军战不胜；杵扫见，大将起反，人主凶。
彗扫东、东南，国大人死。七十日主当之，五十日相当之，四十日将当之。
彗星出西北……受之者，大乱，兵大起。
彗星出中央，正在人上，其本类星，末类彗，星长可五六尺至一丈，名曰天戈。天下兵也，人主亡，受者其国有大丧，人民饥亡。（以上《石氏》）
彗星春夏出为饥、水，秋冬出为人主自将兵，若大丧。又曰：冬春见为小凶，夏秋为大凶。
彗星在月首，必有大兵起者，将军死，有失地君，不出二年。
慧孛干犯两角间，白者军起不战，邦有大丧；其色赤，战，芒所指必有破军侵城，期七十日，或三年。（以上《甘氏》）

总括各种帛书的彗星占文，可以明显看出几个要点：一是彗星出必

---

① 刘乐贤：《马王堆天文书考释》，中山大学出版社 2004 年版，第 216 页。

有兵起，或有外敌，或有内乱；二是彗星出现预示着国家或军队必有重大损失，如出兵败退，将军、大将死，甚至亡国；三是彗星形体越长越大，则危害越是严重；四是和北斗占相似，两军交战，得彗星柄部一方者胜，彗所指一方凶。这些认识和规定，在中国历史上一直被沿袭下来。

先秦文献里，有关彗星占的事例不少，除了上面列举的《文公十四年》以外，又如：

> 楚将公子心与齐人战，时有彗星出，柄在齐，柄所在胜，不可击。公子心曰："彗星何知，以彗斗者，固倒而胜焉。"明日与齐战，大破之。(《尉缭子·天官》)

> 城濮之战，文公谓咎犯曰："吾卜战而龟熸。我迎岁，彼背岁。彗星见，彼操其柄，我操其标。吾又梦与荆王搏，彼在上，我在下，吾欲无战，子以为何如？"咎犯对曰："卜战龟熸，是荆人也。我迎岁，彼背岁，彼去我从之也。彗星见，彼操其柄，我操其标，以扫则彼利，以击则我利。君梦与荆王搏，彼在上，君在下，则君见天而荆王伏其罪也。且吾以宋卫为主，齐秦辅我，我合天道，独以人事固将胜之矣。"文公从之，荆人大败。(《说苑·权谋》)

> 武王伐纣，东面而迎岁，至汜而水，至共头而坠，彗星出而授殷人其柄。当战之时，十日乱于上，风雨击于中，然而前无蹈难之赏，而后无遁北之刑，白刃不毕拔而天下得矣。(《淮南子·兵略训》)

这三条，都是反映战国秦汉批判否定兵阴阳的重要史料，但记载的可信度则不好说，特别是《兵略训》一条，不仅去西周太过遥远，而且内容与之相似而早于它的《荀子·儒效》，就没有"彗星出"这一项。但它们至少可以证明，战国秦汉时期彗星占的普遍和影响之大。西汉著名的吴楚七国之乱和淮南王谋反等事件中，彗星的出现都是一个重要诱因，同样是这一现实的反映。

六 流星占及其他星占

流星又称贲星，与军事亦有密切关系。《左传·僖公十六年》："十六年春，陨石于宋五，陨星也。"宋襄公为此询问周内史叔兴，后者占"今兹鲁多大丧，明年齐有乱，君将得诸侯而不终"①。《左传·昭公十年》："有星出于婺女"，郑裨灶称之为"妖星"，并断言："七月戊子，晋君将死。"② 春秋已流行此类星占当无问题，而这两个占例，都与军事有一定关系。

马王堆帛书《天文气象杂占》中，有若干流星占的内容，且多不利于军事。如：

> 贲星出，天下兴兵。
> 大星奔，出东方，正以下，行垣垣，赤以角，邦当出币（师），大将亡。
> 有星隋（堕）军中，不战。

《开元占经》卷71—74均为流星占，其中甘、石二氏的占文也不少，亦多为不吉，不具引。

除了上述之外，战国以来的星占学还有许多内容，如《史记·天官书》对东西南北四宫及各宿的众多星体皆有占断，篇幅颇大。《韩非子·饰邪》中也提到在当时的战争中，天文占关注的有"丰隆、五行、太一、王相、摄提、六神、五括、天河、殷枪、岁星"等众多对象。可见星占涵盖的范围之广，这里不再详说。

七　云气占

云气占实际上是对大气层以内气象现象的占候。西周以来，负责占星的史官就兼有候望云气之责，春秋亦是如此。《左传·僖公五年》："五年春王正月辛亥朔，日南至。公既视朔，遂登观台以望，而书，礼也。凡分、至、启、闭，必书云物，为备故也。"注："云物，气色灾变也。传重申周典。不言公者，日官掌其职。"③ 每年到了特定的节气，如春分、秋分、冬至、夏至，日官都要在特定的观测地点观察和记录云气。他们观察云气颜色，目的是辨吉凶之象，即如《周礼·春官·保章氏》所说：

---

① 《左传·僖公十六年》。
② 《左传·昭公十年》。
③ 《左传·僖公五年》。

"以五云之事辨吉凶、水旱降丰荒之褑象。"郑玄注:"物,色也。视日旁云气之色。"《太平御览》八引《左传》旧注云:"云,五云也;物,风、气、日、月、星、辰也。"郑司农云:"以二至二分观云色,青为虫,白为丧,赤为农荒,黑为水,黄为丰。"可见春秋时期云气占已经颇为流行,并有了对云气现象的多种分类和相应的占验规定。

云气占的重要功能之一,是预测国家命运和决定战争。举两个著名的实例:

《左传·昭公二十年》:是年冬至日,"梓慎望氛,曰:'今兹宋有乱,国几亡,三年而后弭。蔡有大丧。'叔孙昭子曰:'然则戴、桓也。汰侈,无礼已甚,乱所在也。'"梓慎是郑国的著名占星家,他同时也长于望气,他的判断后来果然得到了印证。

又《左传·哀公六年》:"是岁也,有云如众赤鸟,夹日以飞,三日。楚子使问诸周大史。周大史曰:'其当王身乎!若禜之,可移于令尹、司马。'王曰:'除腹心之疾,而置诸股肱,何益?不谷不有大过,天其夭诸?有罪受罚,又焉移之?'遂弗禜。"这也是一个著名的故事,楚庄王因此被孔子称赞为"通大道"。此事又见于《史记·楚世家》:"二十七年春,吴伐陈,楚昭王救之,军城父。十月,昭王病于军中,有赤云如鸟,夹日而蜚。昭王问周太史……"

战国时期,兵革不息,"……其察禨祥、候星气尤急",① 云气占有了进一步的发展,在军事上的运用更加广泛。战国军中已有专门的数术之官"视日",其职责就是观星望气和择日。《开元占经》卷97引《太公》:"凡行军动众陈兵,天必见其云气,示之以安危,故胜可逆知也。其军中有知晓时气者,厚宠之,常令清朝若日午,察彼军及我军上气色,皆须记之。若军上气不盛,加警备守,辄勿轻战,战则不足,守则有余。察气者,军之大要,常令三五人参马登高,若临下察之,进退以气为候。"《六韬·王翼》说将军幕府人员配置,包括"天文三人,主司星历,侯风气,推时日,考符验,校灾异,知人心去就之机"。在《墨子》中也有关于战时望气和望气人员的记载。墨子对望气之术深信不疑,认为"凡望气,有大将气,有小将气,有往气,有来气,【有胜气】,有败气,

---

① 《史记·天官书》。

能得明此者，可知成败吉凶"。① 所以，他主张要严格管理此类人员，以便战时加以利用。如《号令篇》："望气者舍必近太守。巫舍必近公社，必敬神之。巫、祝、史与望气者必以善言告民，以请上报守，守独知其请而已。巫与望气者妄为不善言惊恐民，断，弗赦。"同书《迎敌祠》："凡望气，有大将气，有小将气，有往气，有来气，【有胜气】，有败气。"可见当时的兵阴阳家对云气的观察和分类更为详细。

《汉书·艺文志》兵阴阳家内有《别成子望军气》一种，不知是否属于先秦古书。现存最能体现战国时期兵阴阳家军气占面貌的古代文献有四个，即马王堆帛书《天文气象杂占》《日月风雨云气占》《史记·天官书》中的相关记载，以及《越绝书·越绝外传记军气第十五》。

马王堆出土的帛书《天文气象杂占》《日月风雨云气占》中有关军气的内容相当丰富。尤其是前者，绘有云气星象彩图240余幅，绝大多数为云气图像，图下有文字说明，图文可以互证，更系千古孤立品，极为珍贵。

概括两书的军气占文，大致可分为以下类型。

以军气的颜色为占。如：

兵从敌人，望其气痞血康赤，客死。其乡（向）有痞血康赤者，下【有】溜（流）血。

赤降出，其端如杵，其赤如【堵】，下不有拔邑，必有流血之战。《日月风雨云气占》

以军气的高低为占。如：

占虚邑，气茅实以高，木剽不见，因以北移，如是，邑不为邑矣。

其高半（仞）者，旬二日；二（仞）者，二旬；三（仞）者，三旬；四（仞）者，四旬；五（仞）者，五旬。《日月风雨云气占》

以军气的颜色和高低综合为占。如：

---

① 《墨子·迎敌祠》。

第三章 兵阴阳家的形式与内容(上)

【军在】野,军气【青白】而高,军【战】,胜。军气赤而高,军大摇(摇);军气黑而卑,没戟。用见,乃毋居。命气,此谓将败而□□□者也。气瘩而【低】,见奋期。【此】去军六、七里望之法也。《日月风雨云气占》

以军气的形状为占。如:

> 气云所出作,必有大乱,兵也。此出所之邦有兵。云白,来战。
> 尤又之尸,兵随动。
> 口出,小邦有兵,得者方胜。
> 有青云若赤龙,黄云如鸟,黑云如乌,赤云及白云如鸿鹊,云如鱼,入大军,客胜。《天文气象杂占》

以军气的厚薄为占。如:

> 司日将行,遇气薄而之举,因遇战矣。

以军气的运行方式为占,如:

> 如雨所及,无军而望气,若纷而非纷,如蔺而非蔺,若云而非云,其旁易,其行也口焉,作上作下,兴陵堰印,其举而有工(功);其前方、西方入,浅而毋工(功)。①

以特定的日期与军气结合为占。如:

> 晦日望气若明而未明,兵取(聚);其乡(向)若明若日〈白〉者,其乡(向)乃攫百轩。三见,乃留(流)血苦(枯)骨。其处政见,百里;仰见,三百里;政上,七百里。七月而战。②

---

① 刘乐贤:《长沙马王堆天文书考释》,中山大学出版社2004年版,第185页。
② 同上。

《史记·天官书》是战国秦汉星占学最重要的概括性专文。在介绍了日月诸星的占候之后，用了500余字的篇幅，概述了望气术的一般情况，包括望气观测的基本方法，华夏各地的气色，不同事物、形状之气的特点，军气占，西汉著名望气家王朔望气术的特点等。这里只引望气基本方法和军气占两段：

> 凡望云气，仰而望之，三四百里；平望，在桑榆上，千余二千里；登高而望之，下属地者三千里。
>
> 稍云精白者，其将悍，其士怯。其大根而前绝远者，当战。青白，其前低者，战胜；其前赤而仰者，战不胜。阵云如立垣。杼云类杼。轴云抟两端兑。杓云如绳者，居前亘天，其半半天。其蜺者类阙旗故。钩云句曲。诸此云见，以五色合占。而泽抟密，其见动人，乃有占；兵必起，合鬬其直。

《越绝书》系东汉著作，但其源于战国，非一人一时之作，保留了不少古代史料。①《越绝外传记军气第十五》关于军气占的文字如下：

> 凡气有五色：青、黄、赤、白、黑。色因有五变。人气变，军上有气，五色相连，与天相抵，此天应，不可攻，攻之无后，其气盛者，攻之不胜。
>
> 军上有赤色气者，径抵天，军有应于天，攻者其诛乃身。军上有青气盛明，从口，其本广末锐而来者，此逆兵气也，为未可攻，衰去乃可攻。青气在上，其谋未定；青气在右，将弱兵多；青气在后，将勇谷少，先大后小；青气在左，将少卒多，兵少军疲；青气在前，将暴，其军必来。赤气在军上，将谋未定。其气本广末锐而来者，为逆兵气，衰去乃可攻。赤气在右，将军勇而兵少，卒疆，必以杀降；赤气在后，将弱、卒强。敌少，攻之杀将，其军可降；赤气在右，将勇，敌多，兵卒强；赤气在前，将勇兵少，谷多卒少，谋不来。黄气在军上，将谋未定，其气本广末锐而来者，为逆兵气，

---

① 陈桥驿：《关于〈越绝书〉及其作者》，《杭州大学学报》1979年第4期。

衰去乃可攻。黄气在右，将智而明，兵多卒疆，谷足而不可降；黄气在后，将智而勇，卒疆，兵少，谷少；黄气在左，将弱卒少，兵少谷亡，攻之必伤；黄气在前，将勇智，卒多强，谷足而有多为，不可攻也。白气在军上，将贤智而明，卒威勇而强，其气本广末锐而来者，为逆兵气，衰去乃可攻。白气在右，将勇而卒疆，兵多谷亡；白气在后，将仁而明，卒少兵多，谷少军伤；黄气在左，将勇而强，卒多谷少，可降。白气在前，将弱，卒亡，谷少，攻之可降。黑气在军上，将谋未定，其气本广末锐而来者，为逆兵，去乃可攻。黑气在右，将弱，卒少，兵亡，谷尽军伤，可不攻自降；黑气在后，将勇卒强，兵少谷亡，攻之杀将，军亡；黑气在左，将智而勇，卒少兵少，攻之杀将，其军自降；黑气在前，将智而明，卒少谷尽，可不攻自降。

故明将知气变之形，气在军上，其谋未定；其在右而低者，欲为右伏兵之谋；其气在前而低者，欲为前伏阵也；其气在后而低者，欲为走兵阵也……

右子胥相气取敌大数，其法如是。

由文末的介绍，可知此段文字来源于署名伍子胥的兵法著作。据《汉书·艺文志》，署名伍子胥的著作有两种，一在兵家的兵技巧（十篇，图一卷），一在杂家（八篇）。疑此文即出自以上两种之一。其文虽然较为繁复，但大抵以阴阳五行为宗旨，依云气的颜色、位置一一加以编排。显然，这一段文字要规整很多，应属后起。

八 天文气象占的原理和特点

天人感应是天文占的思想基础。《易·系辞上》："天垂象，见吉凶，圣人象之。"先秦时期人们认为天文现象和人事间有必然的联系，一定的天象必然预示着人世间特定的吉凶祸福。正如陈来在《古代思想文化的世界》中所说："星占学所包含的思想大体上可归结为两个主要点：一、一定的天象必有人事祸福随于其后。二、某些人事变动可有天象之兆为预示。"[①] 上文所列举的日月、星象的变化及相应的人事上的预测就是这

---

① 陈来：《古代思想文化的世界》，生活·读书·新知三联书店2009年版，第73页。

种思想的体现。

分野说是天文气象占的理论依据。分野说将天上的星宿与地上的特定地域和人对应起来，是联系天地人的纽带。在分野说的理论框架下，特定的天象才能和特定的人事相对应联系，星占是以分野说为先决条件的。如昭公二十三年，史墨论吴越之间的战争时就提到"越得岁而吴伐之，必受其凶"。其中越得岁就是说，岁星所在之次所对应的分野是越国。昭公二十一年"岁在豕韦，楚将有之"，也是依据分野理论。

星占以军国大事为重。先秦时期的星占主要用于对战争或国家大事的预测，很少涉及普通民众。故江晓原将中国的星占学称之为"军国星占学"。[①] 这是天文占和其他数术的一个重要区别，也是由其特殊性质所决定的。

星占特别注重对异常现象的观测。从上文所举材料可以看出，星占中绝大多数是对非正常星象的观测和预言。对此，陈遵妫先生总结说："占星术的基本内容是，凭着那时看来是反常或变异的天象，预言帝王或整个国家的休咎以及地面上灾祸的出现，从而尽了提出警告的责任，使之预先有所警戒或准备。"陈先生对"反常或变异的天象"作了如下的解释："彗星、新星、流星、日食、月食以及行星的凌犯恒星，在古人看来都属变异。"[②]

星占与阴阳五行观念相联系。春秋以来，星占学越来越为阴阳五行思想所支配，不少有关占例出现，金、木、水、火、土，五星名称的出现更是这一变化趋势最突出的体现。

第三节　风角音律占

音律风角占是一种以音律和风为媒介的占候术。因为它与望气关系密切，因此亦被联称为"候风气"，《史记·天官书》将两者放在一起介绍，也反映了它们的接近。战国时期数术需求迫切，促使风角音律占与其他数术一样大为发展。战国秦汉时期讲五音、音律的书籍不少，《鹖冠子·天权》说古兵书有《五音》一种，《汉书·艺文志》"数术"中有

[①] 江晓原：《12宫与28宿——历史上的星占学》，辽宁教育出版社2005年版，第280页。
[②] 陈遵妫：《中国天文学史》，上海人民出版社1980年版，第194页。

《五音奇胲用兵》《五音奇胲刑德》《五音定名》《钟律灾异》《钟律丛辰日苑》《钟律消息》《黄钟》等书,"兵书"兵阴阳家有《师旷》一种,但均早已不存。传世文献涉及先秦音律风角占的,有《左传》《国语》《史记》《六韬》等书;而在出土文献中,则有马王堆帛书《日月风雨云气占》和银雀山汉简《天地八风五行客主五音之居》。而这些文献中的音律风角占,多数都明显和兵事有着密切关系。

风角,简单地说就是占风术。《后汉书·郎顗传》:"父宗,字仲绥,学京氏易,善风角、星筭、六日七分……"李贤注:"风角谓候四方四隅之风,以占吉凶也。"古人认为"风者,天地之使也",[1] 又认为风为阴阳之气所生,[2] 因此,通过占风可以知晓天地神明的信息从而预测人事的未来。风的方向、强弱、时间及长短、主客情况、五音属性等都是风角占断的依据。

风占起于对八风的认识,所以风的方向是风占首先予以关注的。《史记·天官书》有如下叙述:

> 风从南方来,大旱;西南,小旱;西方,有兵;西北,戎菽为;小雨,趣兵;北方,为中岁;东北,为上岁;东方,大水;东南,民有疾疫,岁恶。故八风各与其衡对,课多者为胜。多胜少,久胜亟,疾胜徐。

马王堆帛书《日月风雨云气占》:

> 攻城围邑,疾西风而城拔,东风不拔。司张军而[疾西风],军战矣;东风而讲……军【在】野,戊寅疾西风,楼戟奋,军大摇【摇】……军在野,东风而雨,军事益急;西风日出,[旬三日]军罢。

---

[1] 《文选》卷十三《风赋》注引《河图地通记》。在商代甲骨卜辞中,已经将风视为上帝的使者,参见常玉芝《商代史》卷八:《商代宗教祭祀》第三章第一节"风神崇拜",中国社会科学出版社2010年版。

[2] 《大戴礼记·曾子天圆》:"阴阳之气各静其所,则静矣。偏则风,俱则雷,交则电,乱则雾,和则雨。"

这都是根据风的方向下论断。西风被认为军事不吉，东风则吉。似与阴阳五行说以西方属金，主兵有关。

银雀山汉墓竹简《天地八风五行客主五音之居》：

> 十一月〇凡晢、周、刚、大刚、凶风，皆利为客。生、溓（柔）、弱风……
>
> 从溓（柔）风来，疾而暴，击之，破军禽（擒）将。
>
> ……从凶风来，疾而暴，主人与……
>
> ……风从刚风来，疾……
>
> ……从生风来，疾而暴……
>
> 利主人〇弱风、溓（柔）风、生风，不可以为客，可以为主……
>
> 利客〇大刚风、晢风、刚风，可以为客，不可以为［主］……

简文以风向来预测战争的吉凶利弊。其中言及"晢风、周风、刚风、大刚风、凶风、生风、柔风、弱风"八风，其所对应方位，饶宗颐、李零、陈伟武等都有讨论。① 按照李零的意见，其对应关系为：生风（东）、弱风（东南）、柔风（南）、周风（西南）、刚风（西）、晢风（西北）、大刚风（北）、凶风（东北）。如果李先生的认识不错，则此说与上面两种文献以东风为吉的说法似乎不同。

时间也是风占的要素。《日月风雨云气占》：

> 司戊己大风［剽剽］入邑，邑忧；入军，军忧。
>
> 乙卯风雷，兵令不出九旬发；丁卯风雷，兵令不出七旬发；己卯风雷，兵令不出五旬发；辛卯风雷，兵令不出三旬发；癸卯风雷，兵令不出旬五日而发。
>
> 夏三月有疾风折木发屋：四月有此，兵秋起；五月有此，兵冬起；六月有此，兵明春起。尽三月毋此风，而终岁暴风雨俱至，兵

---

① 饶宗颐：《谈银雀山简〈天地八风五行客主五音之居〉》，《简帛研究》第1辑，法律出版社1993年版；李零：《中国方术正考》，中华书局2006年版，第39—42页；陈伟武：《简帛兵学文献军术考述》，《华学》第一辑，中山大学出版社1995年版。

起，雨所从者胜。

《天地八风五行客主五音之居》：

　　○角风，当生长三日，宿戒五日，兵……
　　不出三日，宿戒五日□□□……
　　○是胃（谓）五胜之常。戒五日□……
　　不出七日，国□□□□……

大风发生的具体日子、月份和时间延续等，都预示着不同的结果。

从上引诸文还可发现，风占虽然对风有强弱缓急的区分，但其最关注的还是"大风""疾风""疾而暴""风雷"这些较为异常的风情。另外《天地八风五行客主五音之居》还引入了"主""客"因素，作战双方攻守地位不同，同样的风况彼此结果必不相同。

疾风必然伴随着巨大声响，风声便成为风占的依据之一，因而风占必然与音律占联系在一起。

先秦人将声音分为宫、商、角、徵、羽五音，又分为六律六吕十二音，并以之为占断，是为音律占。古人认为"六律为万事根本焉"，[①] 音乐可以通神，《国语·周语下》载伶州鸠论律云："凡人神以数合之，以声昭之。数合声和，然后可同也。"声和数都是人神交接的关键，因而合神必须音乐，《周礼·春官·大司乐》："以六律、六同、五声、八音、六舞大合乐，以致鬼神示，以和邦国，以谐万民，以说远人，以作动物。乃分乐而序之，以祭，以享，以祀。"同理，音律也可以作为预测未来吉凶的手段，于是就有了音律占。《史记·天官书》："是日（按：此指正月元旦日）光明，听都邑（城郭）人民之声。声宫，则岁善，吉；商，则有兵；徵，旱；羽，水；角，岁恶。"这是典型的音律占。

《鹖冠子·世兵》："昔善战者，举兵相从，陈以五行，战以五音。"军事中音律占的应用非常早，上一章里我们已经指出，殷人不仅以风来占断吉凶，而且可能已经设立了专门听音以知天时的官职，并将音占用

[①] 《史记·律书》。

于军事活动。卜辞中有"师惟律用"的记载,①《史记·律书》:"武王伐纣,吹律听声",《周易·师卦》:"初六,师出以律",可见商末周初音律占就已用于军事。春秋战国时期,军事音律占更加流行。《左传·襄公十八年》:"晋人闻有楚师,师旷曰:'不害。吾骤歌北风,又歌南风,南风不竞,多死声。楚必无功。'"②师旷为春秋著名乐师,也是音律占的大家。《汉书·艺文志》兵阴阳家内的《师旷》一书,就托名于他。《周礼·春官·大师》:"掌六律六吕,以合阴阳之声……大师,执同律以听军声而诏吉凶。"《国语·周语下》:"吾非瞽史,焉知天道",韦昭注云:"瞽,乐太师,掌知音乐风气,执同律以听军声,而诏吉凶。"可知当时通常是以乐官负责此事。

《史记·律书》:"武王伐纣,吹律听声",《索隐》:"凡敌阵之上,皆有气色,气强则声强,声强则其众劲。律者,所以通气,故知吉凶。"至于如何吹律听声则没有详论。《六韬·五音》为我们描绘了这一方法:

> 武王问太公:"律音之声,可以知三军之消息、胜负之决乎?"
>
> 太公曰:"深哉,王之问也!夫律管十二,其要在五音:宫、商、角、徵、羽,此其正声也,万代不易。五行之神,道之常也,可以知敌。金、木、水、火、土,各以其胜攻之。
>
> 古者三皇之世,虚无之情,以制强刚;无有文字,皆由五行。五行之道,天地自然;六甲之分,微妙之神。其法:以天清净,无阴云风雨,夜半,遣轻骑往至敌人之垒,去九百步外,偏持律管当耳,大呼惊之。有声应管,其来甚微。角声应管,当以白虎;徵声应管,当以玄武;商声应管,当以朱雀;羽声应管,当以勾陈;五管声尽不应者,宫也,当以青龙。此五行之符,佐胜之征,成败之机。"
>
> 武王曰:"善哉!"
>
> 太公曰:"微妙之音,皆有外候。"

---

① 饶宗颐:《古代听声之学与"协封成乐"说溯源》,《楚地出土文献三种研究》,中华书局1993年版;刘钊:《卜辞"师惟律用"新解》,《胡厚宣先生纪念论文集》,科学出版社1998年版;沈建华:《卜辞中的"听"和"律"》,《初学集》,文物出版社2008年版。

② 《左传·襄公十八年》。

第三章　兵阴阳家的形式与内容(上)

武王曰："何以知之？"

太公曰："敌人惊动则听之：闻枹鼓之音者，角也；见火光者，徵也；闻金铁矛戟之音者，商也；闻人啸呼之音者，羽也；寂寞无闻者，宫也。此五者，声色之符也。"

这段材料详尽再现了"吹律听声"的操作过程及相应的应敌之法。《六韬》一书，对战国时期军队和军事活动的记载较为细致，本篇亦为一例。我们认为，这一记载很可能是当时军事音律占的实录。

《鹖冠子·世兵》："昔善战者，举兵相从，阵以五行，战以五音，指天之极，与神同方。"同书《天权》："故所肄学兵必先天权，陈以五行，战以五音，左倍宫角，右挟商羽。"照此说法，战国时期的将领，必须知晓音占，否则就不能算是合格。《史记·律书》本为记述军事而作，[①] 而且开篇就说："王者制事立法，物度轨则，壹禀于六律，六律为万事根本焉。其于兵械尤所重，故云'望敌知吉凶，闻声效胜负'，百王不易之道也。"如此强调音律在军事中的作用，正是春秋战国以来历史实际的反映。

在《天地八风五行客主五音之居》中，有这样的文字：

角，○角风：戊戌、己亥、戊亥、己巳、庚……
禹（羽）○禹（羽）风：壬辰、癸巳、壬戌、癸亥……
商，○商风：庚辰、辛巳、庚……（0984）
宫○宫风：庚子、辛丑、庚午、辛未、戊申、巳酉……
徵○徵风：丙寅、丁卯、甲戌、乙亥、丙申……
……戌、辛亥、壬寅、癸卯。壬申、癸……
……戊寅、己卯……
○角风，当生长三日，宿戒五日，兵……

这里，五音和风占融合一体，根据饶宗颐的研究，其时日干支和后

[①] 《廿二史札记》卷一。

来的五行纳音术的排列完全一致，说明五行纳音已经形成。① 由此不仅可见风角占和音律占的合流，而且可知风角音律占和时日占之间也有密切的关联。

附：鸟占

先秦时期，有关鸟情的观测也很受重视。甲骨文中数见占问鸟鸣吉凶之例，② 史籍中"高宗肜日"有飞鸟落于鼎上鸣叫和武王伐纣赤乌及屋的著名故事，说明殷商时期已经有以鸟为占的习俗。《周易·小过》："可小事，不可大事，飞鸟遗之音，不宜上、宜下，大吉。"③ 《周易·豫》："初六，鸣豫，凶"；"上六，鸣谦，利用行师，征邑国"。可见，不仅鸟鸣是鸟占的重要内容，而且鸟占已经被运用于军事。

春秋时期，有关鸟占的记载增多。如《国语·鲁语上》："海鸟曰'爰居'，止于鲁东门之外三日，臧文仲使国人祭之。"④ 《公羊传·僖公十六年》："六鹢退飞过宋。"⑤ 《左传·襄公三十年》："（有鸟）或叫于宋大庙，曰：'嘻嘻，出出。'鸟鸣于亳社，如曰'嘻嘻'。"⑥ 鸟占也经常被用来占断包括军事行动在内的吉凶祸福。《左传·庄公二十八年》："楚师夜遁。郑人将奔桐丘，谍告曰：楚幕有乌。乃止。"⑦ 《左传·襄公十八年》："丙寅，晦，齐师夜遁。师旷告晋侯曰：鸟乌之声乐。齐师其遁。"⑧

后代兵阴阳家中有鸟鸣占一类，如《李卫公问对》："占飞鸟，军旅要知因。或是纵横或逐我，或来逆我或成群，仔细说来情。城营内，枭鸟噪声鸣，如在德乡分队伍，如居刑杀有奔惊，预叫使人听。"唐易静之撰《兵要望江南》："兵发日，旗后有鸟鸣。此是天教吾得胜，令禽先报我公卿，将士尽欢欣。"其显然源于先秦。又因为鸟鸣属于声音的一种，所以后人往往将其与风角音占归于一类，故我们在此也顺带作一叙述。

---

① 饶宗颐：《谈银雀山汉简〈天地八风五行客主五音之居〉》，《简帛研究》第 1 辑，法律出版社 1993 年版。

② 常玉芝：《商代史》卷八《商代宗教祭祀》，中国社会科学出版社 2010 年版，第 157—158 页。

③ 《周易·小过》。

④ 《国语·鲁语上》。

⑤ 《公羊传·僖公十六年》。

⑥ 《左传·襄公三十年》。

⑦ 《左传·庄公二十八年》。

⑧ 《左传·襄公十八年》。

第四节 梦占及诸杂占

梦占在当时人心目中如此的重要，自然也将其运用到军事领域，对先秦时期的战争起到了一定的影响。

最早见于文献的是《尚书·泰誓》，武王在克商之战前大誓联军将士，其中提到："朕梦协朕卜，袭于休祥，戎商必克。"武王之梦的内容，见于《墨子·非攻下》："武王践阼，梦见三神曰：'予既沈渍殷纣于酒德矣，往攻之，予必使汝大戡之。'武王乃攻。"近年新出清华简《程寤》：

> 惟王元祀正月既生魄，太姒梦见商廷惟棘，乃小子发取周廷梓树于厥间，化为松柏棫柞。寤惊，告王。王弗敢占，诏太子发。俾灵名凶，祓。祝忻祓王，巫率祓太姒，宗工祓太子发，币告宗祊社稷，祈于六末山川，攻于商神，望，烝，占于明堂。王及太子发拜吉梦，受商命于皇上帝。①

《程寤》所记是周文王时事，还要略早于前例。春秋以下，史例越来越多，如《左传》中有：僖公二十八年城濮之战，晋文公"梦与楚子搏，楚子伏己而盬其脑，是以惧。"文公为此噩梦忧心忡忡，所幸子犯权言释梦，硬把它说成是吉利之兆，坚定了文公开战决心，取得大捷。襄公十八年，晋中行献子将伐齐，梦见自己被晋厉公砍头，释梦之巫占曰："今兹主必死。若有事于东方，则可以逞"，献子因而下定决心。成公二年，晋齐鞍之战，晋将韩厥梦人嘱"旦避左右"，次日乃居中驾车，果然左右皆死自己却安然无恙。成公十六年，晋楚鄢陵战前，晋将吕锜梦射月而中，自己则陷入泥沼，自占此役将射中楚王而本人也会阵亡，战时果然应验。又如吴王夫差之时，"昼卧姑胥之台。觉寤而起"，② 随即召太宰嚭解梦，太宰嚭知道夫差有伐齐之意，顺其意解之为大吉之梦，坚定了夫差的伐齐之心；公孙圣则根据夫差当时的作为和吴国国力判断不宜战争，

---

① 清华大学出土文献研究与保护中心编，李学勤主编：《清华大学藏战国竹简（壹）》，中西书局2011年版，第136页。

② 《越绝书》。

因而被杀。此后夫差率兵伐齐,大胜称霸,但最终为越王勾践所杀。这些事例都表明,先秦时期在军事活动之前或之中,占梦活动是普遍而频繁的。

由于当时军将对此多笃信不疑,因而梦占对战争必然产生某种影响。上举武王伐纣,以梦象吉利鼓舞将士;子犯权言解梦,坚定了文公作战决心,都为战争胜利创造了条件。又如吴王夫差兴师伐越,"……梦见井嬴溢大,与越争彗,越将扫我……"夫差惊骇,伍子胥释曰:"王其勉之哉,越师败矣!臣闻井者,人所饮,溢者,食有余。越在南,火,吴在北,水。水制火,王何疑乎?风北来,助吴也。……愿大王急行,是越将凶,吴将昌也。"①伍子胥以吉兆释梦,使其振奋精神与越决战并得到胜利。反面的例子也有,如城濮战前,楚帅子玉梦见河神向他索要宝玉,子玉吝啬不予,诸将苦谏不果,导致军心涣散,成为败因之一。

先秦时期除了梦占之外,还有其他一些军事杂占。

童谣之占。春秋鲁僖公八年,晋围虢,晋侯问卜偃何时可克,答:"童谣云:'丙之晨,龙尾伏辰,均服振振,取虢之旂。鹑之贲贲,天策焞焞,火中成军,虢公其奔。'其九月、十月之交乎!丙子旦,日在尾,月在策,鹑火中,必是时也。"②根据童谣所说天象,卜偃作出准确推断。童谣占验后世也极其普遍,但本谣可能是中国历史上最早被用于战争预测的。

妖言之占。《左传》:"秦人降妖,曰:'周其有頿王,亦克能修其职,诸侯服享,二世共职。王室其有间王位,诸侯不图,而受其灾乱。'"③ 这里的降妖,可能就是萨满之鬼神附体,先秦巫术颇多此事。

山崩川竭和地震之占。《荀子·儒效》:"武王之诛纣也,行之日以兵忌,东面迎太岁。至汜而泛,至怀而坏,至共头而山隧(坠)。霍叔惧曰:'出三日而五灾至,无乃不可乎?'"可见山川崩裂是不吉祥的预兆。僖公十四年,"秋八月辛卯,沙鹿崩。晋卜偃曰:'期年将有大咎,几亡国'"。后代的灾变之说者常引此例,可见它们之间的关系。又周王子朝之乱,昭公二十三年,其将南宫极在地震中被压死,著名术士周大夫苌弘

---

① 《越绝书外传》。
② 《左传·僖公八年》。
③ 《左传·昭公二十六年》。

占:"周之亡也,其三川震。今西王之大臣亦震,天弃之矣。东王必大克。"

雨占。《六韬》:"文王问散宜生,'卜伐殷,吉乎?'曰:'不吉。钻龟,龟卜兆;数蓍,蓍不交如折;将行之日,雨,辎重车至轸;帜折为三。'散宜生曰:'此凶,四不祥,不可举事。'太公进曰:'是非子之所知也。祖行之日雨,辎重车至轸,是洗濯甲兵也。'"① 同书又有:"(武王伐纣)太公曰:'师渡孟津,六马仰流,赤乌降,白鱼外入,此岂非天所命也?师到坶野,天暴雷电,前后不相见,车盖发越,辕衡摧折,旌旄三折,旗帜飞扬者,精锐感天也。雨以洗吾甲兵;雷电,应天也。'"② 古人向以出兵时又雨为"洗兵"为吉利之兆,其始于先秦。

军物损毁之占。上举例子中的旗折衡摧,历来军占皆以为凶象,也始自先秦。

其他。武王伐纣时有赤鱼入舟之占。僖公三十二年,晋文公去世,时秦军偷越晋国攻郑,"(文公)柩有声如牛。"卜偃占云使大夫拜,曰:"君命大事,将有西师过轶我,击之,必大捷焉",于是有著名的崤之战,秦军大败。春秋战国以来,灾异观念日益显著,汉志《数术略》有《务成子灾异应》十四卷、《十二典灾异应》十二卷,是专讲灾异的文献。两书虽已不传,但从《汉书·五行志》内容看,当相去不远。那么,但凡稀奇罕见之事象,就都可能被视为某种征兆而用于包括军事在内的各种活动的占断了。此外,先秦时期还出现了军不入墓地、"戎事不迩女器"等军事禁忌,也可以视为特殊的杂占形式。③

---

① 《艺文类聚》卷二。
② 《太平御览》卷三二九。
③ 事见《左传》之《襄公二十五年》《襄公二十七年》《僖公二十二年》。参见邵鸿《春秋军事术数考述——以〈左传〉为中心》,《江西师范大学学报》1999年第1期。

第四章

兵阴阳家的形式与内容（下）

第一节 时日占

时日占对兵阴阳家而言，地位至为重要。故《汉书·艺文志》释兵阴阳，以"顺时而发"居首。古代兵家认为时日影响战争胜败，所以重视择吉用兵。《孙子·计篇》："天者，阴阳、寒暑、时制也。"《司马法》将"顺天"作为治兵五原则即"顺天、阜财、怿众、利地、右兵"之首，认为打赢战争要"有天，有财，有善"。何谓"有天"？曰："时日不迁，龟胜微行，是谓有天。"《孙膑兵法·月战》也强调，凡战必得"天时"，"抚时而战"。《六韬·虎韬·垒虚》："将必上知天道，下知地理，中知人事。"《荀子·议兵》："上得天时，下得地利，观敌之变动，后之发，先之至，此用兵之要术也。"知晓天道是将领必备的素质，这里的天道不仅包括自然的天，更包括能预示世事具有神性的天。《孟子·公孙丑章句下》："天时不如地利，地利不如人和。三里之城，七里之郭，环而攻之而不胜。夫环而攻之，必有得天时者矣；然而不胜者，是天时不如地利也。"高诱注："天时谓时日支干、五行旺相、孤虚之属也。"孟子对兵阴阳家持批判态度，所以有天时不如地利，地利不如人和之论，但他所说的"天时"的含义和现实针对性都是很清楚的。时日占在先秦军事活动中具有重要地位显而易见。

早在商代，就有对用兵时日选择的记载：

壬寅卜，殻贞：自今至于甲辰子商戋基方。（《合集》6571 正）
乙卯卜，王于来春伐𢆶。（《合集》6559）

第四章 兵阴阳家的形式与内容(下)

戊辰卜、彀贞：翌辛未令伐舌方，受有祐。（《合集》540）
庚申卜，于丁卯辜召方受祐。（《合集》33029）

此类记载在卜辞中数量很大，无须多举。值得注意的是，当时某些特定的日子似乎被认为是用兵吉日。

甲子卜□贞：出兵，〔若〕。（《合集》7204）

这是在贞卜在甲子日"出兵"祥顺与否。

癸丑卜，争贞：自今至于丁巳我戋宙。王固曰：丁巳我毋其戋，于来甲子戋。旬又一日癸亥车弗戋。之夕ㄓ，甲子允戋。（《合集》6834 正）

宙为武丁时期商的敌国。此版大意是癸丑日贞人争命龟，询问从癸丑到丁巳日之间，哪天用兵可以战胜宙。兆象显示的结果是，从癸丑到丁巳日，用兵都不能战胜宙国，甲子日用兵可以战胜宙国。这类卜辞说明，甲子日可能受到商人的青睐。

〔癸卯主〕卜贞，旬亡畎。王固曰弘〔吉〕〔在〕□〔月〕甲辰酓祖甲，王来征盂方伯〔炎〕。（《合集》36516）

这是关于甲辰适合用兵的卜辞，甲辰可能也被认为是用兵吉日。商代对用兵时日已经有了某些特别的偏好。

西周关于用兵择日的记载很少，战国时期的文献中有不少武王伐商违背兵忌的故事（详见下章），可信度难说。但我们可以肯定，西周在军事活动中大量进行的卜筮，一定和商代一样包括了用兵时间的占问。文献多记载武王以甲子日克商，著名的《利簋》铭亦曰："隹甲子朝，岁鼎，克闻夙又商。"商代甲子日是用兵吉日，周在甲子日向商发动进攻，一举取得胜利，可证周人同样有此信仰。周人之所以选择甲子日发动对商总攻，就是因为此日为用兵吉日。

到春秋时期，军事活动时日选择的文献记载开始出现。《孙子·火攻》："发火有时，起火有日。时者，天之燥也。日者，月在箕壁翼轸也。凡此四宿者，风起之日也。"《礼记·表记》："大事有时日，小事无时日，有筮。外事用刚日，内事用柔日。不违龟筮。"《礼记·曲礼上》亦云："外事以刚日，内事以柔日。"孔颖达疏："刚，奇日也。十日有五奇五偶，甲丙戊庚壬五奇为刚也……乙丁己辛癸五偶为柔也。"《淮南子·天文训》："凡日，甲刚乙柔，丙刚丁柔，以至于癸。"大事、外事都包括对外战争，这就是说，兴兵作战适宜于天干为甲、丙、戊、庚、壬的刚日，而非天干为乙、丁、己、辛、癸的柔日。春秋时期的时日占，显然已经超越了习惯性禁忌的阶段，而进入了数术的层面。在古籍中也可以看到具体战例，如《左传·成公十六年》：

> 六月，晋、楚遇于鄢陵……甲午晦，楚晨压晋军而陈……郤至曰："楚有六间，不可失也；其二卿相恶；王卒以旧；郑陈而不整；蛮军而不陈；陈不违晦；在陈而嚣，合而加嚣，各顾其后，莫有斗心。旧不必良，以犯天忌。我必克之。"

郤至说楚军必败，原因之一是"陈不违晦""以犯天忌"，杜预注："晦，月终，阴之尽。故兵家以为忌。"这已然是在用阴阳理念来判断战争的时日吉凶了。所以，春秋晚期的兵家如孙子、司马穰苴等强调天时的作用，并非他们的发明。

战国时期，择日之术大大发展，其在军事上的运用也更加广泛。

随着阴阳五行说和《月令》体系的成熟，春夏不师，秋冬用兵成为流行的理念。如《礼记·月令》：

> （孟春）是月也，不可以称兵，称兵必天殃。兵戎不起，不可以我始。
> （孟夏）是月也，继长增高，毋有坏堕，毋起土功，毋发大众，毋伐人树。
> （季夏）是月也，树木方盛，乃命虞人入山行木，毋有斩伐。不可以兴土功，不可以合诸侯，不可以起兵动众，毋举大事以摇养气。毋发令而待，以妨神农之事也。水潦盛昌，神农将持功，举大事则有天殃。

第四章　兵阴阳家的形式与内容(下)　　147

（孟秋）天子乃命将帅选士厉兵，简练桀俊，专任有功，以征不义，诘诛暴慢，以明好恶，顺彼远方。

（季秋）是月也，天子乃教于田猎，以习五戎，班马政。命仆及七驺咸驾，载旌旐，授车以级，整设于屏外，司徒搢扑，北面誓之。天子乃厉饰，执弓挟矢以猎，命主祠祭禽于四方。

（孟冬）天子乃命将帅讲武，习射御，角力。

大量根据阴阳五行说及其配位关系产生的用兵时日规定也纷纷出现。如：

> 战，春不东，秋不西，月食还师，所以止战也。（《太平御览》卷313引《穰苴兵法》）
>
> 春不东征，秋不西伐。（《太平御览》卷20引《司马法》）
>
> 凡战之道，冬战从高者击之，夏战从卑者击之，此其胜也。其时曰：黄麦可以战，黄秋可以战，白冬可以战。德在土、木在金可以战，昼倍（背）日、夜倍（背）月可以战，是胃（谓）用天之八时。①
>
> 丙午、丁未可以西乡（向）战，壬子、癸亥可以南乡（向）战，庚申、辛酉可以东乡（向）战，戊辰、己巳可以北乡（向）战，是胃（谓）日有八胜。②
>
> 春击其右，夏击其里，秋击其左，冬击其表。此胃（谓）倍（背）生击死，此四时胜也。③
>
> 凡攻之道，德义是守，星辰日月，更胜为右。四时五行，周而更始。大（太）白金也，秋金强，可以攻木；岁星木［也，春木］强，可以攻土；珍（填）星土也，六月土强，可以攻水；相星水也，冬水强，可以攻火；营（荧）或（惑）火也，四月火强，可以攻金。此用五行之道也。［秋］生阳也，木死阴也，秋可以攻其左；春生阳

---

① 张家山二四七号汉墓竹简整理小组：《张家山汉墓竹简【二四七号墓】》（释文修订本），文物出版社2006年版，第163页。

② 同上。

③ 同上。

也，金死阴也，春可以攻其右；冬生阳也，火死阴也，冬可以攻其表；夏生阳也，水死阴也，夏可以攻其里。此用四时之道也。①

由上述引文可知，根据阴阳五行说一般原理而规定的用兵之道，一方面，不同的季节、时间是否可以用兵是有讲究的；另一方面，不同季节和时间应如何用兵也是有讲究的。而在后一方面，用兵的时日和向背，也就是时间和空间的选择紧密地联系起来。这种时空联系，是军事时日占的一个重要内容和特点。

相比于《月令》和阴阳五行说的一般生克、配位规定，由阴阳五行的制、化、刑、冲、扶、抑，以及旺相休咎死、寄生十二宫等进一步复杂推演而形成的多种时日选择数术，如建除、丛辰、堪舆、刑德、孤虚、遁甲、太乙、纳音等，其有关吉凶规定则要复杂得多。我们可以从战国开始流行的《日书》中窥其大略。《日书》作为时日占的一种民间通行文本，汇集了多种数术和巫术，内容主要关乎中下层百姓的日常生活，如婚丧嫁娶、出行、建筑、居住、生子、贾市、疾病、制衣等，但也涉及军事活动。《日书》的部分内容规定了哪些日子利于或不宜用兵。如睡虎地秦简《日书》甲种：

达日，利以行帅（师）出正（征）、见人。以祭，上下皆吉。②（《除》）

危日，可以责挚（执）攻毄（击）。

成日，可以谋事，起□，兴大事。③（《秦除》）

秀，是胃（谓）重光，利野战，必得侯王……正月以朔，旱，岁善，有兵。

正阳……正月以朔，岁善，毋（无）兵。

危阳……正月以朔，多雨，岁半入，毋（无）兵。

敫……正月以朔，多雨，岁善而被不产，有兵。

---

① 张家山二四七号汉墓竹简整理小组：《张家山汉墓竹简【二四七号墓】》（释文修订本），文物出版社 2006 年版，第 164 页。
② 睡虎地秦墓竹简整理小组：《睡虎地秦墓竹简》，文物出版社 1990 年版，第 181 页。
③ 同上书，第 183 页。

第四章　兵阴阳家的形式与内容(下)

　　萬……正月以朔，旱，又（有）岁，又（有）小兵，毋（无）大兵。
　　阴……正月以朔，多雨，岁中，毋（无）兵，多盗。
　　徹，是胃（谓）六甲相逆，利以战伐，不可以见人，取妇，家（嫁）女，出入货及生（牲）。
　　结……正月以朔，岁中，又（有）兵，又（有）雨。①（《稷辰》）

睡虎地秦简《日书》乙种：

　　作阴之日……攻毄（击），吉、胜。
　　平达之日，利以行师徒、见人、入邦。
　　成决光之日，利以起大事……
　　冲日，可以攻军，入城及行，不可祠。②（《除》）

上述例子中的正阳、危阳、阴日、彻日等，都是丛辰术按照自己的特定规则所确定的日名。丛辰术占断时日行事的宜忌吉凶，包括了军事活动在内。睡虎地《日书》中还有一些"毋兵""毋大兵"的记载，也证明《日书》确可以用于指导战争。

《日书》中还有很多宜忌规定表面上不涉及军事，但统摄多事，因而实际上也同时是军事时日占，下面举几个典型例子。

如冲日和刍日的规定。云梦睡虎地秦简《日书》甲种中有：

　　春三月戊辰、己巳，夏三日戊申、己未，秋三月戊戌、己亥，冬三月戊寅、己丑，是胃（谓）地衝（冲），不可为土攻（功）。③
　　春三月季庚辛，夏三月季壬癸，秋三月季甲乙，冬三月季丙丁，此大败日，娶妻，不终；盖屋，燔；行，傅；毋可有为，日衝

---

① 睡虎地秦墓竹简整理小组：《睡虎地秦墓竹简》，文物出版社1990年版，第184—185页。
② 同上书，第231—233页。
③ 同上书，第225页。

（冲）。①

《日书》乙种中有：

> 正月壬臽。二月癸臽。三月戊臽。四月甲臽。五月乙臽。六月戊臽。七月丙臽。八月丁臽。九月己臽。十月庚臽。十一月辛臽。十二月己臽。②

因为《日书》的民用性质，所述冲日宜忌没有涉及军事，一处讲到"大败日"，举例又并无军事。但张家山汉简《盖庐》中也讲到日冲和日臽：

> 地橦八日，日橦八日，日臽十二日，皆可以攻，此用日月之道也。③

"橦"，整理小组认为应读为"冲"，甚是。刘乐贤指出，《盖庐》的"地冲"为地支对冲，"日冲"为天干相冲，地冲八日即是睡虎地《日书》的"春三月，戊辰、己巳，夏三月戊申、己未，秋三月戊戌、己亥，冬三月戊寅、己丑"；日冲八日即是"春三月庚辛，夏三月季壬癸，秋三月季甲乙，冬三月季丙丁"说不可易。他又认为臽日的含义尚不清楚，但应即是上引《日书》的十二个月臽。④ 这28个日子均属凶日，对于民事是不利的，但是"兵者凶器"，反而可以在这些日子用兵，所以《盖庐》说"皆可以攻"。这是兵阴阳家利用日月干支冲克原理推导出的克敌制胜之法。由此不难看出，《日书》中的一般时日占，常和军事相通。

又如往亡。"往亡"在中国历史上非常著名，一些著名的政治、军事事件牵涉到它。这一术语和时日占术在秦《日书》中已经面世。秦睡虎

---

① 睡虎地秦墓竹简整理小组：《睡虎地秦墓竹简》，文物出版社1990年版，第208页。
② 同上书，第239页。
③ 张家山二四七号汉墓竹简整理小组：《张家山汉墓竹简【二四七号墓】》（释文修订本），文物出版社2006年版，第164页。
④ 刘乐贤：《谈张家山汉简〈盖庐〉的"地橦"、"日橦"和"日臽"》，《战国秦汉简帛丛考》，文物出版社2010年版。

第四章　兵阴阳家的形式与内容（下）　　　　　151

地《日书》甲种中有：

　　正月七日、二月十四日、三月廿一日、四月八日、五月十六日、六月廿四日、七月九日、八月十八日、九月廿七日、十月十日、十一月廿日、十二月卅日，是日在行不可以归，在室不可以行，是是大凶。①

　　入正月七日，入二月十四日，入三月廿一日，入四月八日，入五月十九日，入六月廿四日，入七月九日，入八月九日，入九月廿七日，入十月十日，入十一月廿日，入十二月卅日，凡此日以归，死；行，亡。②

睡虎地《日书》乙种中亦有：

　　亡日：正月七日，二月旬，三月旬一日，四月八日，五月旬六日，六月二旬，七月九日，八月旬八日，九月二旬七日，十月旬，十一月旬，十二月二旬，凡以此往亡必得，不得必死。

　　亡者：正月七日，二月旬四日，三月二日，四月八日，五月旬六日，六月二旬四日，七月九日，八月旬八日，九月二旬七日，□二旬，凡是往亡【必得】，不得必死。③

　　刘乐贤《往亡考》指出，上述文字均为往亡的叙述，类似的内容湖北江陵九店出土的楚简《日书》已见。他认为，往亡可能是依据五行配数理论安排各月数目的，具体说就是春三月（木）与七及七的倍数（火）相配，夏三月（火）与八及八的倍数（木）相配，秋三月（金）与九及九的倍数（金）相配，冬三月（水）与十及十的倍数（土）相配。④ 刘说是重要的学术发现。

　　我们可以进一步加以申说的是，"往亡"在《日书》中是一种行路去

------

① 睡虎地秦墓竹简整理小组：《睡虎地秦墓竹简》，文物出版社1990年版，第223页。
② 同上书，第201页。
③ 同上书，第244页。
④ 刘乐贤：《往亡考》，《简帛数术文献探论》，湖北教育出版社2003年版，第313—314页。

来的宜忌规定，因为出兵征伐必然有出入来去，所以"往亡"不仅在民间日常生活中很受重视，更为军事所特别看重。历代兵书中多有记载，[①]有关战例也屡见记载，如晋义熙六年刘裕攻慕容超，"或曰：'今日往亡，不利行师。'裕曰：'我往彼亡，何为不利？'"[②] 唐元和十二年（817），李愬攻吴房，"诸将曰：'今日往亡。'愬曰：'彼以往亡，不吾虞。正可击也。'"[③] 上述的两个实例，虽然主将未遵从往亡之忌而取胜，却可见后世用兵忌讳"往亡"仍属通例。虽然现在还看不到先秦时期有类似的战例，但我们可以相信战国军事活动中一定也已发生往亡禁忌。

又比如孤虚术。"孤虚"是时日数术的一种。《后汉书·方术列传》："其流又有风角、遁甲、七政、元气、六日七分、逢占、日者、挺专、须臾、孤虚之术。"《史记·龟策列传》："日辰不全，故有孤虚。"裴骃《集解》："甲乙谓之日，子丑谓之辰。《六甲孤虚法》：甲子旬中无戌、亥，戌、亥为孤，辰、巳即为虚。甲戌旬中无申、酉，申、酉为孤，寅、卯即为虚。甲申旬无午、未，午、未为孤，子、丑即为虚。甲午旬中无辰、巳，辰、巳为孤，戌亥即为虚。甲辰旬中无寅、卯，寅、卯为孤，申、酉即为虚。甲寅旬中无子、丑，子、丑为孤，午、未即为虚。""孤虚"术将六十甲子分为六旬，每旬逐一排列配合干支，十干配十二支，每旬多出的两个地支为"虚"，而与之相对的地支即为"孤"。以此占断时日吉凶，即为孤虚术。在出土的古代《日书》中，甘肃天水放马滩秦简《日书》和湖北江陵周家台秦简《日书》中均发现了孤虚术的文字，可证这种时日占方式应该不是专为军事活动发明的。

孤虚根据时日干支而定，十二支又各有方位，孤虚与方位相联系，就可以推导作战的时空选择。"虚"者空虚，所以战阵之法，背孤击虚则吉。宋许洞《虎钤经·天时统论》对此有详细叙述，可为参考：

> 甲子（旬）背戌亥击辰巳，甲戌（旬）背申酉击寅卯，甲申（旬）背午未击子丑，甲午（旬）背辰巳击戌亥，甲辰（旬）背寅

---

① 如宋《武经总要》后集卷二十："凡往亡日，月蚀，不出军；归亦忌，不宜用。"《虎钤经》卷十一："天门日，亦谓之往亡，不可出军。"
② 司马光：《资治通鉴》，中华书局1956年版。
③ 同上。

卯击申酉，甲寅（旬）背子丑击午未。

　　背者为孤，击者为虚也。用孤虚之时，须观年月所建。兵刃如山，何可为败？如或贼在虚，久战而不败者，切不可引退，但并力击之，必胜矣。故兵法曰："背孤击虚，一女子当五丈夫。"此之谓也。

　　许洞所引《兵法》乃战国兵书《六韬》之文，见《太平御览》卷328引。①"孤虚"在战国时已经颇受重视并被广泛运用，《尉缭子·武议》："今世将考孤虚、占咸池、合龟兆、视吉凶、观星辰风云之变，欲以成胜立功。"又《吴越春秋·勾践阴谋外传》："必察天地之气，源于阴阳，明于孤虚，审于存亡，乃可量敌。"

　　因此秦汉以后兵书多有以"孤虚"为名者：《汉书·艺文志》有《风后孤虚》二十卷；《隋书·经籍志》有《黄帝兵法孤虚杂记》一卷、《六甲孤虚杂决》一卷、《六甲孤虚兵法》一卷、《孤虚法》十卷；《新唐书·艺文志》有《葛洪兵法孤虚月时秘要法》一卷；《宋史·艺文志》有《决胜孤虚集》一卷、《孤虚明堂图》一卷、《九天玄女孤虚法》一卷。这些书不传于后世，但它们所依据的数术原理可以从出土文献中找到源头。

　　总之，战国以来时日选择术的种类众多，而且被普遍地运用于军事占测，战国人特别是兵家大谈"天时"，正是这样一种背景下的时代产物。时日占从先秦到明清从未中断，而且长期兴盛繁荣，在两千多年的发展过程中虽然术语和规定有若干变化，但是基本形式和内容却陈陈相因，② 其对军事也一直有着深刻影响。

第二节　刑德

　　在第二章我们已指出，兵阴阳家的刑德是数术意义上的刑德，通过刑、德二神煞在九宫中的运行来占卜时日吉凶的选择术称之为刑德术。兵阴阳家的"推刑德"，就是运用这种刑德术来推算确定用兵时日和宜

---

① 原文作："从孤击虚，高人无余，一女子当百夫。"
② 李零：《中国方术正考》，中华书局2006年版，第34页。

忌。兵阴阳的刑德术有广狭二义,狭义的刑德术根据刑、德运行进行军事占断;广义的刑德术,神煞除了刑、德还有诸如岁、太阴、天、地、大时、小时等神煞,其主要内容分别包括刑德占、天地占、太岁占(又称咸池占或大时占)和小岁占(小时占或月建占)等。① 胡文辉将这些均归入神煞占,② 但因为它们的占断原理大体相似,我们不妨将它们视为刑德术的变种。下面我们以狭义的刑德术和天地占为代表,分析这种选择术的原理及其在军事上的应用。

刑德的运行规律是兵阴阳家运用刑德术的基础。兵阴阳家的"推刑德",就是临战时根据己方所处与刑、德的位置关系来占断吉凶和作出抉择。

根据马王堆帛书《刑德》所述,刑德运行的基本规律是:在象征中央和八方的九宫图中,德生于东方甲木,刑生于北方子水,刑、德按照"各徙所不胜"的规律,分别运行于九宫之中。因此在不同的时间点上,刑、德就呈现出不同的九宫分布。这样,现实中推占者军队所处方位与刑、德的位置就会有四种关系,即迎、背、左、右。"迎"就是面向刑、德所在方位,"背"就是背向刑、德所在方位,"左""右"即居于其左、右。比如刑在东方,军队西向为背刑,东向为迎刑,北向为右刑,南向为左刑。而在同一时间,与刑、德的方位关系可以有不同的组合,如向刑德、背刑德、左刑德、右刑德、左德右刑、左刑右德、背德左刑、背刑左德、背德右刑、背刑右德、向刑背德、向德背刑等。③ 兵阴阳家以为,正是这些复杂关系决定了战争结局的差异。

刑德术在战国秦汉人的心目中非常重要,认为掌握了这种数术在战争中就能常胜不败。如:

> 龟筮鬼神不足举胜,左右背向不足以专战也。(《韩非子·饰邪》)
>
> 梁惠王问尉缭子曰:"黄帝刑德,可以百胜,有之乎?"尉缭子

---

① 胡文辉:《释"岁"——以睡虎地〈日书〉为中心》,《中国早期方术与文献丛考》,中山大学出版社2000年版,第119页。

② 胡文辉:《马王堆帛书〈刑德〉乙篇研究》,《中国早期方术与文献丛考》,中山大学出版社2000年版,第159—273页。

③ 同上书,第195页。

第四章 兵阴阳家的形式与内容(下)

对曰:"刑以伐之,德以守之,非所谓天官时日阴阳向背也。黄帝者,人事而已矣。"(《尉缭子·天官》)

明于奇胲、阴阳、刑德、五行、望气、候星、龟策、禨祥,此善为天道者也。(《淮南子·兵略训》)

明于星辰日月之运,刑德奇胲之数,背向左右之便,此战之助也。(《淮南子·兵略训》)

上引各史料中,《尉缭子》一条值得提出一说。虽然尉缭对据说是黄帝发明的刑德术"可以百胜"之说做了完全相反的解释,但魏惠王提出这一问题本身,足以证明这样的认识在当时社会上是被普遍相信的。《韩非子·饰邪》所述与尉缭立场相同,其所针对也是很清楚的。

《汉书·艺文志》有《刑德》七卷,早已佚失。马王堆帛书中有《刑德》三种(甲、乙、丙篇),甲、乙两篇内容相近。其中,不仅有刑、德运行的九宫图,还有大量关于刑德与战争吉凶的规定和表述,使我们可以比较完整地了解刑德术的具体内容。

《刑德》乙篇:

德在土,名曰不明,四时以闭,军令不行。以此举事,必破毁亡,虽胜有央(殃)……

德在木,名曰招(招)榣(摇),以此举事,众心大劳,君子介而朝,小人负子以逃。若事已成,天乃见祆,是胃(谓)发筋〈箭〉,先举事者地削兵弱。

德在金,名曰清明。求将缮兵,先者□,后者亡。攻城伐邑,将迎有忧而无后央(殃)。

德在火,名曰不足,以此举事,必见败辱,利以侵边。取地勿深,深之又(有)后央(殃)。

德在水,名曰阴铁,以此举事,其行不疾,是胃(谓)不果,必毋迎德以地,五年军归;迎之用单(战),众多死。[①]

[①] 陈松长:《帛书〈刑德〉乙本释文订补》,《简牍学研究》第2辑,甘肃人民出版社1997年版,第51—61页。

这一段文字一般性地说明岁徙的德在五正宫中的位置及其用兵的吉凶宜忌。太阴所在的天干为木，德就在木，其年不利于用兵打仗。其下，德在木、金、火、水是按照相同的原理来推算的。德所在的位置不同，用兵打仗的宜忌也有所不同，但除了德在金位以外，其他情况下均属不利于用兵。《刑德》的叙述没有对"刑"的叙述，有所缺漏。

湖北江陵张家山汉简《盖庐》中有类似的记载：

> 其时曰：黄麦可以战，黄秋可以战，白冬可以战，德在土、木在金可以战，昼倍（背）日、夜倍（背）月可以战，是胃（谓）用天之八时。①

以往研究者都将"德在土、木、在金"断句为"德在土，木在金"。连劭名认为"木"为"水"之误，邵鸿老师则主张"木"当为"刑"字之误。② 笔者认为"木"字当与"在金"断开，"德在土、木、在金"应当理解为"时德在土、时德在木、时德在金"的省略，③ 因为只有这样断开，才有所谓的"天之八时"，否则只有天之七时。这里的表述和《刑德》认识相反，当属不同术家。

《刑德》乙篇：

> 倍（背）刑德，单（战），胜，拔国。倍（背）德右刑，单（战），胜，取地。左德右刑，单（战），胜，取地。左德倍（背）刑，单（战），胜，取地。倍（背）德左刑，单（战），胜，不取地。倍（背）刑右德，单（战），胜，不取地。右德左刑，单（战），败，不失大吏。右刑德，单（战），胜，三岁将死。左刑德，单（战），半败。倍（背）刑迎德，将不入国；如有功，必后有央（殃）；不出六年，遝（逮）将君王。倍（背）德迎刑，深入，众败，吏死。迎德右刑，将不入国。迎刑德，单（战），军大败，将死

---

① 张家山汉墓竹简十四七号汉墓竹简整理小组：《张家山汉墓竹简【二四七号墓】》（释文修订本），文物出版社2006年版，第163页。

② 邵鸿：《张家山汉简〈盖庐〉研究》，文物出版社2007年版，第51页。

③ 王三峡：《"日有八胜"与"天之八时"——汉简〈盖庐〉词语训释二题》，《长江大学学报》（社会科学版）2008年第5期。

亡。左刑迎德，单（战），败，亡地。左德迎刑，大败亡地。①

这段引文详细地阐述了刑德术中己方方位与刑德所在方位之间的向、背、左、右对战争的影响。据胡文辉研究，这里的"刑德"指"岁徙"之时刑德相互间的关系。② 从这段材料中可以得出，《刑德》认为作战时己方最有利的是背刑德、背德右刑、左德右刑、左德背刑；其次是背德左刑、背刑右德；不利的是右德左刑、右刑德、左刑德；最不利的是背刑迎德、倍（背）德迎刑，迎德右刑，迎刑德，左刑迎德，左德迎刑。这些复杂的规定不知道背后的确切依据是什么，但可以看出，多数情况下，刑德同处一方不利，右、背于刑较为有利，而后者符合天文占的一般规律（天文占中与军事有关的岁星、金星占也有类似的规定）。类似的记载在《史记·天官书》中也可以见到："出东为德，举事左之迎之，吉。出西为刑，举事右之背之，吉，反之皆凶。"这里的"刑德"表示阴阳向背，与主客攻守有关，但右、背刑为有利则属一致。《淮南子·兵略训》："凡用太阴，左前刑，右背德。"吉凶规定相反，说明当时数家的认识并不都一致。

刑德占对一些特殊的时日还有专门规定，不受刑德术一般规律的约束。这些时日包括冲日、除日、奇日、根日。《刑德》乙篇：

刑德徙，以子、午为冲，未除，寅□□□□□□□□□其以午徙也，子为冲，丑为除；午［为冲］□□□□□□□□，除与冲，以奇用兵，其后无央（殃），非□□□□□□□□ 刑德，胜，取地。大火，可以火，兵伐邑，便□□□□□□③

这段材料先讲述定义冲日、除日的原则，然后讲冲日、除日的用兵

---

① 陈松长：《帛书〈刑德〉乙本释文订补》，《简牍学研究》第2辑，甘肃人民出版社1997年版，第51—61页。

② 胡文辉：《马王堆帛书〈刑德〉乙篇研究》，《中国早期方术与文献丛考》，中山大学出版社2000年版，第195页。

③ 陈松长：《帛书〈刑德〉乙本释文订补》，《简牍学研究》第2辑，甘肃人民出版社1997年版，第51—61页。

宜忌。据胡文辉的研究，此冲日与后世所谓的六冲有着密切的关系。当刑德移至午日则子日为冲日，丑日为除日；刑德移至丑日则未日为冲日，申日为除日，以此类推。确定了冲日、除日后根据日期的奇正再确定是否适合用兵。①

根据《刑德》的叙述，"奇日"利于用兵，即使根据刑德术推断它是不吉利的日子。

> 如除与冲，以奇用兵，其后无央（殃）。
> 辰戌日奇，入月五日奇、十七日奇、二十九日奇，不受朔者岁奇，得三奇以战，虽左迎刑德，胜。②

奇日，是六十干支与两个标准月（一个月三十天）相搭配，所得的辰、戌日为奇日。一个月有五日、十七日、二十九日三个奇日。受早期兵家"奇正观念"的影响，兵家主张"以奇用兵"，由此引申为奇日是用兵的吉日，即使是在刑德占不利的情况下也可以用兵。

与"奇日"不同，"根日"不适合用兵，《刑德》乙篇：

> 德在木，乙卯为根。在金，辛卯为根。在火，丙午为根，在水，壬子为根，在土，戊戌为根。凡虽背刑德，胜，不取地。③

根日是刑、德在"日徙"时，德所在之正宫右下格的干支，故称为"根日"。根日即使是在背刑德这样有利的条件下，仍然不宜出兵打仗，即使打胜了，也得不到敌人的土地。

冲日、除日、奇日、根日是特殊的时日，它们与刑德的运行密切相关，由其运行规律所决定，但是这些日子有特殊的作战宜忌，刑德术的一般规定对它不能适用。因此，这几种时日规定，实际上是刑德术的

---

① 胡文辉：《马王堆帛书〈刑德〉乙篇研究》，《中国早期方术与文献丛考》，中山大学出版社2000年版，第195页。六冲即子、午相冲，丑、未相冲，寅、申相冲，卯、酉相冲，辰、戌相冲，巳、亥相冲。

② 陈松长：《帛书〈刑德〉乙本释文订补》，《简帛学研究》第2辑，甘肃人民出版社1997年版，第51—61页。

③ 同上。

特例。

由此可见，刑德术也是一种时日占，它和以五行为本的时日占的不同之处在于，五行占主要是以干支的五行属性决定时日吉凶，而德术则是以刑德在九宫中的移动判定时日吉凶。

此外，《刑德》乙篇又云：

> 凡以风占军吏之事：子午刑德，将军；丑未丰隆，司空；寅申风柏（伯），侯；卯酉大音，尉；戌辰雷公，司马；巳亥雨师，冢子。各当其日，以奇［风杀邻，其官有事；若］无事，［乃有罪］。①

刘乐贤针对这一段文字指出："这是根据刑德小游（日徙）规律进行风占：在'刑德小游图'上，刑、德总在子午之日，丰隆总在丑未之日，风伯总在寅申之日，大音总在卯酉之日，雷公总在戌辰之日，雨师总在巳亥之日。""帛书将这些日期分别与六种军吏相配，进而占测该日所值军吏的吉凶。"② 这一方面反映了刑德术还有专门预测军官吉凶的内容；另一方面也说明，刑德占可以和风占和其他数术相结合。根据陈松长的研究，马王堆帛书《刑德》甲篇抄写于汉高帝十一年（前196年），乙篇以甲篇为祖本，抄写于惠帝、吕后时期，而且甲本是专为汉高祖十一年而绘制写就的，是一种以刑德来占测当年战争胜负、人事吉凶的实用性文献，乙本则不是专为特定的哪一年而抄录，而是在孝惠元年以后几年内将其作为带有规律性的文本抄成的。③ 有学者鉴于高祖十一年这一年内，韩信谋反于关中、彭越谋反于梁、淮南王反于淮南，汉高祖疲于平叛戡乱，认为在这样一个战争不断的年份，汉高祖特制了当年的《刑德》表。④ 说高祖特制，没有根据，但该书与当年军事形势有关并被用于战争指导则是可以肯定的。古典的刑德术在后世也逐渐消亡，其主要原因是其经不起实践的检验。但是它影响了后世的一些数术方式。法国学者马克在《马王堆帛书〈刑德〉试探》指出，刑德大游是魏晋南北朝时期发

---

① 陈松长：《帛书〈刑德〉乙本释文订补》，《简牍学研究》第2辑，甘肃人民出版社1997年版，第51—61页。
② 刘乐贤：《简帛数术文献探论》，湖北教育出版社2003年版，第105页。
③ 陈松长：《马王堆帛书〈刑德〉甲、乙本的比较研究》，《文物》2000年第3期。
④ 王为桐、王建军：《"九宫图"图新探》，《齐鲁论坛》2003年第1期。

展起来的各种干支刑德的起源，刑德小游与汉代的风角占中的游神相近，刑德法与遁甲式的技术特点相同等。① 下文要讨论的天地占，可能也是受刑德术的影响而产生的。

关于天地占及其军事运用，马王堆帛书《式法》中有如下文字：

端月、五月、九月，上旬天地才（在）西，中旬天才（在）北、地才（在）南，[下]旬天地[在东]。

二月、六月、十月，上旬天才（在）南、地才（在）北，中旬天地才（在）西、[下]旬天才（在）[北、地才（在）南]。

三月、十一月、七月，[上旬天]地才（在）东，中旬天才（在）南、地[在北]，[下]旬天地[在西]。

四月、八月、十二月，上旬天才（在）北、地才（在）南，中旬天地才（在）东、[下]旬天才（在）[南、地]才（在）北。……

凡獸（战），左天右地，胜；怀（倍）天逆地，胜，而有□阑（关）；怀（倍）地逆天，大贝（败）；并天地而左右之，一毂（击）十；并天地而逆[之]，大贝（败）；并天地而右之，王战。②

帛书前面讲了天、地的运行规律，它们是类似于"刑、德"的一对神煞，以旬为单位而移徙于四方，每旬天、地都按规律处于特定的方位，每隔三个月为一个周期。最后一段，讲天、地方位和战争宜忌规定，即左天右地、背天迎地、天地并左向、右向为吉，而背天逆地、并逆天地为不吉。

与之相近的，有银雀山汉简《天地八风五行客主五音之居》的部分文字：

天○正月五月九月上旬天……（1234）
地○二月六月十月（1425）

---

① [法]马克·卡林诺斯基:《马王堆帛书〈刑德〉试探》,《华学》第一辑, 中山大学出版社1995年版, 第82—110页。
② 马王堆汉墓帛书整理小组:《马王堆帛书〈式法〉释文摘要》,《文物》2000年第7期。

三月七月十一月……（1340）

……〇二月……（3945）

……〇六月……（3989）

下旬天地在东方（2356）

……中旬天地在西方（2376）

……方，地在北方（2707）

……北方，地在……（4710）

〇天地所……（3096）

……之大败〇并天地……（3820）

并天地……（3897）

并天地之所在，逆以战，军败。不出三年，将（1959）[①]

此段材料残缺较甚，但对照《式法》不难发现，它们之间非常相近。这说明，天地占在战国秦汉时期曾一度流行。

显然，天地占和刑德占原理颇为相似，它们都是根据两个对立的神煞及其在一个虚拟空间结构中的运动规律进行军事预测，所以天地占可以归为广义的刑德占。当然二者也有不同，天地占移徙于四方而不是九宫，因而运动规律和占测相对简单；同时如果将天地置换为刑德，无论天、地为刑为德，它们的占断和刑德术都有较大差异。与刑德术不同，天地占在传世文献中不见记载，说明它的影响远不如刑德，所以它后来很快就湮灭在历史之中，不为人知。

第三节 式占

式占是天文占的一种转换和简易形式。战国秦汉的式以北斗为中心，以刻有四维、干支、八卦、十二神、二十八宿等标记的天、地盘为背景，构成一个体现当时人心目中天地时空关系的模型。最初式盘只是为了方便模拟天文占操作而产生，在此基础上逐渐发展，式占遂形成新的数术形式。既然式占源于天文占，必然与军事有着密切的联系。如前所述，

[①] 银雀山汉墓竹简整理小组：《银雀山汉墓竹简（贰）》，文物出版社2010年版，第231页。

至晚在战国时军事活动中已经用到了"式",这无论在文献记载还是考古发现中都得到了确切证实。《周礼·春官·太史》:"大师,抱天时,与大师同车",郑玄注引郑众:"大出师,则大史主抱式,以知天时,处吉凶。"

据《吴越春秋》卷五《夫差内传》载,伍子胥曾用式法为吴王夫差占断伐齐结果:"窃观《金匮》第八,其可伤也。今年七月辛亥平旦,大王以首事。辛,岁位也,亥,阴前之辰也。合壬子岁前合也。利以行武,武决胜矣。然德古今,斗击丑,丑,辛之本也。大吉为白虎而临辛,功曹为太常而临亥。大吉得辛为人丑,又与白虎并重,有人以此为首事,前虽小胜,后必大败。"

上引文中具体的操作方法,是将日期与斗击、干支、神将结合来推断战争结果。从其神将看,似属后世的六壬占。按《汉书·艺文志》"数术"五行类有《堪舆金匮》十四卷,这里所说的"《金匮》第八"当是《堪舆金匮》的第八卷(篇)。据严敦杰考证,《金匮》属于六壬式。① 唐人颜师古注谓:"许慎云:'堪,天道;舆,地道也。'"② 其"天道""地道"所指恐非天、地的实际运行规律,而很可能是指古代式占中式盘所象征的法"天、地",是先秦秦汉时期的"堪舆"择日及有关文献,可能与式占有关。《吴越春秋》成书于东汉,春秋末年是否已有如此成熟的式占,尚难确定;但战国时期式占在包括军事在内的各种活动中应用已广,应可断言。

《汉志》"五行"类与式法有关的书籍不少,直接标明的有两种,即《羡门式法》20卷、《羡门式》20卷;而按照李零先生的主张,则多达9种176卷,③ 其首为《天一》和《泰一》二书,如李先生所说不误,则志中兵阴阳家内的《太一兵法》和《天一兵法》两书也应与式占有关。可惜这些文献均已失传,不能知其内容和准确时代。20世纪70年代长沙马王堆西汉墓出土的帛书《式法》,原定名为《阴阳五行》(有篆书、隶书两种,又称甲、乙篇),后改现名。从公布的《式法》(实即篆书《阴阳五行》)内容看,其包括"天一"

---

① 严敦杰:《跋六壬栻盘》,《文物》1958年第7期。
② 《汉书·艺文志》。
③ 李零:《兰台万卷》,生活·读书·新知三联书店2011年版,第185—186页。

"徙""上朔""祭""式图""刑日"等七个部分，多数内容与式盘占断不是一回事情，即使有部分内容和式法有相通之处，也不能混为一谈。所以对于《式法》的定名，我以为是有问题的，故其中虽然大量涉及用兵，这里还是不引用了。

西汉以后式在军事上的应用更为广泛，史书中多有实例，许多著名的兵书中也都有专门讲式法的部分，如唐李荃的《太白阴经》卷9和卷10，宋曾公亮《五经总要后集》卷18—21，明茅元仪《武备志》卷169—185等。可见式占是古代兵阴阳家的一种重要占法，对古代军事也产生了一定的影响。

以上分别叙述分析了时日占、刑德占和式占，这里有必要再谈谈三者的联系与区别。

先说同。其一，时日、刑德和式占同为时日选择术，它们的基本功能是相同的。其二，它们完全是在阴阳五行思想基础上形成的新型数术。三种时日占均较晚出，它们的发生、发展不仅必然受到阴阳五行的制约，而且正是因为阴阳五行思想才使它们得以推拓发展，进而压倒传统的卜筮等数术。在《汉书·艺文志》中，时日、刑德和式法均归属"数术"五行类，就是这一事实的体现。其三，三种占法均以干支为根本。干支不仅是古代计时、计方位的工具，又是阴阳五行的体现和载体，这就决定了战国以来所有时日占都不能不建立在干支记时的基础之上。通过干支这个载体，时、空、人、事构建起联系，并且具备了推算的条件。因此其四，它们都体现了鲜明的"数术"特征。这一特征，其实是上述两个特征的必然结果。也正因如此，它们虽然发生较晚，却能在战国秦汉时期骤兴，压倒传统占卜术，成为兵阴阳的重要组成部分。

再说异。时日占直接以干支及其阴阳五行属性为出发点，通过五行的生克制化等原理，推定在特定时间里和人之行为的吉凶祸福。刑德和式占虽然也要以干支作为推理条件，但前者是以刑德二神煞为中心，以九宫为框架；后者则是以北斗为中心，以式盘为工具，各按照特定的规则进行推理占断。这种差别，可能是导致它们在后世不同命运的重要原因。就军事领域而言，刑德和式占始终不如时日占使用广泛从而地位重要，刑德还较早即被淘汰，恐怕都不是偶然的。

第四节 地理占

地理占是以地理形势来确定行事吉凶宜忌的数术形式。《汉志》"数术"分为六类,地理占属于"形法"。按照《艺文志》所说:"形法者,大举九州之势以立城郭室舍形,人及六畜骨法之度数,器物之形容以求其声气贵贱吉凶。"形法包括了相地、相人、相畜和相器物四大类,相地就是地理占。前面天文、时日、刑德、式占等关注的是"天时",地理占关注的则是"地利"。

先秦时期人们很早就开始关注地理与人居的关系,如《诗经·大雅·公刘》:"逝彼百泉,瞻彼溥原。乃陟南冈,乃觏于京……既溥既长,既景乃冈。相其阴阳,观其流泉……度其隰原,彻田为粮。度其夕阳,豳居允荒。"《诗经·大雅·緜》:"周原膴膴,堇荼如饴,爰始爰谋,爰契我龟。曰止曰时,筑室于兹。"这是先周相地作邑的记录。西周沿袭这一传统且愈益谨严,如《尚书·召诰》:"惟太保先周公相宅。越若来。三月,惟丙午朏。越三日戊申,太保朝至于洛,卜宅。厥既得卜,则经营……若翼日,乙卯周公朝至于洛,则达观于新邑营。"周代还有专门掌管土地相宅事宜的官员,《周礼·土方氏》:"掌土圭之法,以致日景。以土地相宅,而建邦国都鄙。以辨土宜土化之法,而授任地者。王巡守,则树王舍。"

虽然古代的相地思想和技术在很大程度上具有科学性或者说实践理性,但与之紧密联系和相伴的地理占则属于神秘主义的范畴,并逐渐发展成为一种数术。

先秦的军事家很注重地理在军事中的地位。他们在讲"天时"的同时,总是也要提及"地利"或"地理",如:

> 故经之以五事,校之以计而索其情:一曰道,二曰天,三曰地,四曰将,五曰法。(《孙子兵法·计篇》)
>
> 天时、地利、人和,三者不得,虽胜有殃。(《孙膑兵法·月战》)
>
> 上知天之道,下知地之理,内得其民之心,外知敌人之请(情)……此王者之将也。(《孙膑兵法·八陈》)

第四章 兵阴阳家的形式与内容(下)

将必上知天道，下知地理，中知人事。(《六韬·虎韬·垒虚》)

武王问太公曰："凡用兵之极，天道、地利、人事，三者孰先？"(《群书治要》卷31引《龙韬》)

所谓"地利"，一方面包含了对地形、地貌的客观认识和科学利用，《孙子兵法》之《地形》是其典范；另一方面，又包含了大量属于兵阴阳家范畴的内容，这也是明显的事实。《孙子·计篇》："地者，高下、远近、险易、广狭、死生也。""死生"，就包括了许多数术性的规定。同书《行军》讲"黄帝之所以胜四帝"："平陆处易，右背高，前死后生，此处平陆之军也。"右背高地，前死后生，历来是兵家的共识。[①] 以右背为利来说，背靠山地有利作战，这很容易理解，作战无后顾之忧且有因高乘势之便当然有利，但何以右山为有利而左山则不利？这就是兵阴阳家思想的体现。又《司马法》："战，春不东，秋不西，月食还师，所以止战也。"按照五行说，春属东方，秋属西方，故兵阴阳家认为春季不宜东向作战，秋季不宜西向作战。因此，古代兵家讲地理、地利，和其讲"天时"一样，常常需要从数术方面去理解。像《孙子兵法》讲"顺天、阜财、怪众、利地、右兵，是谓五虑"；《孙膑兵法》说"险易必知生地死地，居生击死"，我们都不可从纯军事科学的角度去评价。

现存属于战国时期军事地理占的文献相对比较丰富。银雀山汉墓出土的《孙膑兵法·地葆》是军事地理占的专论：

孙子曰：凡地之道，阳为表，阴为里，直者为刚（纲），术者为纪。纪刚（纲）则得，陈（阵）乃不惑。直者毛产，术者半死。凡战地也，日其精也，八风将来，必勿忘也。绝水、迎陵、逆溜（流）、居杀地、迎众树者，钧举也，五者皆不胜。南陈之山，生山也。东陈之山，死山也。东注之水，生水也。北注之水，死水。不留（流），死水也。五地之胜曰：山胜陵，陵胜阜，阜胜陈丘，陈丘胜林平地。五草之胜曰：藩、棘、椐、茅、莎。五壤之胜：青胜黄，黄胜黑，黑胜赤，赤胜白，白胜青。五地之败曰：谿、川、泽、斥。

[①] 《易经·师卦》："六四，师左次，无咎。"孔颖达《正义》引古兵法云："行师之法，欲右背高者。"说明这一观念早至周初已经发生。

> 五地之杀曰：天井、天宛、天离、天隙、天招。五墓，杀地也，勿居也，勿□也。春勿降，秋勿登。军与陈（阵）皆毋政前后，右周毋左周。①

"地葆"，是处之则吉的地形或地点，属军事地形学的范畴。《地葆》全文明显以"凡战地也"一句为界分为两部分，前面概括了地理的基本分类原则和地理对于军事的重要性，此后则是全文的主体部分，分别叙述各种地理形态与军事胜负的关系。其中的部分内容是实战经验总结，具有科学性，如迎陵、逆流不胜，高低胜低地，多种杀地勿居等，但是更多的则不然。文中提到的"生山""死山""生水""死水""五壤之胜""春勿降、秋勿登"，"右周毋左周"，均是兵阴阳家思维的产物，少有合理成分。

同出于银雀山的简本《地典》亦为一重要的军事地理占的文献。《地典》正式整理本于 2010 年出版，②《汉书·艺文志》"兵家"兵阴阳类有《地典》六篇，当为同一书。地典传说为黄帝的"七辅"之一，《地典》正是以他和黄帝的对话体裁写成，中心是论述地形的阴阳、向背、左右、高下及相关军事宜忌，是典型的兵阴阳文献。

《地典》的内容虽然残缺，但大致可读，它和《孙膑兵法·地葆》相似，也可以分为对地理基本分类的简明叙述，以及根据不同地理判定作战的胜负吉凶如何的两个部分。前者有：

> ……者为阴地。
> 者为阳，秋冬为阴……
> 南北为经，东西为纬。
> 高生为德，下死为刑。四两顺生，此谓黄帝之胜经。③

《淮南子·地形训》中也有相似的内容："凡地形：东西为纬，南北

---

① 张震泽：《孙膑兵法校理》，中华书局 1984 年版，第 71—72 页。
② 银雀山汉墓竹简整理小组编：《银雀山汉墓竹简（贰）》，文物出版社 2010 年版，第 147—149 页。
③ 同上。

为经；山为积德，川为积刑；高者为生，下者为死；丘陵为牡，溪谷为牝。"此类文字虽不能完全归于非理性，但其以"刑德""生死""牝牡"为基本概念和话语，具有浓厚的阴阳家色彩。

《地典》后一部分内容丰富，如：

……弃去而居之死，水而不（留）流，其名为桦其骨，独居之死，此胃（谓）大阳者死，大阴者……

……生，然而大阳者死，大阴者死……

二时，地有六高六下，上帝以战……

皆下，左右高，左右下，前后高，前后下，左右……

得高之利也，得□之所……

战必胜，得高之害……

战得其丞，下背丘而战，将取尉旅……

背邑而战，得其旅主，左邑大陈，敌人奔走，右水而战，氏（是）胃（谓）顺□，大将氏（是）取……

左丘而战，得敌司马。

……背之胜，虽六月不可逆水南乡（向）。二月不可逆奚（溪）南乡（向），上帝之禁下□……①

简文清楚地表明，阴阳、高下、生死、向背、左右，都是兵阴阳家着重研究和叙述的问题。大体上从高击下，居生击死，以及"背丘""背邑""左邑""左丘""右水"作战都属有利，反之则不利。

反映战国军事地理占的又一重要史料，是湖北江陵张家山汉墓出土的《盖庐》。《盖庐》以吴王阖闾和伍子胥对话形式出现，但成书时间应在战国中期之后，是公认的兵阴阳性质的兵书。② 其中有军事地理占的专章，原文如下：

盖庐曰："凡军之举，何处何去？"申胥曰："军之道，冬军军于

---

① 银雀山汉墓竹简整理小组编：《银雀山汉墓竹简（贰）》，文物出版社2010年版，第147—149页。
② 邵鸿：《张家山汉简〈盖庐〉研究》，文物出版社2007年版，第3页。

高者，夏军军于埤者，此其胜也。当陵而军，命曰申固；倍（背）陵而军，命曰乘执（势）；前陵而军，命曰范光；右陵而军，命曰大武；左陵而军，命曰清施。倍（背）水而军，命曰绝纪；前水而军，命曰增固。右水而军，命曰大顷；左水而军，命曰顺行。军恐疏遂，军恐进舍，有前十里，毋后十步。此军之法也。"①

此文对军队扎营列阵与地形位置进行了占断性的命名和评价。邵鸿老师考证指出，文中的"申固"是强固，"乘势"形容有利，"范光"读为"废军"，"大武"是强大的武力，"清（请）施（弛）"如言找死，"绝纪"是绝后，"大顷（倾）"是大败，"顺行"亦形容作战有利。②从这些命名可以看出，军阵的地理位置不同，战争的结果必不相同。而这种判定，同样是既有合理成分，如背高击低必胜，前水必胜而背水必败等；同时又有非理性的成分，如冬高夏卑之军必胜，左右山水或必胜或必败。显而易见，《盖庐》这一部分的叙述和《地典》的文字颇为相近，可以对读。

除上述几种之外，银雀山汉简《黄帝伐赤帝》《地形二》《雄牝城》也都涉及军事地理占。③《黄帝伐赤帝》道及黄帝伐四帝的"法宝"，就是"右阴、顺术、背冲"六个字，李零已指出是数术之学在军事上的推广。④《地形二》论述"九地"的优缺点和在军事行动方面的宜忌；《雄牝城》对雄城、牝城的定义和特点作出阐述，所言皆是地形之阴阳、高下、向背、顺逆、左右及作战胜负，与兵阴阳关系甚为密切。近年面世的北大汉简，内有"讲地有十二胜、五则、七死的简文，可与银雀山汉简《地形二》、《地葆》、《地典》比较"，⑤ 其性质不难判断。

总之，兵阴阳家的地理占，战国以来逐渐流行，著作较多。它主要

---

① 张家山二四七号汉墓竹简整理小组：《张家山汉墓竹简【二四七号墓】》（释文修订本），文物出版社2006年版，第162页。
② 邵鸿：《张家山汉简〈盖庐〉研究》，文物出版社2007年版，第47—49页。
③ 银雀山汉墓竹简整理小组编：《银雀山汉墓竹简（壹）》，《黄帝伐赤帝》第32—33页、《地形二》第33—34页；银雀山汉墓竹简整理小组编：《银雀山汉墓竹简（贰）》，《雄牝城》第161—162页。
④ 李零：《唯一的规则：〈孙子〉的斗争哲学》，生活·读书·新知三联书店2010年版，第193页。
⑤ 李零：《北大汉简中的数术书》，《文物》2011年第6期。

依据地形的阴阳、生死、高下、向背、左右和吉凶宜忌预测战争胜负和决定军事行动。和很多数术不同的是，军事地理占有很多是实际军事经验的总结因而具有一定的科学性，但是在阴阳五行理论的支配下，其又有许多难以理喻的规定。后一方面的思想逻辑是荒谬的，经不起实战检验。但在当时，它们在实战中显然是被尊崇恪守的：秦汉之际韩信取赵之役，战后部将问韩信："兵法：右背山陵，前左水泽"，为何将军反其道而行之？韩信答，兵法上也有兵置之死地而后生的记载。① 这个著名的故事，应该就是最好的证明。

第五节　军事祭祀

按照班固的定义，兵阴阳家中还有特殊的一类，即"假鬼神以为助"，也就是用各种方法借力神鬼，体现为祭祀、禳祝、巫术乃至神道设教等活动。战争的残酷性和不确定性，使古人的心理产生无助感和恐惧感，为克服这种心理上的恐惧，人们将希望寄托于神灵的庇佑。祈取神佑最基本的方式，就是对鬼神进行祭祀。于是"祀"与"戎"这两件"国之大事"便极其紧密地联系起来——繁复多样的祭祀活动，贯穿着军事活动的全过程，构成了先秦军事活动的重要内容和显著特征，并对这一时期的军事产生了深刻影响。本节我们大致按照祭祀对象和战争进行顺序，考述先秦时期军事祭祀的基本情况。

一　天帝之祭和类祭

商代甲骨卜辞中已经有大量的祭祀上帝的记录，在商人的观念里，上帝可以主宰气象、年成，左右人世安危、战争胜负。因此，商人在征伐方国之前，都要卜问上帝是否保佑战争取得胜利，以此决定是否出战及参战人选。②

西周以来，形成了正式的祭祀昊天上帝之礼——郊祭。郊祭有常规

---

① 《史记·淮阴侯列传》。
② 常玉芝：《商代史》卷8，《商代宗教祭祀》第二章"上帝及帝廷诸神的崇拜"，中国社会科学出版社2010年版。

和临时之别,① 春秋以来临时性郊祭被称为"类"祭。类通"禷",《说文》:"禷,以事类祭天神。"《礼记·王制》正义引《五经异义》:"今尚书夏侯、欧阳说,禷,祭天名也。以禷祭天者,以事类祭之。以事类祭之何?天位在南方,就南郊祭之是也。古尚书说,非时祭天谓之禷,言以事类告也。肆禷于上帝,时舜告摄,非常祭也。许君谨按:《周礼》郊天无言禷者,知禷非常祭,从古尚书说。"②《周礼·肆师》郑玄注:"郊祀者,祭昊天之常祭,非常祀而祭告于天,其礼依郊祀为之,故曰类。"段玉裁《说文解字注》:"按郊天不言禷,而《肆师》'类造上帝',《王制》'天子将出征,类于上帝',皆主军旅言。凡经传言禷者,皆谓因事为兆,依郊礼而为之。"类祭是一种非常规的,因特殊事件而临时举行的祭天之典。昊天上帝是先秦时代的最高神祇,军队出征之前为其举行祭祀,控诉敌罪以求致罚并求庇佑,自然是必不可少的程序,因此为了军事的需要临时向天帝致祭是很常见的。《礼记·王制》:"天子将出征,类乎上帝,宜乎社,造乎祢,祃于所征之地,受命于祖,受成于学。出征执有罪,反,释奠于学,以讯馘告。"《周礼·肆师》:"凡师、甸,用牲于社宗,则为位,类、造上帝,封于大神。"《周礼》和《礼记》的记载虽然晚至战国以来,出兵祭天却是西周以来的通例。《尚书·泰誓上》载武王伐纣誓师:"予小子夙夜祗惧,受命文考,类于上帝,宜于冢土,以尔有众,底天之罚。"《诗经·大雅·皇矣》:"临冲闲闲,崇墉言言。执讯连连,攸馘安安。是类是祃,是致是附,四方以无侮。"诗里明言文王攻崇国时举行了类、祃之祭。又《大雅·棫朴》一诗,古今也多认为是描绘文王伐崇前郊祀上帝之作,如董仲舒《春秋繁露·郊祀》云:

　　(天子)每将兴师,必先郊祭以告天,乃敢征伐,行子道也。文王受命而王天下,先郊乃敢行事,而兴师伐崇,其诗曰:"芃芃棫朴,薪之槱之。济济辟王,左右趋之,济济辟王,左右奉璋。奉璋峨峨,髦士攸宜。"此郊辞也。其下曰:"淠彼泾舟,烝徒楫之。周王于迈,六师及之。"此伐辞也。其下曰:"文王受命,有此武功既伐于崇,作邑于丰。"以此辞者,见文王受命则郊,郊乃伐崇,伐崇

---

① 张荣明:《殷周政治与宗教》,(台湾)五南图书出版公司1997年版,第201—206页。
② 《说文解字注》。

之时，民何处央乎！

近年有学者考证《棫朴》非文王伐崇之诗，而可能是歌咏西周恭王灭密之作。① 此说较董仲舒说为近是，但西周王室用兵前行祭天之礼仍可由此诗得到证明。西周早期的《保员鼎》："唯王既燎，厥伐东夷。"燎祭是用祭品烧柴升烟祭天之法，更是周人出兵祭天的一条确证。

类祭是祭天郊礼在战时的临时应用，故类祭方式依照郊礼来进行：祭祀的地点在国都南郊外的圜丘，根据《周礼·春官宗伯》的记载，祭祀时，天子乘坐着插着太常大旗的车，奏乐六遍，敲击雷鼓、雷鼗，跳云门之舞。用烧柴升烟然后加以牺牲玉帛的禋祀之礼来祭祀上天，贡品用纯色的骍牲、苍璧。祭祀时有大祝祷告祈福，《周礼·春官·大祝》载大祝六祈之事中包括"化祝"，郑注云："弭灾兵也。"

二 祖先之祭和告祭

先秦时期祖先崇拜是最重要的宗教信仰之一，在宗法制度下，祖先是一切权力的授予者，所以祖先成为主要的崇拜对象，宗庙则成为沟通祖先及天人的重要场所。相对于天帝的祭祀，先秦时期的祖先祭祀对社会生活和政治生活的影响通常更为广泛和深刻。② 反映到军事活动中就表现为，战争之前对祖先的祭祀具有特殊重要性。

商代甲骨卜辞中战前告祭于祖先的记载比比皆是。如：

告土方于上甲。（《合集》6386 正）

……其途虎方，告于大甲，十一月。（《合集》6667）

贞：令卓伐东土，告于祖乙于枋，八月。（《合集》7084）

己酉卜，召方来，告于父丁。（《合集》33015）

丁酉卜，大贞告，其鼓于唐，卒，无咎。九月。（《合集》22746）

甲申卜，于大示告方来。（《屯南》243）

癸卯卜，刀方其出。不出。

---

① 张建军：《〈大雅·棫朴〉〈旱麓〉新证》，《诗经研究丛刊》2004 年第 2 期。
② 张荣明：《殷周政治与宗教》，（台湾）五南图书出版公司1997 年版，第 214 页。

> 丙午卜，百僚卒告于父丁，三牛。其五牛。
> 庚戌，犬延允伐方。（《合集》33033）

上举卜辞中的"告"不是简单的报告而含有祭祀、告祷之意，如王贵民所说："甲骨文里经常出现'告某方于某祖'的占卜，意思是将与某方交战之事祷告于某位祖先，一是探问战事可否进行，一是进行中祈求保佑。"① 故其通常在祖庙中进行。对祖先报告、祭祀，主要为了取得祖先对军事行动的认可，即《王制》所说的"受命于祖"。《左传·闵公二年》："帅师者受命于庙，受赈于社，有常服矣"；《国语·晋语五》："受命于庙，受赈于社，甲胄而效死，戎之政也。""受命于庙"也即"受命于祖"。另一方面，告庙当然也是希望求得先人保佑和对敌实施惩治。西周继续了这一传统，周武王灭商之前，曾经举行隆重的衣祀"大礼"，祭祀文王，事见著名的《天亡簋》。② 《史记·周本纪》："九年，武王上祭于毕，东观兵至于盟津。"《集解》引马融曰："毕，文王墓地名也。"此言武王在举行"观兵"亦即伐商总演习前到文王墓地进行祭祀，既有墓祭，也有庙祭。刘雨曾指出，西周金文"详于征后之献礼，而略于征前之祭礼"，③ 西周金文中确实存在这一现象，但实际情况可能并非如此，否则下面将要讨论的奉庙主出征现象就难以理解。而且在西周文献中也有实例，《诗经·大雅·常武》："赫赫明明，王命卿士，南仲大祖，大师皇父：'整我六师，以修我戎，既敬既戒，惠此南国。'""南仲大祖"一句，毛传的解释是："王命南仲于大祖。"孔疏："王今命卿士南仲者于王太祖之庙，使之为元帅。"这是周宣王出兵征讨南国时在祖庙命将的实录，而周代命将是伴随着告庙祭祖进行的（详见下文）。

还应提到的是，商代西周和军事有关祭祀通常是在祖庙进行。如清华简《程寤》载文王妻太姒有梦，不知吉凶，"王弗敢占，诏太子发。俾灵名凶，祓。祝忻祓王，巫率祓太姒，宗工祓太子发，币告宗祊社稷，祈于六末山川，攻于商神，望，烝，占于明堂。王及太子发拜吉梦，受

---

① 王贵民：《商周制度考信》，（台湾）明文书局1989年版，第284页。
② 刘雨：《西周金文中的祭祖礼》，《考古学报》1989年第4期。
③ 刘雨：《西周金文中的军事》，张永山主编：《胡厚宣先生纪念文集》，科学出版社1998年版。

商命于皇上帝"。"币告",指以皮帛等祭品祭祀告于神灵,其顺序依次是宗祊、社稷和山川,宗祊就是宗庙。

殷商西周的祭祖礼形式众多,但总趋势是日益减少并省。春秋战国时期,战争祭祖通曰"告",又称"造"。造通"告",或作"祰",写作"造"是因为其造于宗庙而祭,并非本意。① 《王制》:"造乎祢","祢"即宗庙。《吴起兵法·图国》:"是以有道之主,将用其民……必告于祖庙,启于元龟,参之天时,吉乃后举。"《礼记·曾子问》孔子语曰:"天子诸侯将出,必以币、帛、皮、圭告于祖、祢。""币、帛、皮、圭"是告祭时呈献的祭品。春秋战国时期的军事活动,告祭必不可少并伴随着一系列相关礼仪。

《左传·庄公八年》:"治兵于庙,礼也。"治兵礼的过程主要包括告庙、命将、授兵,三者依序而行。告庙,即举行隆重的告祭报告先祖有战事发生,并祈祷先祖佑护。据《周礼·春官宗伯》,告祭礼仪甚隆,宗庙奏乐,击路鼓、路鼗,唱九歌,跳"九韶"之舞九遍,然后行祼鬯之礼。祭时,有关人员也要进行祝祷。《墨子·迎敌祠》则有以下描述:

> 公素服誓于太庙,曰:"其人为不道,不修义详,唯乃是王,曰:予必怀亡尔社稷,灭尔百姓。二参子尚夜自厦,以勤寡人,和心比力兼左右,各死而守。"既誓,公乃退食。舍于中太庙之右,祝、史舍于社。百官具御,乃斗,鼓于门,右置旗,左置旌于隅练名。射参发,告胜,五兵咸备,乃下,出挨,升望我郊。乃命鼓,俄升,役司马射自门右,蓬矢射之,茅参发,弓弩继之;校自门左,先以挥,木石继之。祝、史、宗人告社,覆之以甄。

包括《迎敌祠》在内的《墨子》《城守》诸篇,应是战国时期的秦人作品,② 因而上述记载可能反映的是战国秦国太庙治兵的大致情形。

---

① 任慧峰:《先秦军礼研究》,武汉大学博士论文,2010年,第15—17页。
② 李学勤:《秦简与〈墨子〉城守各篇》,《简帛佚籍与学术史》,江西教育出版社2001年版,第128页;史党社:《秦简与〈墨子·城守〉诸篇相关内容比较》,《简牍学研究》2002年第4期。

命将，则是指定和授权将帅。命将的情景，见《六韬·龙韬·立将》：

> 凡国有难，君避正殿，召将而诏之曰："社稷安危，一在将军，今某国不臣，愿将军帅师应之。"

> 将既受命，乃命太史卜。斋三日，之太庙，钻灵龟，卜吉日，以授斧钺。君入庙门，西面而立，将入庙门，北面而立。君亲操钺，持首，授将其柄，曰："从此上至天者，将军制之。"复操斧柄，授将其刃，曰："从此下至渊者，将军制之。见其虚则进，见其实则止。勿以三军为众而轻敌，勿以受命为重而必死，勿以身贵而贱人，勿以独见而违众，勿以辩说为必然。士未坐勿坐，士未食勿食，寒暑必同。如此，则士卒必尽死力。"

> 将已受命，拜而报君曰："臣闻国不可从外治，军不可从中御，二心不可以事君，疑志不可以应敌。臣既受命，专斧钺之威，臣不敢生还，愿君亦垂一言之命于臣。君不许臣，臣不敢将。"

类似记载又见于《司马法》《尉缭子·将令》《淮南子·兵略训》《说苑·指武》等书，但不如《立将》详细，不具引。《六韬》描述的命将仪式和君臣言语，当是战国以来的情形，也不太可能是当时各国通行一致的标准，因此只能作为战国或东周出师之前在宗庙举行命将之礼的大致参照。命将授予的斧钺，是王权的象征，授予将领是赋予其指挥权。[①] 自此，将领便可以发号施令，履行职责。《国语·晋语五》："宋人弑昭公，赵宣子请师于灵公以伐宋……公许之。乃发令于太庙，召军吏而戒乐正，令三军之钟鼓必备。"发令者是赵宣子，此前应该是有命将程序的。

命将后尚有授兵仪式，《左传·隐公十一年》："郑伯将伐许，五月甲辰，授兵于大宫。"这里的大宫，就是郑祖厉王之宗庙。这一仪式的具体内容，应是国君将国家武库里的兵器发放给部分出征将士。[②]《周礼·夏

[①] 钱耀鹏：《中国古代斧钺制度的初步研究》，《考古学报》2009年第1期。

[②] 江立新：《先秦武库试探》，《江西师范大学学报》1987年第4期。又任慧峰认为，授兵礼参加之人非全体军士，而主要是军中的军吏，其说有见。见其《先秦军礼研究》，武汉大学博士论文，2010年，第42—43、49—50页。

官·司兵》:"掌五兵、五盾,各辨其物与其等,以待军事。及授兵,从司马之法以颁之。及其受兵输,亦如之。"可见战时授兵是由武库主兵官员按照有关军事法规来进行,而战争结束还需要将所授兵器缴还。至此,出兵前的告祖祭祀仪式应该才算最终结束。命将、授兵礼在宗庙进行,体现了祖灵的授权、监视和致佑,更体现了祖先在军事上的神圣地位。

由于在多数情况下,战争发生地点和祖庙所在地不在同一地域,为保证在战争进程中随时可以向祖先进行报告祷祠,先秦时期很早就已出现了奉祖庙神主随军出征的制度。《尚书·甘誓》:"用命赏于祖,不用命戮于社。"伪孔传:"天子亲征,必载迁庙之祖主行。有功则赏祖主前,示不专。"《甘誓》叙夏初禹或启伐有扈之事,如所述可信,则此习甚为久远。商代的情况较为确定,殷人于征战途中用石函盛庙主载之相随,目的之一就是为了随时告祭和贞问胜败与否,并求之保佑,卜辞中有在战争中"告于示"或祭"示"的记载,以及战后还军时"示先入于商"的现象,正是这一事实的证明。① 周代这一现象更为显著,《史记·周本纪》:"九年武王上祭于毕,东观兵至于盟津。为文王木主载以车中军。武王自称太子发,言奉文王以伐,不敢自专。"这次出兵只是伐商的预演,两年后武王真正发起进攻时,一定也是以文王木主随军的。这应是周代最典型的奉主出征的事例。据《礼记·曾子问》,孔子师徒曾经讨论过这一问题:

> 曾子问曰:"古者师行,必以迁庙主行乎?"孔子曰:"天子巡守,以迁庙主行,载于齐车,言必有尊也。今也取七庙之主以行,则失之矣……"曾子问曰:"古者师行无迁主,则何主?"孔子曰:"主命。"问曰:"何谓也?"孔子曰:"天子诸侯将出,必以币、帛、皮、圭告于祖、祢,遂奉以出,载于齐车以行。每舍,奠焉而后就舍。反必告,设奠,卒,敛币、玉,藏诸两阶之间,乃出。盖贵命也。"

从上述对话可以看出,虽然曾子不太明白具体如何进行,但春秋时期庙主随军应是一个常态化的现象;孔子所述礼仪,则是春秋晚期的大

---

① 郭旭东:《商代征战时的祭祖与迁庙制度》,《殷都学刊》1988年第2期。

致情形。《周礼·春官·小宗伯》："若大师，则帅有司而立军社，奉主车。"郑玄注："王出军，必有事于社。及迁庙，而以其主行。社主曰军社，迁主曰祖。《春秋传》曰：'军行，祓社、衅鼓，祝奉以从。'《曾子问》曰：'天子巡守以迁庙主行，载于齐车，言必有尊也。'《书》曰：'用命赏于祖，不用命戮于社。'社之主，盖用石为之。"《周礼》所记，与《曾子问》的孔子之说颇为吻合。《左传·成公十七年》晋楚鄢陵之战，战斗前晋军在阵中"虔卜于先君"，这个"先君"当然只能是随军的庙主。

三　土地之祭和宜社

社是国家的保护神，战争又有土地得失，故古人出兵既要告祭祖先，又要祭祀于社以求土地神佑。

商代是否已经有了出兵之前祭祀土地和社神的情况，尚不明朗。《合集》33049："癸酉贞，方大出，王中于北土。"郭旭东释为方国大出，商王在北社举行祭祀，[①] 但也有学者认为"北土"就是北土，非北社。[②] 丁山也曾认为商代的社还没有成为国防大神和战神，[③]指当时还没有出现周代以来出征宜社的习惯。《诗经·大雅·绵》叙述古公亶父率领族人在周原建立城邑，内容有："乃立冢土，戎丑攸行。"毛传："冢，大。戎，大。丑，众也。冢土，大社也。起大事，动大众，必先有事乎社而后出，谓之宜。美大王之社，遂为大社也。"郑笺："云大社者，出大众将所告而行也。"诗意明显，毛、郑的说法也很一致，据此，西周克商建国以前就已经有大事祭社而行的传统。清华简《程寤》："（文王）币告宗祊社稷，祈于六末山川"，亦为一证。《尚书·泰誓上》武王伐纣"宜于冢土"之说，不为无据。

春秋战国时期战前祭社是军礼常规。《尔雅·释天》："起大事，动大众，必先有事乎社而后出，谓之宜。"孙炎注："求便宜也。"自晚清孙贻让以来治古文字者，又多以宜、俎为一字，因为社祭要将牲肉至于俎上

[①] 郭旭东：《商代征战时的祭祖与迁庙制度》，《殷都学刊》1988年第2期。
[②] 任慧峰：《先秦军礼研究》，武汉大学博士论文，2010年，第27—28页。
[③] 丁山：《中国古代宗教与神话考》，上海文艺出版社1988年版，第46页。

以祀社神,故名。① 祭社系重大严肃之事,以便宜名之讲不通,释俎似亦有格,按甲骨文中宜是一种杀祭,祭社需要杀人或牲以祭,故称为宜。据《周礼·春官》所记,社祭奏咸池之乐,敲击灵鼓、灵鼗,跳帗舞,祭祀用的供品是纯毛黑牲和黄琮。社祭完毕,将祭肉分给将士。《左传·闵公二年》:"帅师者受命于庙,受脤于社,有常服也矣。"杜注:"脤,宜社之肉也。"《左传·成公十三年》:"公及诸侯朝王,遂从刘康公、成肃公会晋侯伐秦。成子受脤于社,不敬。刘子曰:'……国之大事,在祀与戎,祀有执膰,戎有受脤,神之大节也。今成子惰,弃其命矣,其不反乎!'"宜社除了用牲,也有杀人祭社的情形,如《左传·僖公十九年》:"夏,宋公使邾文公用鄫子于次雎之社,欲以属东夷。"这是上古杀人祭社的遗风。

社祭时也要进行祝祷及祓除,《司马法》:"兴甲兵以讨不义,乃祷于后土、四海、神祇、山川、冢社。"《周礼·春官·大祝》:"大师,宜于社,造于祖,设军社,类上帝。国将有事于四望,及军归献于社,则前祝。"郑注:"前祝者,王出也、归也,将有事于此神,大祝居前,先以祝辞告。"祓除主要是以牲血涂染社主、军鼓和兵器,《左传·定公四年》:"君以军行,祓社衅鼓。"杜注:"师出,先有事祓祷于社,谓之宜社。于是杀牲,以血涂鼓鼙,为衅鼓。"《周礼·夏官·大司马》:"若大师,则掌其戒令,莅大卜,帅执事莅衅主及军器。"郑玄注:"军器,鼓铎之属。凡师既受甲,迎主于庙及社主,祝奉以从,杀牲以血涂主及军器,皆神之。"《夏官·小子》:"衅邦器与军器。"先秦古籍中屡见执人衅鼓之事,是以人为牲。如《左传·昭公五年》:"吴子使其弟蹶由犒师,楚人执之,将以衅鼓。"衅主、军鼓和兵器,郑玄说目的是"神之";《司马法》所言相同,"神戎器也"②,意即赋予军器神性。《礼记·杂记下》说衅是"交神明之道",意思与此相近。衅军器是中国古代衅礼的一部分,衅礼实际上是一种用血巫术,这种巫术在世界上许多民族都存在。③

与庙主一样,军队出征时也要随迁社神神位于军中。《左传·定公四年》:"君以军行,祓社衅鼓,祝奉以从,于是乎出竟。"随军之

---

① 任慧峰:《先秦军礼研究》,武汉大学博士论文(打印本),2010年,第23—24页。
② 《史记·高祖本纪》索隐引《司马法》。
③ 江绍原:《古代的衅礼》,《江绍原民族学论集》,上海文艺出版社1998年版。

社，名为"军社"，社神神主亦载于齐车之中随行，宿营时也有一定之地安置。《周礼·春官·大祝》："大师，设军社"；《周礼·夏官·量人》："营军之垒舍，量其市朝州涂、军社之所里"；《周礼·春官·小宗伯》："若大师，则帅有司而立军社，奉主车"。征战中，很多重要活动在军社前举行。《尚书·甘誓》说在军中祖、社施行赏罚，就是其中最重要者之一。

四 祠兵

祠兵是春秋战国时期出兵祭祀的又一内容。周代礼制中有祠兵一事，《春秋·庄公八年》："春，王正月，甲午，祠兵。"《公羊传》："祠兵者何？出曰祠兵，入曰振旅，其礼一也，皆习战也。"何休《解诂》："祠兵，祭也。左氏作治兵。盖礼，兵不徒使，故将出兵必祠于近郊，陈兵习战，杀牲享士卒。"徐彦疏："何氏之意，以为祠兵有二义也：一则祠其兵器，二则杀牲享士卒，故曰祠兵。"就出兵之祭而言，祠兵和下面要谈的祃祭相近，但是祠兵的内容似主要为祭祀兵器之神和战前犒军，地点也在近郊而非所征之地，则祠兵与祃祭初非一事。先秦人认为兵器是有神性的，战国时甚至将其人格化了。《艺文类聚》六十引《太公兵法》："刀子之神名曰脱光，箭之神名续长，弩之神名远望。"所以祠兵首先是祭祀兵器之神。此外，周人传说"蚩尤作兵"，[1] 作为兵器的发明者，祠兵的对象还包括蚩尤。许慎《五经异义》也说："《公羊》说祠兵者，祠五兵矛戟剑楯弓矢，及祠蚩尤之造兵者。"[2] 战国齐地以蚩尤为"兵主"而祠祀之；秦末刘邦起兵于沛县，"祠黄帝，祭蚩尤于沛庭，而衅鼓旗，帜皆赤"；[3] 东汉也有"过武库，祭蚩尤"的记载，[4] 这都是祠兵祭蚩尤的实例和确证。

祠兵的目的和祓社衅鼓应属相似，也是为了"神戎器"，保障兵器的功效从而出师作战获胜。虽然现在难以确知此俗的起源，但其应有古老的渊源。

---

[1] 《世本·作篇》《吕氏春秋·荡兵》《山海经·大荒北经》等。
[2] 《史记·封禅书》。
[3] 《史记·高祖本纪》。
[4] 《后汉书·马援列传》。

五　山川神祇之祭和望祭、就祭

向山川等自然神祇祭祀求吉，在商代甲骨卜辞之中已经相当普遍，周代也是惯例。商代祭山川主要是求年、求雨和止水，与军事关系不大。①《周礼·春官·大宗伯》："以血祭祭社稷、五祀、五岳，以貍沈祭山、林、川、泽，以疈辜祭四方、百物。"为了战争祭祀山川河流，是此类祭祀的一个重要方面。清华简《程寤》："（文王）币告宗祊社稷，祈于六末山川。"《司马法》："兴甲兵以讨不义，乃祷于后土、四海、神祇、山川、冢社。"《墨子·迎敌词》："祝史乃告于四望、山川、社稷，先于戎。"山川通常远离都邑，因而其祭祀方法不外两大类，一是遥祭，二是到山川所在进行祭祀。到春秋战国，这两种方式分别被称为望祭和就祭。

望祭是战争之前和之中经常进行的祭祀活动。《周礼·春官·大宗伯》："国有大故，则旅上帝及四望。"郑玄注："大故，灾寇也。"贾公彦疏："言四望者，不可一往就祭，当四向望而为坛遥祭之，故云四望也。"同书《大祝》："大师，宜于社，造于祖，设军社，类上帝。国将有事于四望，及军归献于社，则前祝。"四望所指，众说不一，孙诒让《正义》："四望者，分方望祭之名。通言之，凡山川之祭皆曰'望'，于山川之中，举其尤大者别祭之，则有四望。天子统治宇内，则四望之祭，亦外极四表。"孙氏不赞成以五岳、四渎等为四望，其说可从。望祭的地点在四郊，各向其方而祭。

行军途中遇到山川则需进行就祭。《周礼·春官·大祝》："大会同，造于庙，宜于社，过大山川，则用事焉。反行，舍奠。""用事"，即施祭。《春官·肆师》："凡师甸……祭兵于山川。"郑注："盖军之所依止。"《左传·昭公十七年》："晋荀吴帅师涉自棘津，使祭史先用牲于雒。陆浑人弗知，师从之。庚午，遂灭陆浑。"用牲于雒即以牲就祭洛水。《左传·文公十二年》："秦伯伐晋，取羁马。晋人御之……秦伯以璧祈战于河。"杜注："祷求胜。"《左传·襄公十八年》："晋侯伐齐，将济河。献子以朱丝系玉两瑴而祷曰：'齐环怙恃其险，负其众庶，弃好背盟，陵虐神主。曾臣彪将率诸侯以讨焉，其官臣偃实先后之。苟捷有功，无作

---

① 常玉芝：《商代史》卷八《商代宗教祭祀》，中国社会科学出版社2010年版，第163—166页。

神羞，官臣隗无敢复济。唯尔有神裁之！'沉玉而济。"又《左传·昭公二十二年》：王子朝叛，"用成周之宝圭于河"。此数例都是因战争而祭祀黄河的实例。据《周礼》的记载，对山川林泽的祭祀用纯色的牲口，祭祀时将牲口或者玉璧埋于地下或沉在水中。对山谷丘陵、百物小神的祭祀，可以用杂色的牲口，用疈祭，即劈开牺牲，分解后来祭祀神灵。祭祀时大司乐率领从军的贵族子弟跳兵舞。说明虽在他乡，但有关祭祀仍然隆重不苟。

六　祃祭和临战之祭

祃祭是军队到了作战地点所进行的祭祀。祃，字从示从马。从字形看，"祃"本意当是与马有关的祭祀活动。马是古代战争的主要工具，所谓"马者，甲兵之本"，[①] 最初的祃祭可能是祭祀马神的仪式，盖求马神佑护，使军马壮健繁衍。到了西周时期，祃祭已经由祭祀马神活动和仪式，变为出兵时举行的专门祭祀。《诗经·大雅·皇矣》："是类是祃，既伯既祷。"郑玄笺："类也，祃也，师祭也。"《尔雅·释天》："是类是祃，师祭也。既伯既祷，马祭也。"毛传："于内曰类，于野曰祃。"孔疏："至所征之地，于是为祃祭。"其祭祀的神灵可能是蚩尤或黄帝。《周礼·春官·肆师》郑玄注："祃，师祭也。祭造军法者。其神盖蚩尤，或曰黄帝。"蚩尤和黄帝作为战神被崇拜，是因为传说中黄帝是兵法和军法的先祖，蚩尤则是兵器的初制者。

祃祭的地点是在征伐地。《礼记·王制》："祃于所征之地。"《大雅·皇矣》毛传："于内曰类，于野曰祃。"孔疏："至所征之地，于是为祃祭。"《说文·示部》："师行所止，恐有慢其神，下而祀之曰祃。"

祃祭的仪式是立表而祭，表即表柱，为一高木，古人以为神可凭而下之以受祭听祝。《汉书·叙传下》注引应劭曰："至所征伐之地，表而祭之，谓之祃。"后世军祭的祃牙和祃牙文，即由此发展而来。祃祭时用杂色牲，同时必有所祝祷，《周礼·夏官·大司马》："遂以蒐田，有司表貉誓民。"注："表貉，立表而貉祭也。郑司农云：貉读为祃。祃，师祭也。"《周礼·春官·肆师》："凡四时之大田猎，祭表貉则为位。"注："于立表处为师祭。"《礼记·王制》郑注："祃，师祭也，为兵祷。"

[①] 《后汉书·马援传》。

除了祃祭之外，商周时期临战之前还有祭祷仪式，祈求祖先保佑，使己方军队在战争中平安、获胜。《利簋》："武王征商，唯甲子朝，岁，贞，克。昏夙有商。""岁"应为岁祭，杀牲以祀。① 《左传·成公十六年》晋楚鄢陵之战，晋军登车后旋又下车，楚王见之问伯州犁，后者告曰："战祷也。"当晚晋将通令全军，整顿军备，"蓐食申祷，明日复战"。意为次日清晨早起申祷后再战。又如《左传·哀公二年》：晋郑战于铁，卫太子蒯聩临战祷曰："曾孙蒯聩敢昭告皇祖文王，烈祖康叔，文祖襄公：郑胜乱从，晋午在难，不能治乱，使鞅讨之。蒯聩不敢自佚，备持矛焉。敢告无绝筋，无折骨，无面伤，以集大事，无作三祖羞。大命不敢请，佩玉不敢爱。"

七　貉祭

以上均为战时的军祭。在平时，定期举行军事演习时也有军祭，称之为貉祭。春秋战国时期，沿袭西周大蒐礼的传统，军事演习一般采用田猎的形式。《周礼·春官·甸祝》："掌四时之田表貉之祝号。"郑注："貉，兵祭也。甸以讲武治兵，故有兵祭。田者习兵之礼，故亦祃（貉）祭，祷气势之十百而多获。"又云："杜子春读貉为'百尔所思'之百，书亦或为祃。貉，兵灾也。甸以讲武治兵，故有兵祭。"

貉祭也是立表而祭。《周礼·夏官·大司马》："遂以蒐田，有司表貉誓民。"注："表貉，立表而貉祭也。"举行貉祭时有祷文，已如上述。貉祭用杂色牲，田猎结束时还要用猎物来祭社。显然，貉祭乃是祃祭的演习版。

八　献捷祭祀

与出征前的告庙、宜社相对应，战争结束后，必须举行祭礼答谢神灵。这种礼俗早在商代即已产生，如著名的小臣墙刻辞记载商人对危方战争获得大胜，擒危方首领髭等，战后举行祭祀献俘仪式："又白鹿于大乙，用󠀾白（伯）印□于祖乙，用髭于祖丁。(《合集》36481 正、反）"②

---

① 吴孙权：《〈利簋〉铭文再议》，《古文字研究》第 23 辑，中华书局 2002 年版；商艳涛：《西周军事铭文研究》，华南理工大学出版社 2013 年版，第 162—165 页。

② 关于这方面的情况，郭旭东有较深入的讨论，见《甲骨卜辞所见商代献捷献俘礼》，《史学集刊》2009 年第 3 期。

周代的文献记载很多,如《礼记·曾子问》:"反必告(于祖)。"《尚书·武成》:周武王灭商后,"粤六月庚戌武望燎于周庙,翌日辛亥祀于天位。粤五月乙卯,乃以庶国馘祀于周庙。"①《何尊》:"唯武王既克大邑商,则廷告于天。"和《武成》可以互证。《左传·僖公二十八年》:"丙申,振旅,恺以入于晋。献俘授馘,饮至大赏,征会讨贰。"注:"献楚俘于庙",这是宗庙献捷的例子。《周礼·春官·大祝》:"及军归献于社,则前祝。"此则是向社神致祭献捷,以为答谢。献社要奏凯乐,《夏官·大司马》:"王师大献,则令奏凯乐。"郑玄注:"恺乐,献功之乐。"乐师教唱凯歌,导唱祭献。又《礼记·王制》:"出征,执有罪,反,释奠于学,以讯馘告。"说明有时还要在学宫战神前行释奠之礼,报告战争斩敌和俘获的情况。以上是出征归来的情形,如系敌人来攻,退走后也有祭祀祝祷活动,《墨子·号令》:"寇去,事已,塞祷",塞祷便是战后答谢神明的祭礼。

以上,我们梳理了先秦时期军事祭祀的基本情况。实际上,由于军事祭祀的普遍性和多样性,上述内容是概括性的和不完整的。而且在先秦漫长的时间里,祭祀和军祭的形式、内容也一直在发展变化。这里再举一个例子,《墨子·迎敌祠》:

> 敌以东方来,迎之东坛,坛高八尺,堂密八;年八十者八人,主祭;青旗、青神长八尺者八,弩八,八发而止;将服必青,其牲以鸡。敌以南方来,迎之南坛,坛高七尺,堂密七;年七十者七人,主祭;赤旗、赤神长七尺者七,弩七,七发而止;将服必赤,其牲以狗。敌以西方来,迎之西坛,坛高九尺,堂密九;年九十者九人,主祭;白旗、素神长九尺者九,弩九,九发而止;将服必白,其牲以羊。敌以北方来,迎之北坛,坛高六尺,堂密六;年六十者六人,主祭;墨旗、黑神长六尺者六,弩六,六发而止;将服必黑,其牲以彘。从外宅诸名大祠,灵巫或祷焉,给祷牲。

《墨子》此段文字,历来为研究者所重视,因为它是研究阴阳五行史的一条重要史料。从军事祭祀的角度讲,其叙述了一种按照五行说设置

---

① 《汉书·律历志》引。

祭坛、人员和祭品的战前军事祭祀。这种祭祀方式在春秋及以前是看不到的，它和春秋以来阴阳五行学说的发展有着密切关系，体现了军祭的一种发展特征和趋势。

总之，先秦时期，军事祭祀是战争中绝对不可或缺的组成部分，贯穿于军事活动的始终。军事祭祀的对象、地点、日期、仪式、牺牲用品、音乐等诸多方面都有严格而细致的规定，其过程中充满了浓重的宗教气息，具有显著的时代特征。军祭对神灵的崇拜祈求既是早期巫术的通神手段，也是兵阴阳"假鬼神"特征的重要体现。军祭活动和礼仪也是先秦战争显著的礼制特征的重要原因之一，纷繁复杂的军事祭祀使当时战争节奏缓慢，仪式性很强。战国以降，这一特征随着战争形态的转变而有所改变，但直到明清时期，两千多年中军事祭祀仍然长期存在。

第六节　诅咒禳除

先秦军事过程中大量进行祭祀，而祝祷禳除是祭祀活动必然包括的内容。大致说来，祝祷与禳除等有相通之处，都是向神鬼求助；其不同之处在于，祝祷无论有事还是平常都可以进行，且主要是正面的祈请，而禳除或祓除、攻解、厌劾等则特指占候不利或已经发生灾祸之后进行祭祀，并通过一定的巫术行为如灵物操作、诅咒、厌胜等消解灾殃。简言之，祝祷求福居多，而禳除之术则主要用于止祸消灾。[1] 上节我们介绍军事祭祀时，对祝祷已多有叙述，所以这里着重考述军事禳除术。

战争禳除术最基本的方式，是在祭祀中使用咒术加害敌方。马林诺夫斯基说："咒语永远是巫术的核心"，[2] 作为一种古老而基础性的巫术，咒术在世界众多地区的早期战争中都是一个被广泛使用的法宝。祝祷和诅咒本无严格区别，祝、咒二字实为同源字，后渐分流，求吉曰祝，诅咒为咒。[3] 在传世和考古发现的战国文献中，有大量驱鬼、治病和制人的

---

[1]　参本书第二章第一节的有关叙述。

[2]　[英] 马林诺夫斯基：《巫术、科学、宗教与神话》，李安宅译，商务印书馆1936年版，第82页。

[3]　刘晓明：《中国符咒文化大观》，百花洲文艺出版社1995年版，第352—358页。

咒术内容，通过密祝的方法转嫁灾殃在春秋战国时期也很流行，①《左传》还有"因祷自裁"的"祈死"事例。② 这些巫术行为，自然可以被用来求致敌军灭亡或失败，故当时的军事祭祀和祷词里常常包含了诅咒的内容。著名的战国秦"诅楚文"，就是一个非常典型的例子。

诅楚文是战国秦惠文王时诅咒楚王的诅词，共有三件，即《告大沈厥湫文》《告巫咸文》和《告亚驼文》（疑伪）。③湫渊是秦的四大名川之一，水神叫大沈厥湫，巫咸则是古代著名的巫神，秦人因楚人背盟，进攻秦境，大战在即，秦王使宗祝举行祭祀，沉埋美玉作为奉献，在神前控诉楚王而祈求致罚，"克剂楚师"。诅辞石刻宋代被发现，其文流传至今。因文字相似，这里仅举《告大沈厥湫》为例：

又（有）秦嗣王敢用吉玉宣璧，使其宗祝邵鏊布憝告于不（丕）显大神厥湫，以底楚王熊相之多辜（罪），昔我先君穆公及楚成王是（寔）缪（戮）力同心，两邦以壹，绊以婚姻，衿以斋（齐）盟，曰枼（世）万子孙母（毋）相为不利，亲卬（仰）大沈厥湫而质焉。今楚王熊相康回无道，淫失（佚）甚乱，宣侈竞从（纵），变输（渝）盟制，内之则虣（暴）虐不姑（辜），刑戮孕妇，幽刺亲戚，拘围其叔父，寘者（诸）冥室椟棺之中，外之则冒改厥心，不畏皇天上帝及大沈厥湫之光列（烈）威神，而兼倍（背）十八世之诅盟，率者（诸）侯之兵以临加我，欲刬伐我社稷，伐烕（灭）我百姓，求蔑瀍（废）皇天上帝及大神厥湫之卹（血）祠、圭玉、羲（牺）牲，述（求）取吾边城新皇及于、长、亲，吾不敢曰可（何）。今又悉兴其众，张矜怒（弩），饰（饬）甲底（砥）兵，奋士盛师，以偪（逼）吾边竟（境），将欲复其迹（迹）。唯是秦邦之羸众敝赋，鞟輸栈舆，礼使介老，将之自救也，亦应（膺）受皇天上帝及大沈厥湫之几灵德赐，克剂楚师，且复略我边城，敢数楚王熊相之倍（背）盟犯诅，著者（诸）石章，以盟大神之威神。④

---

① 吕亚虎：《战国秦汉简帛文献所见巫术研究》，科学出版社 2010 年版，第 254—274、291 页。

② 《成公十七年》《昭公二十五年》。

③ 郭沫若：《诅楚文考释》，《郭沫若全集·考古编》第九卷，科学出版社 1982 年版。

④ 杨宽：《秦"诅楚文"所表演的"诅"的巫术》，《文学遗产》1995 年第 5 期。

诅楚文是一件珍贵的战国军诅实物，它使我们看到了当时诅军辞的实际内容。诅楚文的文字还比较典雅，并非一味咬牙切齿，与《左传》中交战国家之间的外交辞令有相通之处。但其他军诅就并非如此客气，如《左传·隐公十一年》载郑国伐许，郑将颍考叔被人从背后射死，郑庄公"使卒出豭，行出犬鸡，以诅射颍考叔者"。孔疏："疾射颍考叔者，令卒及行间祝诅之，欲使神杀之也。"此种杀人诅词，无疑非常严厉。下文所引的若干春秋盟誓之词，刻毒之至，也是很好的证明。

诅楚文讲到了秦、楚两国的盟誓——"诅盟"。春秋战国的军事、政治活动中，盟誓是协调关系、团结同盟的重要手段，盟誓时当事人在神前用语言和载书誓言守盟，并对背盟者进行诅咒。"盟"与"诅"，是春秋战国时代诸侯和卿大夫之间在政治、军事斗争中，经常用来约束彼此关系的手段。《周礼·春官·诅祝》："作盟诅之载辞，以叙国之信用，以质邦国之剂信"；《周礼·秋官·司盟》："盟万民之犯命者，诅其不信者，亦如之。"孔疏："犯命者盟之，不信者诅之，是盟大而诅小也。盟诅虽大小为异，皆杀牲歃血，告誓神明。后若违背，令神加其祸，使民畏而不敢犯。若盟，皆用牛。""诅"有两种，一种对内，一种对外，都是既"盟"且"诅"，在神前立誓发咒遵守盟约，而请神明处罚未来不守盟约者甚至加以毁灭。[1]

《左传》中与军事有关的盟誓记载很多，如襄公十一年：鲁季武子将作三军，三桓"乃盟诸僖闳，诅诸五父之衢"；定公五年："（阳虎）盟桓子于稷门之内。庚寅，大诅，逐公父歜及秦遄，皆奔齐"；定公六年："（阳虎）盟国人于亳社，诅于五父之衢。"从这几条记载看，盟誓有时要另外举行专门的诅咒仪式，以强调其郑重和"背盟不祥"[2]的意义。有关诅辞如：

> 王子虎盟诸侯于王庭，要言曰："皆奖王室，无相害也。有渝此盟，明神殛之，俾队其师，无克祚国，及而玄孙，无有老幼。"（《左传·僖公二十八年》）

---

[1] 杨宽：《秦"诅楚文"所表演的"诅"的巫术》，《文学遗产》1995年第5期。
[2] 《左传·成公元年》。

（晋、楚）盟于宋西门之外，曰："凡晋、楚无相加戎，好恶同之，同恤蓄危，备救凶患。若有害楚，则晋伐之。在晋，楚亦如之。交贽往来，道路无壅，谋其不协，而讨不庭。有渝此盟，明神殛之，俾队其师，无克胙国。"（《左传·成公十二年》）

　　（诸侯）同盟于亳……载书曰："凡我同盟：毋蕴年，毋壅利，毋保奸，毋留慝，救灾患，恤祸乱，同好恶，奖王室。或间兹命，司慎司盟，名山名川，群神群祀，先王先公，七姓十二国之祖，明神殛之。俾失其民，队命亡氏，踣其国家。"（《左传·襄公十一年》）

　　考古出土的盟誓文物和文献记载非常吻合。春秋末年的侯马盟书和温县盟书，数量分别达 5000、10000 余件，其反映的是晋国末年六卿兼并战争背景下频繁进行的盟誓活动。在这些盟书中，不仅盟词结尾一般均有"麻夷非是（氏）"（诛灭氏族）的诅词，侯马盟书中还专门有"诅咒类"即专门诅词，此类文字内容不是誓约，而是谴责有罪者的诅咒词，且文字均用墨笔书写，与其他几类朱书盟辞不同，可惜这一部分内容残损较甚，未见完整文辞。①

　　因为军诅如此重要，所以先秦国家机构中的祝官多有军诅的任务。据《周礼·春官》所记，大祝"掌六祝之辞，以事鬼神示，祈福祥，求永贞。一曰顺祝，二曰年祝，三曰吉祝，四曰化祝，五曰瑞祝，六曰筴祝。掌六祈以同鬼神示，一曰类，二曰造，三曰禬，四曰禜，五曰攻，六曰说"。在第二章中我们已经指出，"六祝"为祝祷，"六祈"则属祓禳时的厌劾诅咒。而大祝正是各种军事祭祀的重要主事官员。大祝的属官内，小祝"大师，掌衅祈号祝"；诅祝"掌盟、诅、类、造、攻、禬、禜之祝号"；甸祝"掌四时之田表貉之祝号。舍奠于祖庙，祃亦如之。师甸，致禽于虞中，乃属禽；及郊，馌兽，舍奠于祖祢，乃敛禽。祷牲、祷马，皆掌其祝号"。我们知道，《周礼》的记载可作为春秋战国时期国家设官一般情形的参照。在诅楚文中，具体的军诅操作者是秦国的"宗祝"，这和《周礼》的记载也可以对照。《史记·封禅书》："（秦时）祝官有秘祝，即有灾祥，辄祝祠移过于下。"秘祝官直到西汉文帝十三年

---

① 张颔：《侯马盟书》，山西古籍出版社 2008 年版。

（前167年）才被取消，应劭云："秘祝之官移过于下，国家讳之，故曰秘。"① 这种神秘祝官，也很可能不仅是"移过于下"，而且经常被用于咒敌。

诅咒被大量应用到军事之中，再深刻不过地表现了古代战争绝不仅仅是现实力量的交锋，同时也是数术的攻防。这一传统在中国长期传承，影响深远。

诅咒以外，各种厌胜巫术也是军事禳除常用的手段。

马王堆帛书《十大经·正乱》："黄帝身禺（遇）之（蚩）尤，因而擒之。勃（剥）其□革以为干侯，使人射之，多中者赏。"黄帝擒杀蚩尤后，将他的皮剥下晒干作为箭靶，晁福林说这是为了厌胜，彻底打败蚩尤部落。② 这一记载是战国以来的传说，不一定可靠，但厌胜巫术用于军事源远流长则无疑问。商代西周以来，有关记载如：

> 帝武乙无道，为偶人，谓之天神。与之博，令人为行。天神不胜，乃谬辱之。为革囊，盛血，卬而射之，命曰"射天"。（《史记·殷本纪》）

> 武王伐殷，丁侯不朝，太公乃画丁侯于策，三箭射之。丁侯病困，卜者占曰："祟在周。"恐惧，乃请举国为臣。太公使人甲乙日拔丁侯著头箭，丙丁日拔著口箭，戊己日拔著腹箭，丁侯病稍愈。四夷闻，各以来贡。（《太平御览》卷737引《六韬》）

> 是时苌弘以方事周灵王，诸侯莫朝周，周力少，苌弘乃明鬼神事，设射狸首。狸首者，诸侯之不来者。依物怪欲以致诸侯。诸侯不从，而晋人执杀苌弘。周人之言方怪者自苌弘。（《史记·封禅书》）

> 秦欲攻安邑，恐齐救之，则以宋委于齐，曰："宋王无道，为木人以写寡人，射其面。寡人地绝兵远，不能攻也。王苟能破宋而有之，寡人如自得之。"（《战国策·燕策二》）

> 今宋王射天笞地，铸诸侯之像，使侍屏匽，展其臂，弹其鼻。此天下之无道不义。（《战国策·燕策二》）

---

① 《汉书·文帝纪》及应劭注。
② 晁福林：《作册般鼋与商代厌胜》，《中国历史文物》2007年第11期。

上述各例的共同点，都是制成敌对者的象征物，然后用射箭之类的方式对其加以伤害，以期达到对敌对者本身的戕害。这是一种典型的黑巫术，学者或称之为偶像祝诅术，在中国古代很常见。① 由此也可见黄帝将蚩尤尸革制成射侯的传说，其实是由来有自的。杨宽先生说："东夷流行杀人祭社的风俗。《春秋》载僖公十九年：'邾人执鄫子用之。'《左传》说：'宋公使邾文公用鄫子于次睢之社，欲以属东夷。'《公羊传》说：'其用之社奈何，盖叩其鼻以血社也。'《谷梁传》也说：'用之者，叩其鼻以衈社也。'杜预以为次睢是水名，'此水有妖神，东夷皆社祠之，盖杀人而用祭。'由此可见，上述的咒诅巫术，就是从东夷杀人祭社的风俗变化而来。他们把代表敌国君主的木人或铸像，在神前射击而使之流血，就是象征性的杀人取血来祭祀。所以要'射其面'而'弹其鼻'，就是要'叩其鼻以血社也'。"② 杨先生的考证，精审地说明了此类厌胜巫术和古代祭祀一脉相承的关系，但说此风源于东夷，则恐未必。

古代厌胜之术形式很多，除了上述黑巫术以外，又如：

瘗埋人首。如鲁桓公十六年，齐人俘获入侵的长狄君侨如之弟容如，"埋其首于周首之北门"；文公十一年，鲁国杀侨如，亦"埋其首于子驹之门"。③ 埋敌人首级于城门，显然含有不使敌人再次入侵的厌胜意义。先秦考古中也有类似的例子，如在商代晚期的江西樟树吴城遗址城壕中，发现了多个被砍下的头骨，经 DNA 测定疑属苗瑶系人群，与吴城居民属于越人不同，④ 其意义应与春秋埋敌首于城门相似。

破坏敌方地理形势。《史记·高祖本纪》："秦始皇帝常曰：'东南有天子气'，于是因东游厌之。"《晋书·元帝纪》："始皇时望气者云'五百年后金陵有天子气'，故始皇东游以压之，改其地曰秣陵，堑北山以绝其势。"这一事件虽已进入秦代，但应是战国已有的意识。

衈鼓旗兵器。上面已经论及，此不赘述。

---

① 胡新生：《中国古代巫术》，山东人民出版社1998年版，第398—410页。
② 杨宽：《秦"诅楚文"所表演的"诅"的巫术》，《文学遗产》1995年第5期。
③ 《左传·文公十一年》。
④ 《吴城——1973—2002考古发掘报告》，文物出版社2005年版。

第七节 辟兵术

辟兵，又作避兵，就是辟除、弭止兵戎的伤害。① 虽然从通假上说，辟、避无别，但辟比避更加积极有力，辟兵不仅指可以避免兵伤，还可以指增强己方兵器神力，因而更符合巫术和数术的本意，事实上在古文献和古文字资料中，多数也使用"辟兵"而非"避兵"。因此本书一般使用辟兵。辟兵术属于一种军事禳避巫术，② 它实为上节所述禳除术的重要内容，也是兵阴阳家的组成部分。《汉书·艺文志》兵阴阳类文献有《辟兵威胜方》70篇，乃是辟兵术的代表性文献。辟兵术在中国古代曾相当流行，种类很多，春秋战国时期实为其发展的一个关键时期。本书按照辟兵的载体不同，分类别加以考述。

一 动植物、矿物辟兵

战国人相信蟾蜍具有辟兵的功效。《文子·上德》："兰芷以芳，不得见霜；蟾蜍辟兵，寿在五月之望"。宋杜道坚《文子缵义》引《万毕术》："蟾蜍五月中杀，涂五兵，入军阵而不伤。"《淮南子·说林训》作"兰芷以芳，未尝见霜；鼓造辟兵，寿尽五月之望。"

蟾蜍能辟兵的原因，与阴阳五行观念有密切联系。兵器在阴阳五行理论中，属刑、属阴。古人认为"月者，群阴之宗"；"月者，天地之阴，金之神也"，③ 而蟾蜍为月精，是至阴之物，以至阴之物涂于属阴、金的兵器上便被认为能增强兵器的效能，达到辟兵的目的。汉代人认为铸造兵器最佳日子是月食之日，和此观念也应相关。④ 还有一种可能是，古人传说嫦娥服长生不死之药奔月后化身为蟾蜍，《淮南子·览冥训》："羿请不死之药于西王母，姮娥窃以奔月。"《初学记》引用这段话后尚有"诧

---

① 胡文辉：《荆门避兵戈考述》，《中国早期方术与文献丛考》，中山大学出版社2000年版，第311页。
② 陈伟武：《先秦简帛兵书文献探论》，中山大学出版社1999年版，第68页。
③ 《开元占经》卷十一引皇甫谧《年历》《史记·天官书》。
④ 如《汉书·赵尹韩张两王传》卷七六记载"[韩]延寿又取官铜物，候月蚀铸作刀剑钩镡，放效尚方事"。汉末王粲《刀铭》云："相时阴阳，制兹利兵。"按阴阳家说，月食之日阴损，不宜军事，认为此时适宜铸造兵器或取食甚阴至之意。

身于月，是谓蟾蜍，而为月精"十二字。刘昭注《续汉书·天文志上》引张衡《灵宪》，所述故事更为详细："羿请无死之药于西王母，姮娥窃之以奔月，将往，枚筮之于有黄，有黄占之曰：吉。翩翩归妹，独将西行，逢天晦芒，毋惊毋恐，后且大昌。姮娥遂托身于月，是蟾蜍。"① 这些文献记载出现于汉代，但应有较为久远的历史。既然嫦娥长生不死，蟾蜍也能长生不死，所以人们佩戴蟾蜍或涂抹蟾蜍的血便能达到辟兵不死的目的。

战国以后，蟾蜍辟兵观念依然很流行。王仁俊《玉函山房辑佚书续编》辑《淮南万毕术》："万岁蟾蜍头上有角，颔下有丹书，重八字，名肉芝。以五月五日取，阴干，以其足画地，即流水，带之于身能辟兵。"西晋陆机《要览》："万岁蟾蜍……以五月五日取阴干，以其足画地，即流水，带之于身，能辟兵。"东晋葛洪《抱朴子·仙药篇》："肉芝者，谓万岁蟾蜍……以五月五日中时取之，阴干百日，以其左足画地，即为流水，带其左手于身，辟五兵。若敌人射己者，弓弩矢皆反还自向也。"

战国时还有关于飞鱼辟兵的记载。《山海经·中山经》："又东十里曰騩山，其上有美枣，其阴有玗琈之玉。正回之水出焉，而北流注于河。其中多飞鱼，其状如豚而赤文，服之不畏雷，可以御兵。"《初学记》卷1引郭璞《山海经·飞鱼赞》略同，唯"无羽"作"无鳞"，"雷也"作"雷音"，于义较长。② 《艺文类聚》卷2引《山海经》云："飞鱼如豚，赤文无羽；食之辟兵，不畏雷也。"③ 当为古书异文。

《汉书·艺文志》的兵阴阳文献《辟兵威胜方》，今人不解威胜之意，台湾学者徐文助首先指出威胜即威喜、巨胜的合称。李零继之作《威喜、巨胜考》，指出威喜是琥珀的一种、巨胜则指胡麻，二者古人认为有辟兵延寿之效。④《抱朴子·仙药》："及夫木芝者，松柏脂沦入地千岁，化为茯苓，茯苓万岁，其上生小木，状似莲花，名曰木威喜芝。夜视有光，持之甚滑，烧之不然，带之辟兵，以带鸡而杂以他鸡十二头其笼之，去之十二步，射十二箭，他鸡皆伤，带威喜芝者终不伤也。"《抱朴子·金

---

① 《后汉书》。
② 《初学记》。
③ 《艺文类聚》。
④ 李零：《兰台万卷——读〈汉书·艺文志〉》，生活·读书·新知三联书店2011年版，第169—172页。

丹》："以金液为威喜、巨胜之法，取金液及水银一味合煮之，三十日，出，以黄土瓯盛，以六一泥封，置猛火炊之，六十时，皆化为丹，服如小豆大便仙，以此丹一刀圭粉，水银一斤，即成银。又取此丹一斤置火上扇之，化为赤金而流，名曰丹金。以涂刀剑，辟兵万里。"[1] 这虽然是东晋时的记载，但可以据此推测西汉《威胜避兵方》的内容。从该书的篇数众多分析，用威喜、巨胜辟兵一定也有古老的渊源。

二 图像符咒辟兵

图像辟兵是对军器、装备做特殊处理，以达到辟兵目的。出土文物表明，古人往往在军器上刻上特殊的图案或文字辟兵，这些图案有太一、日月、北斗等。

1960年，湖北荆门市漳河车桥战国墓出土了一铜戈，戈上援部纹饰为浮雕，作一"大"字形戎装神物，头戴分竖双羽的高冠，双手各握一龙，胯下亦有一龙；左手所握之龙与胯下者相同，右手所握为双头无足龙。神物左足踏月，右足踏日。内部纹饰为阴刻，是一侧首张翼之鸟。铭文在内部穿孔的两侧，正背各两字，作"兵避太岁"。此戈年代属于战国中晚期，众多研究者虽然意见不一，但都肯定其文字、图案的作用就是辟兵。1973年湖南长沙马王堆汉墓3号墓出土《避兵图》，兼有图画和文字。图用青、赤、黄、白、黑五色绘成，图像与前者类似，据题记可以清楚地知道是以"太一"循行的方位来辟兵。李学勤先生最早将"太岁辟兵"戈和《避兵图》联系起来，李零考证出戈上所刻之图为"太一锋"。"太一锋"见于《史记·封禅书》："（汉武帝）为伐南越，告祷太一。以牡荆画幡日月、北斗、登龙，以象太（天）一三星，为太一锋，命曰'灵旗'。"太一能起到辟兵之效，现在我们可以确知，西汉中期的这种军事数术源于战国。[2]

---

[1] 王明：《抱朴子内篇校释》，中华书局2006年版，第83页。
[2] 相关研究的研究有：王毓彤：《荆门出土一件铜戈》，《文物》1963年第1期；马承源：《关于"大武威"的铭文及图像》，《考古》1963年第10期；马承源：《再论"大武舞威"的图像》，《考古》1965年第8期；俞伟超、李家浩：《论"兵避太岁"戈》，文化部文物局古文献研究室编：《出土文献研究》，文物出版社1985年版；李学勤：《"兵避太岁"戈新证》，《江汉考古》1991年第2期；李零：《湖北荆门"兵避太岁"戈》，《文物天地》1992年第3期；李零《"太一"崇拜的考古研究》，《中国方术续考》，中华书局2006年版，第158—181页。

古人之所以选择利用太一来辟兵，是因为太一和北斗是古代的天文体系和式法中的重要指示物，其顺逆向背决定了军事胜败，因而也具有辟兵的作用。① 这和当时天文占的观念完全一致，因而太一辟兵术实际上可以看成是天文和式占的一种衍生数术和厌胜形式。汉代以来道教的道符普遍以北斗为核心符号，即由此发展而来。

到了汉代，还出现了将战神蚩尤之名刻于兵器之上，以起到辟兵的作用。容庚《汉金文录》卷六著录了一件铜带钩，刻有"蚩尤辟兵"四字。②《东观汉记》载东汉安帝时，"诏令赐邓遵金蚩尤辟兵钩一"③。之所以叫作"蚩尤辟兵钩"，极可能是因为钩上也有"蚩尤辟兵"四字。除了蚩尤，还有将"龙蛇"字样刻于兵器用以辟兵的，《汉金文录》卷六另有一件铜带钩，上刻"龙蛇辟兵，保身长生。烁消金石，厌胜众精。"由此可推断，战国秦汉时期除了太一避兵观念外，其他神祇也被用以辟兵；而且除了神祇图像、名字可以辟兵，军器上的纹饰也可能具有辟兵的意义。正如李零所说："人类的很多早期艺术品（如石器时代的岩画，青铜时代的铜器纹饰），都不是我们今天所理解的那种艺术品，它们除了赏心悦目，还往往包含着很多神秘主题，并具有一定的厌劾作用。"④《左传·宣公三年》："昔夏之方有德也。远方图物，贡金九牧，铸鼎象物，百物而为之备，使民知神奸；故民入川泽山林，不逢不若，螭魅罔两，莫能逢之。用能协于上下，以承天休。"刘向《说苑·奉使》："（越人）剪发文身，烂然成章，以象龙子者，将避水神也。"《汉书·地理志》颜师古注："（越人）常在水中，故断其发，文其身，以象龙子，故不见伤害也。"

因此我们也就不难理解，除了兵器，类似现象也出现在军旗之上。《周礼·春官·司常》："掌九旗之物名，各有属，以待国事。日月为常，交龙为旂，通帛为旜，杂帛为物，熊虎为旗，鸟隼为旟，龟蛇为旐，全羽为旞，析羽为旌。……凡军事，建旌旗洮共旅瘿置旗弊之。甸，亦如

---

① 李零：《"太一"崇拜的考古研究》，《中国方术续考》，中华书局2006年版，第158—181页。
② 载《秦汉金文录》1931年石印本。
③ 《东观汉记校注》。
④ 李零：《中国方术正考》，中华书局2006年版，第64页。

第四章　兵阴阳家的形式与内容(下)

之。""九旗"中，有图案的旗帜有五种：常旗旗面上绘有日月星辰的图像；①旂、旗、旞、旐则分别是交龙、熊虎、鸟隼、龟蛇。《穆天子传》："日月之旗，七星之文。"郭璞注："言旗上画日月及北斗星也。"关于先秦旗制学界有不少争论，②这里无须深究，可以肯定的是，这些图案不仅具有标志区分的意义，而且具有数术含义。我们在第三章关于天文气象占部分，曾列举先秦兵阴阳家都很推崇左青龙、右白虎、前赤乌、后玄武，招摇在上的天象，《礼记·曲礼上》："武车绥旌，德车结旌。史载笔，士载言。前有水则载青旌，前有尘埃则载鸣鸢，前有车骑则载飞鸿，前有士师则载虎皮，前有挚兽则载貔貅。行，前朱鸟而后玄武，左青龙而右白虎，招摇在上，急缮其怒。进退有度，左右有局，各司其局。"这一记载全文都是讲军阵用旗的规矩，因此四象和招摇的天象，也应是画其图像的旗帜，郑注云："以此四兽为军陈，象天也。急犹坚也；缮读曰劲。又画招摇星于旌旗上，以起居坚劲军之威。怒，象天帝也。"郑玄说四象为军阵，招摇为画旗，其实四象也应出现在军旗之上。孔颖达有见于此，疏云"军陈之法不知何以为之"，"今之军行，画此四兽于旌旗，以标左右前后之军陈"。古人讲究"疏不破注"，孔氏实际上不同意郑说并举唐代的军旗为证。我们再看《司常》常、旂、旗、旞、旐诸旗帜上的图案，显然也正是招摇日月和四象。西汉的"太一灵旗"显然和先秦的常旗和四象招摇旗是有渊源关系的。不仅如此，《司常》的旂、旗、旞、旐诸旗帜上的图案，也应有数术的意义。类似的例子还可举出《管子·兵法》：

> 九章：一曰举日章，则昼行；二曰举月章，则夜行；三曰举龙章，则行水；四曰举虎章，则行林；五曰举鸟章，则行陂；六曰举蛇章，则行泽；七曰举鹊章，则行陆；八曰举狼章，则行山；九曰举韟章，则载食而驾。九章既定，而动静不过。

在何种地理条件下行军，需举起有相应图案的旗帜，这是典型的巫

---

① 贾公彦疏："按桓二年臧哀伯云：'三辰，旍旗昭其明也。'三辰：日、月、星。则此太常之画日月者也，此直言日月不言星者，此举日月其实兼有星也。"
② 任慧峰：《先秦军旗考论》，《晋中学院学报》2009年第4期。

术象征思维的产物。

先秦时期方术咒语被广泛运用于军事,前文已多有叙述。咒语辟兵,至晚到战国时期也已流行。马王堆汉墓出土的《避兵图》,太一神居中,下有四个"武弟子",三人持兵器。总题记有:"百兵莫敢我伤",武弟子像题记则有"百刃莫敢起""弓矢毋敢来"等。总题记又有:"即左右唾,径身毋顾。太一祝曰:某今日且(下残)。"①该图证明,战国时期确实已经出现了与秦《日书》等资料中诸多生活巫术相似的辟兵巫术和咒语。汉晋以来大为盛行的辟兵咒语,就是在此基础上发展起来的。

图像符号和咒语辟兵,后来逐渐发展成道教的辟兵符箓。战国时期巫术用符已经诞生,云梦睡虎地秦简《日书》甲、乙两种,都谈及一种使用"禹符"的出行巫术,这被认为是目前发现的巫术用符的最早记载。② 由于缺少实物,我们现在还不知道禹符上的具体内容,但它很可能和咒语相关,因为符咒有着内在的联系,"所有的符都不过是诅咒的书面形式,一道符就代表一句咒语或一篇咒文"③。而且虽然这只是出行巫符,但距离将符使用到军事上应该不会很远。《史记·五帝本纪》张守节《正义》引《龙鱼图》:"黄帝摄政,有蚩尤兄弟八十一人,并兽身人语,铜头铁额,食沙石子,造立兵仗刀戟大弩,威振天下,诛杀无道,不慈仁。万民欲令黄帝行天子事。黄帝以仁义不能禁止蚩尤,乃仰天而叹。天遣玄女下授黄帝兵信神符,制伏蚩尤。"《龙鱼图》是西汉纬书,已经提到"兵信神符"。《三国志·魏志·董卓传》裴注引《魏书》"(牛)辅恇怯失守,不能自安。常把辟兵符,以斧锧致其旁,欲以自强"。这大概是文献中最早出现的"辟兵符"的记载,但辟兵符的出现一定比东汉末要早很多。孙机认为,前述"蚩尤避兵"带钩也是一种"辟兵符",牛辅所持以壮胆之符,应与铜佩为一物。④《抱朴子·杂应》记载了十多种辟兵符,如赤灵符、燕君龙虎三囊符、西王母兵信之符、荧惑、朱雀之符、南极

---

① 周世荣:《马王堆汉墓的神祇图帛画》,《考古》1990年第10期;李零:《马王堆汉墓神图应为辟兵图》,《考古》1991年第10期;李零:《"太一"崇拜的考古研究》,《中国方术续考》,中华书局2006年版,第158—181页。
② 胡新生:《中国古代巫术》,山东人民出版社1998年版,第62—63页。
③ 同上书,第65页。
④ 孙机:《宗教迷信物品》,《汉代物质文化资料图说》(修订本),上海古籍出版社2008年版,第468页。

烁金之符、却刃之符、祝融之符、六阴神将符、武威符等，可见后世的辟兵符箓之多，而其根源可以上溯到战国。

三 时日选择辟兵

战国时期，还出现了在特定时间从事特定活动可以辟兵的观念和行为。我们将此类辟兵术称为时日选择辟兵。睡虎地秦《日书》甲种《衣》："丁酉裂衣常（裳），以西有（又）以东行，以坐而饮酉（酒），矢兵不入于身，身不伤。"① 丁酉日制作衣服，并辅之以东行和坐下饮酒的行动，着此衣就可以矢兵不侵。依照阴阳五行说，丁、酉均属金，东属木，东行意味着金克木；酒亦从西，且为"百药之长"，性能"杀百邪恶毒气"②，故而会有这样一种辟兵术被发明出来。

相似的择日辟兵术还有五月五日系五彩丝辟兵。东汉应劭《风俗通义》："五月五日以五彩丝系臂，名曰长命缕。一名续命缕，一名辟兵缯，一名五色缕，一名朱索。辟兵及鬼，命人不病瘟。"③ 同书又有："夏至著五彩辟兵，题曰游光或厉鬼知其名者，无瘟疾。五彩，辟五兵也。"④ 胡新生认为，这种风俗来源于先秦流传已久的朱丝驱邪术，又和五月五日及夏至阳气兴盛的观念有关。⑤ 因此可以推测，这种辟兵术也有很长的历史。

四 道术辟兵

在春秋战国的道家学说中，有以道辟兵的观念。《老子》第50章："盖闻善摄生者，陆行不遇兕虎，入军不被甲兵，兕无所投其角，虎无所用其爪，兵无所容其刃。夫何故？以其无死地。"第55章："含德之厚，比于赤子。蜂虿虺蛇不螫，猛兽不据，攫鸟不搏。骨弱筋柔而握固。"在《老子》看来，在至高无上的自然之道面前，上帝和鬼神实在算不了什

---

① 睡虎地秦墓竹简整理小组：《睡虎地秦墓竹简》，文物出版社1990年版，第224页。
② 《汉书·食货志下》《名医别录》。
③ （汉）应劭撰，吴树平校释：《风俗通义校释》，天津人民出版社1980年版，第414—415页。
④ 《太平御览》卷二三引。
⑤ 胡新生：《中国古代巫术》，山东人民出版社1998年版，第212—219页。

么。道能使神具有灵验，也可以使神鬼无所用其神。① 因而依照天道行事则身存无尤，鬼神不伤，"可以长久"（第 44 章），猛兽刀兵之类的外力伤害当然也就无计可施。这就提出了以道辟兵的观念和方法。《文子·道德》："夫行道者，使人虽勇，刺之不入；虽巧，击之不中；而犹辱也，未若使人虽勇不敢刺，虽巧不敢击。"② 这一论述，也可证明以道辟兵确实是道家共有的观念。这一思想和《老子》的玄修养生、《庄子》的真人神仙之说相出入，在战国社会上到底有多大影响尚难判定，但它肯定是后世道术辟兵的一个重要来源并且是辟兵的最高境界则可断言。

综上所述，战国时期多种辟兵术开始出现。辟兵术和阴阳五行说的发展与诅咒厌胜有密切的关系，并且为其在汉晋的兴盛建立了基础。何炳棣先生曾提出，战国时期巫术、方技、新兴的养生、神仙之术的观念和修炼实践，已经形成了雏形的"避兵术"。③ 这一认识，大体上是正确的。

---

① 《老子》第六十章："以道莅天下，其鬼不神。非其鬼不神，其神不伤人。非其神不伤人，圣人亦不伤人。夫两不相伤，故德交归焉。"
② 李定生、徐慧君校释：《文子校释》，上海古籍出版社 2004 年版，第 191 页。
③ 何炳棣：《有关〈孙子〉〈老子〉的三篇考证》，"中央研究院"近代史研究所 2002 年版，第 18 页。

第五章

兵阴阳家的历史影响

第一节 兵阴阳与先秦军事

一 兵阴阳与先秦战争

兵阴阳支配着人们的思维并被广泛运用于战争实践，这就不能不对先秦时期的战争进程和结果产生深刻影响。

首先，兵阴阳影响了先秦战争的发生。先秦时期战争的爆发，政治、经济等因素通常是首要的，但是是否发动战争，兵阴阳思想起到了重要的决定作用。商代卜筮盛行，事无巨细均需占卜，战争作为国之大事，战前占卜同样是必需的程序。殷墟卜辞中有大量战前占卜的例子，而这些占卜，对于战争是否进行显然是重要的决策依据。作为殷商的敌人，周人在伐纣之前，也用占卜预测吉凶，帮助下定战争决心。《史记·齐太公世家》："武王将伐纣，卜，龟兆不吉，风雨暴至。群公尽惧，唯太公强之劝武王，武王于是遂行。"这是战国流行的一个故事，类似记载还有很多（详见本章第二节）。面对不吉的占卜结果，如果不是太公极力坚持，武王可能就难以决断伐商。这一故事证明，商周时期在通常情况下，占卜不吉是会阻碍发动战争的；反之，如果结果为吉，则会促使决策者下决心开战。春秋以来类似的记载更多，前面几章内已多有列举。《左传·襄公十三年》："先王卜征五年，而岁习其祥，祥习则行。"当时不仅有提前多年的例行军事预测，而且是"祥习则行"，不祥则不行。《史记·龟策列传》说"王者发军行将，必钻龟庙堂之上，以决吉凶。"[1] 先

---

[1] 《史记·龟策列传》。

秦时期的战前预测和定计当然不止于龟卜,如前所述,各种预测占候及祝禳厌胜手段都被用于战争的发动和进行。总之,对于先秦战争来说,数术是必要的前奏,对于统治者来说,数术是发动战争的基本决策依据。

其次,兵阴阳影响了战争的进程和结局。先秦战争进程中,处处有兵阴阳思想的体现。我们已经看到,战争的具体分工——谁任将帅甚至车右和驭手,战争的具体方式——攻与守,追击与退却,作战向背方位和时日,阵形及旗帜服色,战争是否继续——靓和还是再战,如此等等,一般均由数术来决定。这种普遍的数术思维和行为,必然对先秦战争产生深刻影响。

一方面,数术活动导致不同决策,从而影响战争进程和结局。如《左传·宣公十二年》:楚军围郑,"郑人卜行成,不吉;卜临于大宫,且巷出车,吉",于是郑国立即投降不再坚守。哀公九年:晋国谋伐宋救郑:"阳虎以《周易》筮之,遇《泰》之《需》曰:'宋方吉,不可与也。微子启,帝乙之元子也。宋、郑,甥舅也。祉,禄也。若帝乙之元子归妹而有吉禄,我安得吉焉?'乃止。"晋本拟救郑,由于筮占不吉遂放弃出兵,从而对宋郑战争结局产生了影响。

另一方面,兵阴阳观念和数术占候影响将帅和军队情绪意志,从而使战争的进程和结局受到影响。如第三章曾举出,武王伐纣以梦象吉利鼓舞将士,子犯、伍子胥权言解梦坚定晋文公和吴王夫差的作战决心,为战争胜利创造了条件;而城濮之战前夕,楚帅子玉梦见河神索要宝玉各啬不予,导致军心涣散,伏下了失败的原因。战国田单守即墨及复齐之战,更是一个非常典型的战例,《史记·田单列传》:

田单乃令城中人食必祭其先祖于庭,飞鸟悉翔舞城中下食。燕人怪之。田单因宣言曰:"神来下教我。"乃令城中人曰:"当有神人为我师。"有一卒曰:"臣可以为师乎?"因反走。田单乃起,引还,东乡坐,师事之。卒曰:"臣欺君,诚无能也。"田单曰:"子勿言也!"因师之。每出约束,必称神师。乃宣言曰:"吾唯惧燕军之劓所得齐卒,置之前行,与我战,即墨败矣。"燕人闻之,如其言。城中人见齐诸降者尽劓,皆怒,坚守唯恐见得。单又纵反间曰:"吾惧燕人掘吾城外冢墓,僇先人,可为寒心。"燕人尽掘垄墓,烧死人。即墨人从城上望见,皆涕泣,俱欲出战,怒自十倍。田单知士卒之

第五章 兵阴阳家的历史影响

可用,乃身操版插,与士卒分功。妻妾编于行伍之间,尽散饮食飨士。令甲卒皆伏,使老弱女子乘城,遣使约降于燕,燕军皆呼万岁。田单又收民金,得千溢,令即墨富豪遗燕将,曰:"即墨即降,愿无虏掠吾族家妻妾,令安堵。"燕将大喜,许之。燕军由此益懈。田单乃收城中得千余牛,为绛缯衣,画以五彩龙文,束兵刃于其角,而灌脂束苇于尾,烧其端。凿城数十穴,夜纵牛,壮士五千人随其后。牛尾热,怒而奔燕军,燕军夜大惊。牛尾炬火光明炫耀,燕军视之,皆龙文,所触尽死伤。五千人因衔枚击之,而城中鼓噪从之,老弱皆击铜器为声,声动天地。燕军大骇,败走。齐人遂夷杀其将骑劫。燕军扰乱奔走,齐人追亡逐北,所过城邑,皆畔燕而归田单。

田单利用燕齐士兵和民众的迷信心理,巧妙地设计欺敌懈敌,鼓舞己方士气,最终取得大胜。他之所以能够成功,完全建立在当时社会上浓厚的鬼神观念基础之上。也正因为如此,后代统治者和军事家无不以神道设教为治军法宝(详见下文)。

再次,兵阴阳影响了战争的形式和特点。我们知道,先秦军事具有鲜明的礼仪特点,军事活动为礼所规范节制。《周礼·春官·大宗伯》:"以军礼同邦国。大师之礼,用众也;大均之礼,恤众也;大田之礼,简众也;大役之礼,任众也;大封之礼,合众也。"军礼涵盖了军事活动的方方面面。以往,学者们较多地注意到先秦(至少是西周至春秋时期)战争那种有礼有节、舒缓不诈的特点,这在《司马法》《左传》等古代文献里有不少记载描述,[①] 但很少有人注意到,先秦战争的礼仪化特点,在很大程度上与兵阴阳和数术思维及活动密切相关。在伴随军事活动全过程的连绵繁复的军礼礼仪中,祭祀、占卜等活动占有非常重要的地位。正是大量的此类活动,使战争一板一眼、节奏缓慢地进行。春秋晋楚鄢陵之战,战场上两军的种种表现,是这一特征及原因的最好呈现。

综上,先秦时期的战争,具有明显的军事和宗教的两重性:一方面,它们是人力、物力与组织指挥的较量;另一方面,它们又表现为数术的支配与对抗。说先秦战争具有数术战争的特点,应该是符合实际的概括。

[①] 田旭东:《从〈司马法〉看先秦古军礼》,《滨州学院学报》2013年第5期。

二 兵阴阳与先秦军队组织、将领和装备

1. 兵阴阳对军队组织的影响

既然先秦战争完全离不开祭祀占卜等数术，这一基本需求必然反映到当时军队组织的构成上来。先秦军制总体上属于非常备军制，军队的组成和行政制度相衔接，无论在分封制还是郡县制下，平时贵族、官员治理属民，各司其业；战时按行政建制出兵和军器物资组成军队，贵族或官员统领出征作战。在这样一种制度下，战争中祭祀占卜等数术需求，主要由国家、贵族之家或地方政府的数术人员和巫觋随军提供。殷商卜辞有很多在出征地进行占卜，贞人就是往常在商都占卜之人，如帝辛时代黄组的贞人黄、泳等人，除了在大邑商贞占，也出现在征人方战争不同地点的卜辞中，说明他们是随军服务的。西周以来史官和其他数术职官尊奉庙、社主从征，则是礼制惯例。比如《周礼》中的数术职官和其他官员一样，平时服务于宫廷，战时则奔赴战场从事相关工作。有关史料上章举证甚多，无须重复。

战国的情况有所变化，随着战争规模、持续时间和形态、烈度的变化，军队虽然仍以非常备军为主，但出现了向常备军转化的趋势。因此在军队指挥机构中，逐渐出现了专职数术军官。《史记·陈涉世家》："周文，陈之贤人也，尝为项燕军视日。事春申君，自言习兵，陈王与之将军印，西击秦。"《集解》引如淳曰："视日，时吉凶举动之占也。"这是战国晚期楚国军队中有专事时日选择的"视日"官的记载。《六韬·龙韬·王翼》叙述将军幕府设官，包括："天文三人，主司星历，候风气，推时日，考符验，校灾异，知天心去就之机"；"术士二人，主为谲诈，依托鬼神，以惑众心"；以及"方士三人，主百药，以治金疮，以痊万症"。《六韬》或《太公兵法》的成书当在战国晚期，① 其记载和《陈涉世家》可以互相印证，证明战国晚期军队设立了专职军官，从事军占事务。

2. 兵阴阳对军队将领的影响

无疑，先秦军队将领是普遍信奉兵阴阳的。《尉缭子·武议》："今世将考孤虚，占咸池，合龟兆，视吉凶，观星辰风云之变，欲以成胜立

---

① 徐勇、邵鸿：《六韬综论》，《济南大学学报》2001 年第 7 期。

功。"《六韬》也曾指出，当时将领的一大问题，就是为兵阴阳所束缚，"众将所拘者九"："法令不行而任侵诛；无德厚而用日月之数；不顺敌之强弱，幸于天道；无智虑而候氛气；少勇力而望天福；不知地形而归过敌人；怯弗敢击而待龟筮；士卒不募而法鬼神；设伏不巧而任背向之道。"①

虽说作者认为天道无益于军事，"明将不法"，但客观上当时战争的"术战"性质，决定了先秦军将必须具备军事数术和兵阴阳知识。《六韬·虎韬·垒虚》："将必上知天道，下知地理，中知人事。"类似的话在战国兵书里成为习语，这既是对将帅用兵策略的要求，也是其应具军事素养的标准。而我们已经指出，所谓"天道""地理"，都包含着明确的兵阴阳内涵。在汉代及魏晋南北朝的历史记载中，军官常常要接受兵阴阳知识的教育，② 先秦时期虽还未看到类似情形，但军将的数术知识至少可以从两个方面获得。

一是官府。春秋及以前的军将，多由贵族担任。周代贵族子弟有专门学校，对其进行全方位的教育，其中礼又是最重要的内容。因此课程不仅必然包括各种祭祀礼仪，也应包括数术（如卜筮、天文、时日等）方面的课程。此外，先秦国家机构中设有大量数术官员和相关人员，并有完整的管理制度。湖北江陵张家山汉简中有汉初的《史律》，对史、卜、祝三种人员的学习、选拔、使用、考课等方面均有明确规定。③ 汉承秦制，由《史律》可以推知战国秦制。战国以后，军将不再由贵族垄断，这些官府数术人员，特别是将军幕府中"视日"之类的军吏，应该是军将的数术参谋兼老师。

二是民间。春秋末，孔子开私人办学之风，私学逐渐兴起。战国私

---

① 《群书治要》卷三十一引《六韬》。

② 邵鸿：《兵阴阳家与汉代军事》，《南开学报》2002 年第 11 期；邵鸿：《神权垄断的悖论：中国古代国家对术数活动的限制与两难——侧重于兵阴阳学方面》，《天津社会科学》2002 年第 1 期。

③ 此前和《史律》有关的记载，见《汉书·艺文志》："汉兴，萧何草律，亦著其法，曰：'太史试学童，能讽书九千字以上，乃得为史。又以六体试之，课最者以为尚书、御史、史书令史。吏民上书，字或不正，辄举劾。'"又湖北云梦睡虎地秦简所出秦律《内史杂》亦与之有关。李学勤：《试说张家山汉简〈史律〉》，《中国古代文明研究》，华东师范大学出版社 2005 年版；彭浩：《谈张家山汉简〈史律〉的"上计六更"》，中国文化遗产研究院编：《出土文献研究》（第九辑）。

学所教内容甚广，其中也包括数术和兵学。①《史记·孙子吴起列传》记载孙膑和庞涓同学于鬼谷子，张良从黄石老人受《太公兵法》，②这两个带有传奇色彩的故事均证明了这一点。我们确知，无论是《孙膑兵法》还是《太公兵法》，其中都有不少兵阴阳的内容（详见下文），故可以推论，孙膑、张良至少部分兵阴阳知识是从他们的老师那里学得的。不过，鬼谷子和黄石公的神秘，似乎说明当时的兵家传授还不像其他专业那样普遍或公开，这似乎又和当时兵家往往具有浓厚的阴阳家色彩有关。

3. 兵阴阳对军队装备的影响

兵阴阳讲究色彩图像的数术厌胜功能，因此先秦军队装备的颜色形制深受其影响。这尤其突出地体现在军旗之上。

军旗是军队区分单位、传递信息的重要手段。但在早期军事史上，军旗同时还具有厌胜求吉功能。《史记正义》引《龙鱼图》："蚩尤没后，天下复扰乱不宁。黄帝遂画蚩尤形象以威天下。天下咸谓蚩尤不死，八方万邦皆为弭服。"马王堆帛书《十大经·正乱》：黄帝擒蚩尤后，"鬋其发而建之天，名曰蚩尤之旌"，将两条材料对看，可知蚩尤像是画在旗帜之上。这种做法，与后来将星象、动物画在旗帜上同一道理，都是为了军事厌胜。又商周时期军旗尚白，《司马法》："（旂）殷白，天之义也"；《礼记·明堂位》："殷之大白，周之大赤。"殷商的旗帜崇尚白于史有征，③周代的旗帜崇尚赤则系后世儒者的编排，从现有史料看，周人军旗同样是尚白的④。今天很难确知殷周人何以推崇白色（有人认为白属金，利军事，这是五行说兴起后的观念不可信），却可以肯定这一定有求吉的意义。

春秋战国以来由于阴阳五行观念和数术的发展，军队作战更加讲究顺天，并崇尚"各以其方色与其兵"⑤。因此，军旗、军服等也往往按照数术要求加以制作配置，色彩和图案有了特殊的规定。比如我们曾经引述过的《墨子·迎敌祠》以五色旗依五方立祭坛；《管子·兵法》以"九章"（日、月、龙、虎、鸟、蛇、鹊、狼、韇）在相应时间和不同地

---

① 邵鸿、耿雪敏：《战国民间的巫觋术士群体》，《江西社会科学》2013年第6期。
② 《史记·留侯世家》。
③ 朱桢：《"殷人尚白"问题试证》，《殷都学刊》1995年第3期。
④ 胡新生：《"周人尚赤"说的历史考察》，《文史哲》2005年第2期。
⑤ 《礼记·曾子问》。

形行军；《周礼·司常》常、旂、旗、旟、旐，其上的画章分别为三辰、交龙、熊虎、鸟隼、龟蛇，对应日月招摇和青龙、白虎、朱雀、玄武四象，实际上都具有数术和厌胜的意义。其中，五色五方旗在后代尤为流行，直到明清时期仍很习见。①

军旗的装饰也往往与兵阴阳观念有关。如春秋时期有茅旌，《公羊传·宣公十二年》："（楚）庄王伐郑……郑伯肉袒，左执茅旌，右执鸾刀，以逆庄王。"《史记·宋微子世家》："周武王伐纣克殷，微子乃持其祭器造于军门，肉袒面缚，左牵羊，右把茅，膝行而前以告。"茅旌显然从持茅发展而来，应该是缀有白茅的旗子。白茅是先秦祭祀必备用品，古人认为白茅能通神，所以茅旌具有开道驱邪的巫术意义。郑襄公执茅旌投降，是表示自己愿为楚王前驱，避邪开路，虽死不辞。② 又如旞和旌，没有旗面，干首饰雉鸟羽。雉鸟也被古人认为具有沟通神人的能力，旗干首以羽毛来装饰，也含有讨好神灵、祈求吉祥之意。先秦军旗还多用牦牛尾加以装饰，《诗经·小雅·出车》："我出我车，于彼郊矣。设此旐矣，建彼旄矣。"考古也曾发现相关文物。③ 白旄又尤其显要，《尚书·牧誓》："时甲子昧爽，王朝至于商郊牧野，乃誓。王左杖黄钺，右秉白旄以麾。"《史记·卫康叔世家》："与太子白旄，而告界盗，见持白旄者杀之。"牦牛在先秦是与象齿鼍革同样贵重之物，出于楚国和西部地区，④ 而在西南羌藏民族中，牦牛尤其是白牦牛是特别神圣的图腾动物。⑤ 由此看来，周人将牦牛尾系于白色主军旗上，显然不仅仅是为了装饰。战国星占家以旄头、旄星称昴星，⑥ 认为其主胡兵、兵丧，与此应有内在联系。

不仅旗帜，战国以来的军服、骑乘等也都打上了阴阳五行的烙印。《墨子·迎敌祠》叙述军事祭祀时，祭坛上各方将军必须着相应方色之服。《礼记·檀弓上》："夏后氏尚黑，大事敛用昏，戎事乘骊，牲用玄。

---

① 吴雪景：《先秦军旗述略》，《温州师范学院学报》2002年第5期。
② 胡新生：《中国古代巫术》，山东人民出版社1998年版，第130—134页。
③ 崔睿华、吴正龙、李新秦：《宝鸡地区出土青铜器简介 铜旄（西周）》，《宝鸡文理学院学报》（社会科学版）2012年第2期。
④ 《国语·晋语四》《史记·货殖列传》。
⑤ 林继富：《藏族牦牛神话试论》，《西藏民族艺术》1999年第2期。
⑥ 《史记·天官书》《开元占经》卷六十二《昴宿占四》。

殷人尚白，大事敛用日中，戎事乘翰，牲用白。周人尚赤，大事敛用日出，戎事乘騵，牲用骍。"这段话不尽可信，前面已指出周人难说尚赤，但说周人戎事用马对颜色有特殊要求则可能近实。有一个稍晚的例子可为旁证：《史记·匈奴列传》记载匈奴围汉高祖于平城，"匈奴骑，其西方尽白马，东方尽青駹马，北方尽乌骊马，南方尽骍马"。匈奴之所以如此，不是匈奴人信仰阴阳五行，而是他们知道汉人之俗，因而故意按照五行摆下四色骑兵阵围攻汉军，以取得心理上的优势。

先秦时期的军器制作和配备也受到兵阴阳思想的影响。

有迹象表明，先秦制造兵器伴随着一定的占卜和巫术行为。商代铸造铜器有卜问吉凶的情形，林沄先生在《商代卜辞中的冶铸史料》一文中曾经指出，《金璋所藏甲骨卜辞》第511版"王其铸黄吕，奠血，叀今日乙未利？"是为铸造铜器举行衅血祭祀，卜问哪一天吉利。① 在西周的一些铜戈上，有铸上的数字卦，其中一件"鼎卦戈"上还出现了《周易·鼎卦》的爻辞。而在商周的一些铸铜作坊遗址中，都曾出土卜甲或卜骨。董珊指出，这些都是铸器先筮的结果，因卦象与器形和卦意相同，被视为大吉之事，因而铸铭以为纪念。②两位先生的发现证明，卜筮和血衅，是商周时期兵器铸造的必要程序。

战国秦汉时期追求厌胜辟兵的目的，制造兵器有时会将特殊图案和文字铸、刻其上，制器时间也有特殊的选择，这一点我们在上一章已经谈及。此外，战国时期还出现了按照时令所宜配置武器的主张。《太平御览》卷301引《周书》："春为牝阵，弓为前行；夏为方阵，戟为前行；季夏为圆阵，矛为前行；秋为牡阵，剑为前行；冬为伏阵，楯为前行。是为五阵。"同书卷339引太公《六韬》："春以长矛在前，夏以大戟在前，秋以弓弩在前，冬以刀楯在前，此四时应天之法也。"两说不尽相同但基本理念一致，即四时阵法和武器各有所宜，不可违背。这当然只能是兵阴阳观念的产物。

三 兵阴阳与先秦军事思想

以上各章的讨论证明，中国上古时代的战争，从一开始就和各种巫

---

① 林沄：《林沄学术文集》，中国大百科全书出版社1998年版，第44页。
② 董珊：《论新见鼎卦戈》，复旦大学出土文献与古文字研究中心编：《出入文献与古文字研究》第4辑，上海古籍出版社2011年版。

术、数术活动紧密联系。但随着先秦战争的演进，理性主义的军事思想也逐渐发展起来。春秋战国时期，是我国古典军事思想的形成期，出现了以《孙子兵法》为代表的大批优秀军事著作。如我们在下节将要叙述的，理性主义是中国古代军事思想的突出特征，在一定程度上，孙子、吴起、尉缭子等杰出兵家正是在批判、否定兵阴阳的基础上而展现其睿智的思想光芒。尽管如此，兵阴阳家作为兵家的一个重要流派，其思想影响仍然十分广泛和深刻。战国以来，不仅有大量兵阴阳家著作面世，在其他兵学流派或兵家著作中，兵阴阳也或多或少地存在。完全可以这样说，不了解兵阴阳家，就无法理解先秦兵书中的很多内容，也无法理解先秦战争呈现出的在现代人看来匪夷所思的方式和行为。

1. 兵阴阳家著作

《汉书·艺文志》兵阴阳家下共著录16家，249篇，图10卷，分别是：

《太一兵法》一篇。

《天一兵法》三十五篇。

《神农兵法》一篇。

《黄帝》十六篇。图三卷。

《封胡》五篇。黄帝臣，依托也。（班固注，下同）

《风后》十三篇。图二卷。黄帝臣，依托也。

《力牧》十五篇。黄帝臣，依托也。

《鵊冶子》一篇。图一卷。

《鬼容区》三篇。图一卷。黄帝臣，依托。

《地典》六篇。

《孟子》一篇。

《东父》三十一篇。

《师旷》八篇。晋平公臣。

《苌弘》十五篇。周史。

《别成子望军气》六篇。图三卷。

《辟兵威胜方》七十篇。

《艺文志》"兵书"总计53家，799篇，图43卷，因此兵阴阳的家数占30%，篇数占31%（《艺文志》"数术"收书190家，近于全志的三分之一，比例与此相当）。虽然我们不能确知这16种文献中哪些成书早于秦代，但这个比例可以作为当时兵书结构的一个大致参照。

需要指出的是，其一，《汉书·艺文志》"数术"中很多著作都包含有兵阴阳的内容，特别是其下"天文""五行"两类，多数涉及军事占候，像《天一》《刑德》《风后孤虚》《五音奇胲刑德》《五音奇胲用兵》等书还很可能是以军占为主。其二，《汉书·艺文志》基本没有涵盖现代考古发现的先秦秦汉时期兵阴阳著作。比如银雀山汉简《地典》《天地八风五行客主五音之居》，张家山汉简《盖庐》，马王堆帛书《刑德》甲、乙篇、《五星占》《天文气象杂占》《日月风雨云气占》，敦煌汉简《力牧》等，除《地典》和《力牧》两书，其他都不见于《汉志》。① 其三，在兵家的其他著作中，也或多或少都有兵阴阳的文字。这样算起来，兵阴阳文献的比重当然更大。秦汉以来的两千多年中，兵阴阳书籍的占比一直呈下降趋势，笔者据刘申宁《中国兵书总目》一书统计，宋代兵阴阳著作占兵书总数的22.4%，金元时期为14.3%，明代6.8%，清代则仅为1.8%。因此，战国秦汉时期显然是兵阴阳著作比例最高的时代。

2. 非兵阴阳著作

被后世奉为兵学圣典的《孙子兵法》，无疑是先秦最重要的军事著作。《孙子兵法》十三篇《汉书·艺文志》列入兵权谋家，其突出特点，是不以鬼神、天意的迷信为军事定理，力求把握战争客观规律，以人的智慧指挥战争取得胜利。这在当时浓厚的鬼神、数术崇拜的文化氛围里，是非常难能可贵的。但是即使如此，《孙子兵法》也不可避免地要受到兵阴阳的影响。

孙子指导战争的前提是"知天知地"。《孙子兵法》的首篇《计篇》中将"道、天、地、将、法"归为战争的五事，其对"天"的解释是："天者，阴阳、寒暑、时制也"；银雀山竹简本作："天者……顺逆、兵胜也。"现代学者喜欢纯从自然的角度来理解这一文本内容，恐怕并不符合孙子的原意。古代注家多从数术方面着眼，如《十三家注》王晳曰："总天道五行四时风云天象也。"杜牧则谓："阴阳者，五行、刑德、向背之类也。"这一说法，可能也过于拘泥字面而有片面性，但我们肯定不能把孙子说的"阴阳"简单等同于现代的天文气象学。在春秋战国的语境里，"阴阳"不能不具有一定的数术含义。"时制"也是如此，尽管与兵阴阳

---

① 骈宇骞：《出土简帛书籍分类述略（兵书略）》，《中国典籍与文化》2005年第12期。

"时日"之说有所差别,但也不可能完全切割。《火攻》:"发火有时,起火有日。时者,天之燥也;日者,月在箕、壁、翼、轸也。凡此四宿者,风起之日也。"以月亮所经星宿来确定风起之日,就属于兵阴阳家的风角之术。

孙子的"知地"与"知天"相似。《计篇》:"地者,远近、险易、广狭、死生也。""死生"之说,也和兵阴阳不能完全脱离关系。如我们在第四章所论,兵阴阳的军事地理学有不少合理成分,如主张扎营冬卑夏高,列阵背山面水、不迎高陵、不逆流而战等,但强调右高左水,五行相胜等则完全是阴阳家说,无理性可言。《孙子兵法》重视兵要地理,有很多精辟的论述,《行军》《地形》《九地》三篇尤为孙子军事地理思想的集中体现,《行军篇》曰:

> 凡处军相敌,绝山依谷,视生处高,战隆无登,此处山之军也。绝水必远水,客绝水而来,勿迎之于水内,令半渡而击之利。欲战者,无附于水而迎客,视生处高,无迎水流,此处水上之军也。绝斥泽,唯亟去无留,若交军于斥泽之中,必依水草而背众树,此处斥泽之军也。平陆处易,右背高,前死后生,此处平陆之军也。凡此四军之利,黄帝之所以胜四帝也。凡军好高而恶下,贵阳而贱阴,养生而处实,军无百疾,是谓必胜。丘陵堤防,必处其阳而右背之,此兵之利,地之助也。上雨水流至,欲涉者,待其定也。凡地有绝涧、天井、天牢、天罗、天陷、天隙,必亟去之,勿近也。吾远之,敌近之;吾迎之,敌背之。军旁有险阻、潢井、蒹葭、林木、蘙荟者,必谨覆索之,此伏奸之所也。

这里主张的"必处其阳而右背之",显然和兵阴阳家有相同之处。《九地》中还有"刚柔皆得,地之理也"的记载,李零已指出"刚柔"指的是地形之阴阳,属于数术中的相地形之学。此外,《孙子兵法·形篇》:"善守者,藏于九地之下;善攻者,动于九天之上。"据李零考证,"九天""九地"与用兵联系在一起常与式法有关。[①]

[①] 李零:《读〈孙子〉札记》,《孙子古本研究》,北京大学出版社1995年版,第306—310页。

还应提到的是，在银雀山汉墓中发现了《孙子兵法》佚文五篇，即《吴问》《四变》《黄帝伐赤帝》《地形二》《见吴王》。《黄帝伐赤帝》大讲"右阴、顺术、倍冲"，《地形二》也有"右负丘陵，左前水泽"的文字，这种地理上的阴阳向背之说也和兵阴阳家有关。

《吴子兵法》亦属兵权谋类的兵书，在历史上曾与《孙子兵法》并称为"孙吴兵法"，为历代兵家所重视。《吴子》今仅存六篇，偶尔亦可见兵阴阳性质的文字。如《图国》："是以有道之主，将用其民，先和而造大事。不敢信其私谋，必告于祖庙，启于元龟，参之天时，吉乃后举。"如《料敌》说"有不卜而与之战者八"，"不占而避之者六"，所说十四种情形，除个别外都是一国政治、经济和军事方面的，这当然是有进步意义的认识（详见下节），但由此也可见吴起并不完全反对军事占卜，这是很值得注意的一点。此外，《料敌》将"妖祥数起"作为敌人可攻的征兆之一，《治兵》说行军作战"必左青龙，右白虎，前朱雀，后玄武，招摇在上，从事于下"，《应变》以"右山左水"为有利，这都是兵阴阳思想在《吴子兵法》中的映射。

《汉书·艺文志》："权谋者，以正守国，以奇用兵，先计而后战，兼形势，包阴阳，用技巧者也。"从孙、吴两书看，"包阴阳"的概括是可以成立的。我们有理由设想，其他权谋类兵书这一倾向应该比孙、吴更加突出。

《司马法》是战国时期一部重要的兵书，它和《孙子兵法》同属优秀的理性主义军事著作，但也不可避免地受到兵阴阳的影响。《汉书·艺文志》把《司马兵法》归入"礼"类，作《军礼司马法》，多达 155 篇。因为重礼，书中对军事祭祷持充分肯定的立场，如战前"乃告于皇天上帝、日月星辰、祷于后土四海神祇、山川冢社，乃造于先王"，反映了"假鬼神以为助"的思想意识。《司马法·定爵》将"顺天"放在"五虑"——"顺天、阜财、怿众、利地、右兵"的第一位。"顺天"，同篇解释为"奉时"，接着又说："凡战，有天、有财、有善。时日不迁，龟胜微行，是谓有天。""龟胜"，刘寅《武经七书直解》："龟胜者，占而得胜兆也。"也就是说在战争中还是要重视时日选择和占卜吉凶，这当然是兵阴阳的思想。《司马法》中还有"春不东征，秋不西伐，月食班师，所以省战也"；"凡战，背风、背高，右高左险"一类的文字，这也显然都属于兵阴阳的固有观念。

相比于以上三种兵书,《孙膑兵法》的兵阴阳色彩更多一些。《孙膑兵法》对于军事的基本主张,是"天时、地利、人和,三者不得,虽胜有殃"。作者认为"间于天地之间,莫贵于人",强调政治、经济和人事因素对战争的决定作用,基本立场是积极的、理性的,所以《汉志》未将其列入兵阴阳家而归入兵形势家。但书中兵阴阳文字确实不少。《孙膑兵法·行篡》:"阴阳,所以聚众合敌也。"这是在总体上肯定了"阴阳"在军事中的地位。对于"天时",《月战》云:"十战而六胜,以星也。十战而七胜,以日者也。十战而八胜,以月者也。十战而九胜,月有……〔十战〕而十胜,将善而生过者也。"作者认识到将领素质比天官时日更为重要,但是也明显表现出对军事数术的认可和推崇,认为战争胜败与日月星辰的运动相互关联。对于"地利",《地葆篇》更有详细论述:

> 凡地之道,阳为表,阴为里,直者为刚(纲),术者为纪。纪刚(纲)则得,陈(阵)乃不惑。直者毛产,术者半死。凡战地也,日其精也。八风将来,必勿忘也。绝水、迎陵、逆(溜)流、居杀地、迎众树者,钧(均)举也,五者皆不胜。南陈之山,生山也;东陈之山,死山也。东注之水,生水也;北注之水,死水。不留(流),死水也。五地之胜,曰:山胜陵,陵胜阜,阜胜陈,陈胜丘,丘胜林平地。五草之胜,曰:藩、棘、椐、茅、莎。五壤之胜:青胜黄、黄胜黑、黑胜赤、赤胜白、白胜青。五地之败,曰:豀、川、泽、斥。五地之杀,曰:天井、天苑、天离、天隙、天招。五墓杀地,勿居也,勿□也。春毋降,秋毋登,军与陈(阵)皆毋政前右,右周毋左周。①

这一番论述,以阴阳表里区分地形,以山川方向决定生死,以五行生克及左右背向规定军事胜败,充满着浓厚的兵阴阳色彩。研究兵阴阳家的地理术,本篇提供了一个典型文本。

《孙膑兵法》的上述特征说明,"兵形势"其实和"兵权谋"一样,也是"包阴阳"的,而且色彩可能更加浓厚。《孙膑兵法》较早就散佚不

---

① 张震泽:《孙膑兵法校理》,中华书局1984年版,第71—72页。

传，可能与它的这一特点有关。

《六韬》是先秦兵书里较为重要和具有特色的一部。此书本属《太公》书（《汉志》列在道家）的一部分，非一时一人而成，因而比较冗散驳杂。我们今天看到的相对整齐简明的《六韬》，是唐宋时期经过删省改造后形成的。① 因此，《六韬》有一个很明显的特点，即一方面，书中有大量坚定明确的批判兵阴阳的论述（详见下节）；另一方面，又有许多推崇和鼓吹军事数术的内容，尤其是在唐以前的文本中表现得更为突出。如我们已经引述过的，《龙韬·王翼》主张军将幕府中必须设置数术官："主司星历，侯风气，推时日，考符验，校灾异，知天心去就之机"；《龙韬·五音》宣称"律音之声，可以知三军之消息"，"此五行之符，佐胜之征，成败之机也"；《三阵》推崇顺天用兵作战："日月星辰斗柄，一左一右，一向一背，此谓天阵"；《兵征》则大谈如何根据云气颜色、气流方向等判断战争吉凶，"此得神明之助，大胜之征也"。此外在《六韬》或《太公兵法》的逸文里，我们还看到"察气者，军之大要"，推崇孤虚术"一女子击百丈夫"，及箭射丁侯画像使之帖服的偶像祝诅术文字。事实上，古代许多军事数术形式在《六韬》中都有体现，不少还是相关研究的宝贵资料。

正因为《六韬》中多有上述内容，所以汉魏时期有人曾将其视为《洪范五行传》一类的阴阳五行著作。宋代禁止武举学习兵阴阳，武学教官朱服等人对《六韬》进行删改，此类内容才大为减少。② 从《六韬》的文本流变史我们能够看出，即使是一些被后世认为是理性主义的优秀兵书，其实在早期其立场和内容也往往并非如此坚定单纯。

通过上文的分析可知，先秦时期的兵家，兵阴阳家不仅著作很多，而且影响巨大。马王堆帛书《十大经·兵容》："兵不刑（型）天，兵不可用"，在"顺天"占主导地位的时代背景下，兵家多数要受到兵阴阳的影响或支配，以至"言兵者多杂以阴阳"，③ 实为势所必然。我们绝不能用今天的印象去理解当时兵家各流派和各家的社会地位和影响。

---

① 徐勇、邵鸿：《六韬综论》，《济南大学学报》2001年第3期。
② 同上。
③ 符彦卿：《人事军律序》，见晁公武《郡斋读书记》卷二。

第二节　否定和批判兵阴阳家思想的逐渐兴起

商代神秘主义和鬼神观念占绝对支配地位，周代人文主义觉醒，重德保民思想盛行，敬神之外更加注重人事。春秋时期社会开始发生大变革，思想领域也产生了相应的变化，进一步兴起了重民和人事重于天命的思想，出现了诸如"天道远，人道迩""吉凶由人""夫民，神之主也""天视自我民视，天听自我民听"之类的表述，形成了一股强劲的思想潮流。到战国，在百家争鸣的局面中，绝大多数思想家的治国方略都集中在现实政治方面，普遍对宗教神学较为疏远。正如陈来所说："春秋时代出现了两种值得注意的现象：一种是拒斥或不信星占预言的人文主义态度，一种是淘除其神秘性而专注于'天道'的哲学思考"，"一是人文主义，一是自然主义。人文主义的发展体现在对天的道德秩序的意义的重视，而自然主义的发展则向自然法则的意义延伸"。[①] 前者以儒家为代表，后者则以老子为代表。以孔、孟、荀为代表的早期儒家，上承春秋以来理性主义和人本主义思想，致力于礼乐仁义道德，追求实现社会成员关系良好和谐的等级政治，总体上是看轻并且倾向于否定鬼神数术的。兵阴阳家的内容多是涉及鬼神、数术之事，儒家对鬼神数术的态度决定了先秦儒家对兵阴阳家的思想多持否定和批判的态度。老子所代表的自然主义是对春秋以来自然主义的"天道"思想的继承和发展，庄子发展了老子思想中的自然主义和相对主义的因素，他和老子一样，认为道是最重要的，其他鬼神数术都微不足道。人事重于天命、政事重于鬼神的思想逐渐流行，神意的至高无上受到冲击，这些思想动摇了传统鬼神崇拜的思想基础。同时随着政治、经济的发展，人们逐渐意识到综合国力才是决定战争胜负的主要因素。战国列强相攻，战争规模显著扩大，时间延长，烈度增加，符合战争客观规律的战略、战术日益重要。尽管战国社会和军事的变化在一定程度上促进了兵阴阳的发展，但趋于兴盛的兵阴阳活动并不能真正适应时代需求，经不起军事实践的检验，因此春秋战国时期，也逐渐兴起了否定和批判兵阴阳的思想潮流。

[①] 陈来：《古代思想文化的世界》，生活·读书·新知三联书店2009年版，第60—61页。

一 对兵阴阳的间接否定

否定兵阴阳的观念,最初并不是以直接否定的面目出现,而是表现为一种间接的否定。这种否定主要有以下表现。

占卜参以人事。春秋以来在进行战争决策时,越来越注重多种因素的综合分析和判断,而不再是单纯依据占卜采取行动。如《国语·吴语》:"天占既兆,人事又见";《司马法》:"下卜上谋,是谓参之",这种占候必须和人事相互参证的观念虽然没有否定数术,但却否定了数术军占的神圣和支配地位。值得注意的是,这种观念在春秋就已流行并逐渐成为一种原则。正如邵鸿老师所说:"在中国古代,一味迷信数术的君主将帅很早就被视为愚蠢和昏聩,原因就在于即使是相信鬼神数术的人们也大都懂得'天命'和'人事'不可偏废的道理。"① 下面所列举的各种不遵从军占结果的说辞中,多是以人事来解释或改变占卜结果,就是这种观念的体现和产物。

曲解占卜。将领或决策者根据现实条件,对占卜结果加以主观解释,以实现自己的军事意图。如著名的城濮之战前夕,晋文公梦见楚王压在自己身上,吃自己的脑髓,大为恐慌。子犯却说:"吉。我得天,楚伏其罪",坚定了文公的决心,取得大胜。这种反训吉凶的做法,完全是曲解噩梦。又如楚将公子心与齐人战,"时有彗星出,柄在齐,柄所在,胜,不可击。公子心曰:'彗星何知,以彗斗者,固倒而胜焉'。明日与齐战,大破之"②。这和上例可谓异曲同工。鲁定公九年,"晋车千乘在中牟,卫侯将如五氏,卜过之,龟焦,卫侯曰:'可也!卫车当其半,寡人当其半,敌矣。'乃过中牟"③。龟焦不成兆象,按理应该重卜,但是卫侯却说可以一战。鲁哀公二年,晋赵简子卜与范氏战,"卜战,龟焦,兆不成。乐丁曰:《诗》曰:'爰始爰谋,爰契我龟。'谋协,以故兆询可也"。乐丁说人谋一致,龟卜之兆仅供咨询,意思是兆象不成就不需要再卜。这两个例子后来果然都取得了胜利。《左传·哀公十七年》:"夏六月,赵鞅围卫。齐国观、陈瓘救卫,得晋人之致师者……简子曰:'我卜伐卫,未

---

① 邵鸿:《中国古代对军事数术和兵阴阳家的批判》,《史林》2000 年第 8 期。
② 《尉缭子·天官》。
③ 《左传·鲁定公九年》。

卜与齐战。'乃还。"晋人伐卫，齐军往救，晋将赵鞅不愿意与齐交战，便托词"未卜与齐战"撤兵。类似的例子又如《左传·哀公二十七年》："晋荀瑶帅师伐郑，次于桐丘。郑驷弘请救于齐。齐师将兴……知伯闻之，乃还，曰：'我卜伐郑，不卜敌齐。'"这些例子的出现说明，虽然春秋时期军占在战争中依然有很大影响，但其神圣性降低，不再是不可曲解变通的决策手段。

违卜不从。先秦时期，一般都遵从卜筮结果，但违卜现象也时有发生。武王伐纣之时据说就曾违卜："武王将伐纣，卜，龟兆不吉，风雨暴至。群公尽惧，唯太公强之劝武王，武王于是遂行。"① 春秋战国时期，军事中违卜事例越来越多。如秦晋韩之战，晋人"卜右，庆郑吉。公曰：'郑也不逊。'以家仆徒为右，步扬御戎；梁由靡御韩简，虢射为右，以承公"②。《左传·昭公十七年》："吴伐楚，阳匄为令尹，卜战，不吉。司马子鱼曰：'我得上流，何故不吉？且楚故，司马令龟，我请改卜。'令曰：'鲂也以其属死之，楚师继之，尚大克之！'吉。战于长岸，子鱼先死，楚师继之，大败吴师。"③ 违卜现象的存在，比曲解占卜更进一步，完全将个人意愿凌驾于卜筮结果之上，对卜筮的权威更具挑战性。

不疑不卜。商代西周时期无事不卜，卜筮结果具有绝对权威。但春秋时期，却已出现了"圣人不烦卜筮"的说法，④ 一些理性的将领也提出了不疑不卜的主张。《左传·桓公十一年》：楚国对郧等五国作战，楚国执政欲占卜吉凶，大夫斗廉说："卜以决疑，不疑何卜？"遂败敌军。类似的例子还有：《左传·哀公十年》："赵鞅帅师伐齐，大夫请卜之。赵孟曰：'吾卜于此起兵，事不再令，卜不袭吉。行也！'于是乎取犁及辕，毁高唐之郭，侵及赖而还。"《左传·哀公二十三年》："晋荀瑶伐齐，高无丕帅师御之。将战，长武子请卜。知伯曰：'君告于天子，而卜之以守龟于宗祧，吉矣，吾又何卜焉？且齐人取我英丘，君命瑶，非敢耀武也，治英丘也。以辞伐罪足矣，何必卜？'"不疑不卜主张的提出，虽然还给卜筮军占保留了一定的空间和地位，因为其并没有否定有疑还是需要占

---

① 《史记·齐太公世家》。
② 《国语·晋语三》。
③ 《左传·昭公十七年》。
④ 《左传·哀公十八年》引《志》。

卜；但很明显，只要理性分析能够决策，就无须卜筮等军占活动。战国时吴起"凡料敌有不卜而与之战者八""有不占而避之者六"的论述，进一步发展了不疑不卜的思想。① 至此，理性主义对卜筮和军占的态度，距离彻底否定只有一步之遥。

二 对兵阴阳的正面批判和否定

战国时期，完全否定兵阴阳的思想显著地发生了。《荀子·儒效》曰：

> 武王之诛纣也，行之日以兵忌，东面而迎太岁，至汜而泛，至怀而坏，至共头而山隧。霍叔惧曰："出三日而五灾至，无乃不可乎？"周公曰："刳比干而囚箕子，飞廉、恶来知政，夫又恶有不可焉！"遂选马而进，朝食于戚，暮宿于百泉，厌旦于牧之野。鼓之而纣卒易乡，遂乘殷人而诛纣。

在荀子笔下，周公完全不理会星占和多种妖祥的大凶之兆，根据当时商朝的政治乱象，作出进军决定，取得了克商的胜利。类似故事，在《尸子》《尉缭子》《六韬》《史记》《说苑》等许多古籍里都有记载。如果属实，这应该是已知最早反对兵阴阳思想的事例。但文中讲到的"兵忌""太岁"都不是西周初期所能有的，因此，笔者更倾向于这是战国人的创作，体现的是彻底否定兵阴阳的思想取向。荀子的态度和立场，在这个故事中也表露无余。

伐纣故事和荀子只是一个典型代表。春秋晚期以来，随着军事数术的大发展，随之对兵阴阳的批判之声也越来越强烈，出现了一批代表人物和著作。

首先要提到的是兵家孙子。《孙子兵法》明确提出："明君贤将所以动而胜人，成功出于众者，先知也。先知者，不可取于鬼神，不可象于事，不可验于度，必取于人，知敌之情也。"② 孙子强调客观军事规律和人的主观能动性，反对把军事指挥和战争胜负交给鬼神数术决定。尽管

---

① 《吴子兵法·料敌》。
② 《孙子兵法·用间》。

他的兵法著作仍存在阴阳五行观念的痕迹，但总体上来说，他是一位杰出的理性主义军事家。《孙子兵法》之所以成为此后两千多年的兵法圣典，近代更影响及于整个世界，原因也就在此。吴起的情况和孙子相似。

《太公兵法》或《六韬》的部分篇章，也是战国批判兵阴阳的典型代表性文献。《群书治要》卷31引《龙韬》："顺天道不必有吉，违之不必有害，失地之利，则士卒迷惑，人事不和，则不可以战矣。故战不必任天道，饥饱劳逸文武最急，地利为宝。""凡天道鬼神，视之不见，听之不闻，索之不得，不可以制胜败，不能制死生，故明将不法也。"决定战争胜负的因素，最重要的是经济、政治状况，是人和，是兵要地理，而诸如望气、卜筮、星占、鬼神和阴阳向背之术等均"无益于治兵"。所以它明确表示："任贤使能，不时日而事利；明法审令，不卜筮而事吉。贵功赏劳，不禳祀而得福。"①兵阴阳的时日选择、卜筮、祭祀禳除等活动，统统在它的反对之列。《六韬》肯定和赞扬武王伐纣龟筮天象均不吉利，但太公"焚龟折筮"率众伐纣，最终取得胜利；批判不用谋臣贞士而事巫鬼龟筮导致"神祥破国"的玄都氏，②在褒贬之中阐述了良好的政治、经济和军事是胜利之基，信奉兵阴阳则国家将亡。因此，《六韬》认为国之七害之一，就是"伪方异技，巫蛊左道，不祥之言，幻惑良民，王者必止之"，③主张坚决打击取缔社会上术士的活动。这些论述均旗帜鲜明、态度坚定地否定了数术和兵阴阳家，闪烁着军事唯物主义的思想光辉。

尉缭是战国时期对兵阴阳持最坚决反对态度的军事家。在《尉缭子》一书中，尉缭针对社会上流行的兵阴阳家"天官刑德"之说进行了严厉批判，完全否认兵阴阳家"可以百战百胜"。他说所谓黄帝"刑德"，不过是"刑以伐之，德以守之，非所谓天官、时日、阴阳、向背也"，从而得出"黄帝者，人事而已矣"的结论。他更以大量的实例，来证明兵阴阳的虚妄。比如他以"今有城于此，从其东西攻之不能取，从其南北攻之不能取，此四者岂不得顺时乘利者哉？"来揭露兵阴阳家所主张的"顺时"的荒谬；以武王伐纣背水向山布阵而取胜的例子，来反驳兵阴阳家地理"向背"之术的不实；以楚公子心战胜齐军之战，来否定兵阴阳家

---

① 《太白阴经·太公》。
② 分别见《太平御览》卷三二八引和唐写本《六韬》（敦煌写卷伯3454号）。
③ 《六韬·上贤》。

"随斗击"的迷信。尉缭在《武议》中断言:"武王,不罢士民,兵不血刃,而克商诛纣。无祥异也,人事修不修而然也。今世将考孤虚,占咸池,合龟兆,视吉凶,观星辰风云之变,欲以成胜立功,臣以为难。"军事归根结底还是要靠"人事",靠军事数术打仗,是不可取胜的。因此《战威》也有一段和《六韬》相似的话:"举贤任能,不时日而事利;明法审令,不卜筮而事吉;贵功养劳,不祷祠而得福。又曰,天时不如地利,地利不如人和。圣人所贵,人事而已。"《尉缭子》全篇贯彻了重人事轻鬼神的思想,坚决彻底地批判和否定兵阴阳家,在书中,我们找不到对兵阴阳的默许,这不要说在先秦绝无仅有,就是在中国历史上也是非常少有的。

战国诸子中同样也有人对兵阴阳家提出了尖锐批判。孟子以雄辩的说理,论证了"天时不如地利,地利不如人和"的千古名论,[①]荀子也论证了政治的好坏而非天道兵忌是决定战争结局的根本因素。类似的观念,在道家的《管子》和杂家的《吕氏春秋》等书中亦可见及。这里特别要提到法家韩非,他是战国诸子中最反对兵阴阳家的人物,足可与兵家的尉缭子相提并论。韩非辛辣地讽刺了当时统治者一味迷信星占、卜筮等数术,以为克敌制胜之法宝,指出"龟策鬼神不足举胜,左右背乡不足以专战,然而恃之,愚莫大焉"[②]。在《亡征》中,韩非列举众多史实,证明军事数术经不起理性的检验:

> 凿龟数筴,兆曰大吉,而以攻燕者,赵也。凿龟数筴,兆曰大吉,而以攻赵者,燕也。剧辛之事燕,无功而社稷危。邹衍之事燕,无功而国道绝。赵代先得意于燕,后得意于齐,国乱节高,自以为与秦提衡,非赵龟神而燕龟欺也。赵又尝凿龟数筴而北伐燕,将劫燕以逆秦,兆曰大吉,始攻大梁,而秦出上党矣,兵至釐而六城拔矣,至阳城,秦拔邺矣,庞援揄兵而南,则鄗尽矣。臣故曰:赵龟虽无远见于燕,且宜近见于秦。秦以其大吉,辟地有实,救燕有名。赵以其大吉,地削兵辱,主不得意而死,又非秦龟神而赵龟欺也。初时者,魏数年东乡攻尽陶、卫,数年西乡以失其国,此非丰隆、

---

① 《孟子·公孙丑上》。
② 《韩非子》。

五行、太一、王相、摄提、六神、五括、天河、殷抢、岁星非数年在西也,又非天缺、弧逆、刑星、荧惑、奎台非数年在东也。故曰:龟筴鬼神不足举胜,左右背乡不足以专战。然而恃之,愚莫大焉。

　　古者先王尽力于亲民,加事于明法。彼法明则忠臣劝,罚必则邪臣止,忠劝邪止而地广主尊者,秦是也。群臣朋党比周以隐正道、行私曲而地削主卑者,山东是也。乱弱者亡,人之性也。治强者王,古之道也。越王勾践恃大朋之龟与吴战而不胜,身臣入宦于吴;反国弃龟,明法亲民以报吴,则夫差为擒。故恃鬼神者慢于法,恃诸侯者危其国。……此皆不明其法禁以治其国,恃外以灭其社稷者也。

与其他批判者一样,韩非对兵阴阳的批判基于其基本政治理念。作为法家的代表人物,韩非子力主法明罚必才是治国强兵的根本,但他看到治国者如果迷信数术,则必然慢法危国,乱弱而亡,因此他对兵阴阳家的龟筴、星占、左右向背之术的荒谬性深恶痛绝,大加鞭挞。当然,法家思想严峻苛刻的特点,也使韩非的批判显得格外严厉。

春秋战国时期对兵阴阳家的批判随着兵阴阳的兴盛而兴起,形成了一股潮流。战国的军事家和思想家对兵阴阳家的批判,确立了中国古代反对军事迷信的传统,也奠定了批判兵阴阳思想的理论基础。

三　兵阴阳家批判的历史意义及其不足

战国部分军事家和思想家对兵阴阳的否定和批判,具有积极而重要的历史意义。从整个中国军事思想史来看,战国既是中国古典军事思想的奠基期又是高峰期,此后两千多年,传统军事学说始终没有超越这一高峰。中国古代被奉为军事经典的《武经七书》五部出于战国,古今论兵者言必称孙、吴,就充分地证明了这一点。同样,战国军事家和思想家对兵阴阳的驳斥和否定,也确立了中国传统时代有关认识的基本框架,达到了所能达到的最高水平。以孙子、吴起、尉缭子和《司马法》《太公兵法》作者为代表的理性主义军事家,及以孟子、荀子、韩非等为代表的杰出思想家,他们对兵阴阳的批判影响深远而重大。

第一,对兵阴阳家的批判,限制了它的传播和发展,并最终导致了兵阴阳家的衰落。批判有利于人们打破兵阴阳的禁锢,更理性地对待军事数术。兵阴阳家自战国以后,影响力逐渐下降,唐宋以后被排除出正统兵学,受到越来越多的否定。① 这种变化,除了兵阴阳家本身经不起验证、战争收效有限之外,也和战国以来历代有识之士对兵阴阳家的批判密不可分。

第二,对兵阴阳家的批判,推动古代兵学不断进步,在不断的实践检验中去伪存真,确立和巩固军事理性主义传统。战国战乱纷呈,出现了很多军事家,大量军事著作在这一时期完成。但是随着时间的推移,很多著作亡佚无存,也有一些优秀著作保存了下来。亡佚的著作一部分是由于政治或战乱原因,大部分则是人为淘汰。《汉书·艺文志》兵阴阳家著作全部亡佚的原因,属于后者。而传世的兵学著作和杰出的军事家,都有一个共同的精神品格,他们尊重军事的客观规律,不盲从并且批判抵制社会上的数术迷信风气,正是这种批判理性的精神和实践,使孙、吴等人的兵法垂之永久,并造就了中国古代灿烂的军事文化。

第三,对兵阴阳家的批判,也促进了中国古代哲学和政治思想向唯物主义发展。战争的严酷无情,要求尽可能排除唯心主义、神秘主义,一切从战争实际出发,充分发挥人的主观能动性,才能赢得战争。因此在军事领域中,理性主义思想较容易得到发展,兵家是中国古代唯物主义和辩证思想的一个重要发展源。笔者认同许保林的看法:中国兵书的哲学价值主要体现在三个方面,其一,兵家是中国古代辩证法的源头,以《孙子》为代表的兵家思想成为后世中国的一种思想传统;其二,兵书中丰富的朴素唯物论和军事辩证法是中国哲学的一个重要组成部分;其三,有些兵书对中国哲学史上的一些重要问题作了唯物主义的阐述,推动了中国古代哲学的发展。② 而哲学方面的这种进步,又进一步影响了中国古代政治思想的发展。

但是,战国时期对兵阴阳家的批判也存在明显的不足和局限。

首先,不彻底。对多数批判者而言,他们并非完全否定兵阴阳,更多的只是否定其对战争的绝对支配,特别是对于军事祭祀祝祷活动,他们一般并不反对甚至提倡。况且,他们的兵法著作也或多或少地存留着兵阴阳的内容。这就给军事迷信活动留下了空间。

其次,缺乏科学支撑。受自然科学不发展的限制,战国人对兵阴阳

---

① 邵鸿:《中国古代对军事数术和兵阴阳家的批判》,《史林》2000年第3期。
② 许保林:《中国兵书通览》,解放军出版社1990年版,第34—37页。

的批判，只能依靠实践结果和逻辑推理，他们还不可能利用现代科学揭露兵阴阳的虚妄本质。面对看似体系严密、奥妙精深的阴阳五行说，以及一些自然奇异现象，即使是像尉缭、荀子、韩非这样立场坚定、思辨力强的批判者，也无从彻底驳倒或解释。这同样给兵阴阳以生存的空间。

最后，批判而又利用的矛盾立场。战国军事家、思想家往往主张"神道设教"，这在一定程度上又宣扬了数术迷信思想，不利于消除兵阴阳在军事领域的消极影响（详见下节）。

以上三个方面的不足，不仅相互联系，更决定了这种批判还不能从根本上动摇兵阴阳的理论和思想基础。在中国历史社会中，兵阴阳在军事领域始终具有一席之地，这是重要的根源。当然这是由当时社会条件所决定的，我们不能苛责古人。

第三节 神道设教和禁止妖祥

商周以来，军事数术和兵阴阳始终是统治者的重要工具，在军事活动的方方面面，这一工具都得到了广泛和充分的运用。在此过程中，把鬼神数术作为控制驾驭民众的一种政治、军事策略的观念和行为也逐渐产生，这就是所谓的"神道设教"。与此同时，发展的兵阴阳也逐渐展示了它的另一面，鬼神数术既可以为国家的敌对力量所利用，又与战国时期新兴的国家治理理念有所矛盾，成为一种可能威胁国家统治的因素和力量。以此，战国国家对待兵阴阳的态度也开始呈现两面性：一方面"神道设教"进行统治；另一方面对它逐渐加强控制。

一 神道设教

商代鬼神信仰极为浓厚，周代虽有改变，强调重德保民，但仍然秉持敬天法祖、崇拜鬼神的传统。春秋战国社会发生巨变，鬼神崇拜却依然根深蒂固，无论是各国政治、军事和其他活动，还是民间日常的社会生活，都充斥着各种宗教和数术行为，诚如葛兆光所说："战国时期极为活跃并深入一般社会生活的，依然是殷周以来的鬼神和巫术、数术传统。"[①] 在这种社会氛围下，作为政治统治术的"神道设教"应运而生。

[①] 葛兆光：《中国思想史》第一卷，复旦大学出版社1997年版，第224页。

所谓神道设教，即顾颉刚先生所谓的"鬼治主义"。① 其辞最早见于战国时期的《易经·观卦·象辞》："圣人以神道设教，而天下服矣！"依王弼注的解释，其本意当是以天地自然为政，使民不觉其化，但后来却成了统治者利用神鬼牢笼百姓，愚而治之的代名词。《国语·周语上》："古者先王既有天下，又崇立上帝明神而敬事之，于是乎有朝日夕月，以教民事君。"这才是神道设教的本意。但在春秋战国时期，利用人们的迷信心理，借助鬼神之道来达到一般政治、军事手段达不到的目的的统治意识和行为，确实是出现了。《礼记·祭义》："因物之精，制为之极，明命鬼神，以为黔首，则百众以畏，万民以服。"《管子·牧民》："顺民之经，在明鬼神、祇山川、敬宗庙、恭祖旧。……不明鬼神，则陋民不悟；不祇山川，则威令不闻；不敬宗庙，则民乃上校；不恭祖旧，则孝悌不备。"钱钟书先生评价："不外《观·象》语意"，可谓一针见血。② 此后汉代人说："所谓'神道设教'者，求助人神者也"③；"为愚者之不知其害，乃借鬼神之威以声其教，所由来者远矣。而愚者以为禨祥，狠者以为非，唯有道者能通其志"④；"追观往法，政皆神道设教，强干弱支，本支百世之要也。是以皆永享康宁之福，无怵惕之忧"⑤，把神道设教不过是统治者控制民众、巩固政权的治术本质讲得更加通透。虽然都表现为鬼神崇拜，神道设教和笃信的统治者崇拜鬼神是很不同的。

"神道设教"为战国军事家们所关注，并成为军事中不可缺少和行之有效的手段和谋略。《六韬》："太公曰：'此圣人之所生也，欲以止后世，故作为谲书，而寄胜于天道，无益于兵胜。'"⑥ 把兵阴阳家之书说成是圣王故意编造欺人的"谲书"，当然不符合实际，却反映出作者自己以"天道鬼神"欺人的真实想法。《汉书·艺文志》说兵阴阳家特点之一是"假鬼神以为助"，非常符合神道设教的特征。而它之所以有此概括，也是看出了兵阴阳家确实有神道设教的潜意。在实际战争中，借助鬼神聚众欺敌也成为诡道用兵的成功经验，本章第一节所举田单守即墨，装神弄鬼

---

① 顾颉刚：《盘庚中篇今译》，《大家国学：顾颉刚卷》，天津人民出版社2008年版。
② 钱钟书：《管锥编》第一册，中华书局1986年版，第18页。
③ 《后汉书·隗嚣传》。
④ 《淮南子·氾论训》。
⑤ 《东观汉记·杜林传》。
⑥ 《群书治要》卷31引《龙韬》。《太白阴经·天无阴阳》引《太公》也有近似文字。

激励士气,打败燕军而兴复齐国,是其范例。① 另一个典型战例稍晚一些,即陈胜、吴广用篝火狐鸣、鱼腹藏书的办法,揭开了秦末农民起义的序幕。《史记·陈涉世家》生动地记载了经过:

> 乃行卜。卜者知其指意,曰:"足下事皆成,有功。然足下卜之鬼乎!"陈胜、吴广喜,念鬼,曰:"此教我先威众耳。"乃丹书帛曰"陈胜王",置人所罾鱼腹中。卒买鱼烹食,得鱼腹中书,固以怪之矣。又强令吴广之次所旁丛祠中,夜篝火,狐鸣呼曰"大楚兴,陈胜王"。卒皆夜惊恐。旦日,卒中往往语,皆指目陈胜。

"卜之鬼"的"威众"效果显然极好,所以陈、吴发动起义一呼百应。同时期汉高祖斩蛇起事前后的种种奇异故事,应该是同样的把戏。值得注意的是,术士诱导起事,在后代历史上屡见不鲜,这是见于史籍的第一人。

在军事中假借鬼神,其源可以上溯到春秋,当时普遍出现的曲解占卜兆象的情形,实际上已开启了在战争中神道设教的先河。我们也许还可以追溯到更早的商末,周武王以"朕梦协朕卜,袭于休祥,戎商必克"鼓励联军将士,② 很可能也是一个"假鬼神以为助"的谎言。

战国以后,神道设教一直是中国古代军事家的治军法宝。它的奥妙《李卫公问对》说得最为清楚:"太宗曰:'阴阳数术,废之可乎?'(李)靖曰:'不可。兵者,诡道也。托之以阴阳数术,则使贪使愚,兹不可废也。'……太宗良久曰:'卿宜秘之,无泄于外。'"这是一段虚构的对话,却最能够反映古代兵家在此问题上的态度和立场。

神道设教思想的出现,有其历史合理性,它是中国古代浓厚的鬼神数术崇拜的土壤和氛围的产物。它一方面顺应了当时的社会环境,起到了提倡助推鬼神数术的作用;另一方面,它又具有明显地否定鬼神意识和世俗功利目的,解构鬼神的神圣和鬼神崇拜的观念基础。所以神道设教是一种特殊的神权主义思想。从兵阴阳家的角度看,神道设教既是兵阴阳的独特组成部分,又是兵阴阳批判的特殊形式,这种吊诡的对立统

---

① 《史记·田单列传》。
② 《尚书·泰誓》。

一,正说明了历史的复杂,又是限制兵阴阳的思想主张和国家政策产生的一个重要导因。

二 禁止妖祥

兵阴阳是一柄双刃剑,国家可以将它作为维护统治的工具,被统治者和敌对势力也可以将它作为反抗国家的手段。周人克商,进行了多少占卜祭祀操作,我们已经举出众多例子。《左传·昭公十二年》:"南蒯之将叛也……枚卜之,遇《坤》之《比》曰:'黄裳元吉',以为大吉也。"当时的叛乱,无疑有占卜的因素在起作用。不仅如此,春秋战国以来的政治军事活动中,巫觋术士称说妖祥,滥作预言,也成为影响人心稳定,导致战争局面不易掌控的因素。再加上战国时期儒、道、法家和进步兵家都对重鬼神轻人事的神学政治持反对立场,在多重因素的作用下,对军事数术和巫觋术士施加限制的主张和政策开始出现,这集中表现为"禁止妖祥"。

这一主张最早可以追溯到春秋战国之际。《孙子兵法·九地》:"禁祥去疑,至死无所之。"曹操注:"禁妖祥之言,去疑惑之计。""妖祥",或作"祯祥",本意为吉凶之征,《周礼·春官·视祲》:"以观妖祥,辨吉凶。"郑注:"妖祥,善恶之征。"贾疏:"祥是善之征,妖是恶之征。"《荀子·非相》:"相人之形状颜色,而知其吉凶妖祥。"但在很多场合,"妖祥"单指恶征。如《左传·昭公十八年》:"郑之未灾也,里析告子产曰:'将有大祥,民震动,国几亡'。"《汉书·五行志中之上》:"(妖孽)自外来,谓之祥。"孙子说"禁祥",也是以祥为恶征。这条记载证明,至晚到战国初年,兵家已经提出禁止妖祥的主张。"去疑",表明孙子"禁祥"是因为妖祥导致军心混乱不稳。

其后类似的见解渐多。吴起将"妖祥数起,上不能止"看作战争必败之兆;①《六韬·兵征》则说:"胜负之征,精神先见。明将察之,其败在人。谨候敌人出入进退,察其动静,言语妖祥,士卒所告。凡三军说怪,士卒畏法,敬其将命,相喜以破敌,相陈以勇猛,相贤以威武,此强征也;三军数惊,士卒不齐,相恐以敌强,相语以不利,耳目相属,妖言不止,众口相惑,不畏法令,不重其将,此弱征也。"二者一简一

---

① 《吴子·料敌》。

繁，但都把军中"妖祥"的危害性看得十分严重，加以禁止的立场不言而喻。《六韬·上贤》："伪方异技，巫蛊左道，不祥之言，幻惑良民，王者必止之。"差不多同时的兵书《军势》亦云："禁巫祝，不得为吏士卜问军之吉凶。"① 值得注意的是，《六韬》不仅主张禁止"不祥之言"，而且把范围扩大到了"伪方异技，巫蛊左道"，也就是将几乎所有的巫术鬼道都包括在禁区之内。《礼记·王制》："析言破律，乱名改作，执左道以乱政，杀。作淫声、异服、奇技、奇器，以疑众，杀。行伪而坚，言伪而辩，学非而博，顺非而泽，以疑众，杀。假于鬼神、时日、卜筮，以疑众，杀。此四诛者，不以听。"郑玄注："左道，若巫蛊及俗禁。"《王制》之说，比《六韬》更为明晰，态度和手段也严厉得多。

成书于战国的《墨子·城守》诸篇也有相关记载，《迎敌祠》："举巫、医、卜有所长，具药宫之，善为舍。巫必近公社，必敬神之。巫、卜以请守，守独智巫、卜、望气之请而已。其出入为流言，惊骇恐吏民，谨微察之，断罪不赦。"《号令》："巫、祝、史与望气者必以善言告民，以请上报守，守独知其请而已。巫与望气者，妄为不善言惊恐民，断弗赦。"这两条材料相当重要，第一，说明禁止妖祥的原因，是因为在战争期间数术人员乱说妖祥，会导致"惊骇恐吏民"，不战自乱，所以必须严禁。文中"断弗赦"，意为论罪不赦。第二，战时巫卜望气之人必须在固定地点居住，以便随时听调使用。第三，占测结果，巫师术士只能密报长官而不可对他人言说。这些内容，比其他各书要翔实很多。

这里有一个问题，上述论述皆出于时人著述，属于个人主张，战国时国家是否也已有这方面的政策？回答是有的。这又要说到《墨子》的《城守》诸篇。近年来李学勤、史党社等人的研究已经证明，《城守》诸篇是战国秦人作品，与秦简有密切关系，特别是《号令》一篇，与出土秦律相通之处最多。② 这就说明，《城守》（尤其是《号令》）实际上反映了当时秦国军事法令的一些具体内容。因此，战国时期禁止妖祥肯定已经不再停留在书面上，相关法令确已出现。它们开了汉代以来诸多限制

---

① 《三略·中略》引。
② 李学勤：《秦简与〈墨子〉城守各篇》，《简帛佚籍与学术史》，江西教育出版社 2007 年版；史党社：《秦简与〈墨子·城守〉诸篇相关内容比较》，《简牍学研究》2002 年第 4 期；史党社：《〈墨子〉城守诸篇研究》，中华书局 2011 年版。

禁止数术法令的先河。①

第四节　兵阴阳对中国历史的影响

　　首先，兵阴阳家对中国古代军事史影响深远。
　　从秦代直至明清，兵阴阳活动始终贯穿和活跃在历代战争中，并影响着军队组织、作战指挥和战争进程与结局。宋元之际的胡三省曾经感慨，"自古以来，信妖人之言而丧师亡师者多矣！"② 王莽在最后时刻"犹抱持威斗"，幻想北斗厌胜能拯救他于覆亡；术士郭京用六丁六甲法御敌于汴京，使北宋亡于女真之手；近代英国侵略军打到广州和定海，清军将领也还一再使用数术对付洋人的坚船利炮，这些都是治史者熟知的史实。甚至直到民国，我们还能够看到军阀们用"神仙"为军师，以占卜决军事的故事。而从中国古代的兵书看，在相当长的时期内，兵阴阳家一直占有较大比例，即使是非兵阴阳家的兵书，其中也往往有大量兵阴阳的内容。比如唐李筌《太白阴经》、许洞《虎铃经》、宋曾公亮《五经总要》、明茅元仪《武备志》、清汪绂《戊笈谈兵》等，都还有兵阴阳的版块。更重要的是，兵阴阳家的理论框架和主要形式都确立于先秦，前者主要是阴阳五行说、分野理论等，后者如卜筮、星占、望气、式法、风角、时日、梦占等，均为后代所继承。虽然兵阴阳和各种军事数术秦汉以后仍不断发展，但其不仅建立在先秦的基础之上，而且在两千多年中实际上并没有范式性的突破。与此同时，先秦对兵阴阳家的批判亦为后代兵家所继承和发展。唐代杜佑说：兵阴阳家"虽非兵家本事，所要资以权谲以取胜也。"③ 这说明此时兵阴阳已非兵学的主流和正途。此后，主流兵学对兵阴阳的批判更为深入和广泛，兵阴阳书籍所占比例越来越少，据刘申宁《中国兵书总目》一书统计，宋代兵阴阳著作尚占兵书总数的 22.4%，金元时期为 14.3%，明代 6.8%，清代则仅为 1.8%，兵阴阳家趋于衰落。

---

　　① 有关历代王朝禁止数术的基本情况，请参邵鸿老师《神权垄断的悖论：中国古代国家对术数活动的限制与两难——侧重于兵阴阳学方面》，《天津社会科学》2002 年第 1 期。
　　② 《资治通鉴》卷 186。
　　③ 《通典》卷一四八。

其次，兵阴阳对中国古代政治史也有深刻影响。

对中国古代封建专制统治的最大威胁，主要来自贵族官僚和底层民众的造反起事。而两者的历史，从来都充斥着鬼神数术：叛乱的宗室贵族、地方长吏、军阀藩镇无不向其乞灵，历代农民战争也无不以之为旗帜和武器。可以说，中国古代的改朝换代，数术或兵阴阳于有力焉，不可忽视。因此，汉代以来的历代王朝不断加强对民间数术研习、传播的限禁，其中又尤其以谶纬、天文、兵书以及民间秘密宗教为着重点。这些努力和作为，是中国古代封建中央集权统治不断加强的一个重要动力和方面。然而由于中国古代统治思想建立在有神论基础之上，专制皇权对数术尊奉和禁限、垄断和利用兼行的立场本身存在着深刻矛盾；也由于国家数术机构的僵化、低效和民间巨大数术需求的拉动，民间数术活动充满创新和生机，因而国家的数术禁限政策绩效不佳，民间"大师"出入庙堂幕府、影响朝政，统治阶级的数术及兵阴阳需求仍需依赖民间供给。义和团运动就是这一现象最典型也是最后的一个实例。[①]

最后，兵阴阳还对中国古代思想文化史产生了一定影响。

我们知道，阴阳五行理论和数术对中华思想文化有着特殊的意义，李零说中国文化存在着一条以数术、方技为代表，上承原始思维，下启阴阳家和道家，以及道教文化的线索，[②] 实为卓见。又如谢遐龄所说："不通阴阳五行学说，不读廿五史之《律历志》《天文志》《五行志》而欲谈中国文化，恐怕终究是隔雾看花、隔靴搔痒，很难做出切实的成绩来。"[③] 由于军事对于国家、社会具有特别的意义，作为阴阳五行说和数术重要组成部分的兵阴阳，也有其特殊的思想文化影响力。比如，先秦以来的天文占促进了中国古代天文学和自然天道观的发展，而自然天道观是道家的思想基础，对中国古代哲学思想影响至深。比如，天文北斗占和厌胜辟兵术，不仅对道教教义有所影响，更直接促成了道教符箓的产生和符箓文化的发展。又比如，中国古代数术和术士在军事领域的特殊地位，使之在文学作品中被大量描摹，出现了以诸葛亮、吴用等为代

---

① 邵鸿：《神权垄断的悖论：中国古代国家对术数活动的限制与两难——侧重于兵阴阳学方面》，《天津社会科学》2002年第1期。

② 李零：《中国方术正考》，中华书局2006年版，第12页。

③ 谢遐龄：《文化哲学研究之趋向》，谢松龄：《天人象：阴阳五行学说史导论》，山东文艺出版社1989年版，第1页。

表的术士军师群像。① 再比如，作为兵阴阳的反面，中国古代对兵阴阳的批判不仅造就了辉煌的军事文化，而且也推动了哲学思想领域唯物主义的发展。因而，研究中国思想史和文化史，不应忽视包括兵阴阳在内的古代兵家的影响。

---

① 陶哲诚：《元明清白话小说中军师术士化现象研究》，上海师范大学硕士论文，2010 年；孙琳：《论方术文化对明清小说军师形象的影响》，《学术交流》2011 年第 6 期。

结　　语

先秦时期的战争，不仅是军队组织和实力的对抗，同时也是神秘方术的比拼。这些贯穿于军事活动中的巫术、数术思维和行为，就是本书兵阴阳家的研究范畴。本书在前人研究的基础上，利用传世文献和出土资料对先秦的兵阴阳家进行系统研究，重点做了以下工作。

第一，从巫术、数术、阴阳家、兵阴阳家的定义、内容入手，探讨了巫术与数术、数术与阴阳家、阴阳家与兵阴阳家之间的关系。

第二，探讨了先秦兵阴阳家的具体形式和内容，通过对各种兵阴阳活动的分析，尝试归纳出兵阴阳家的基本特点和思想基础。

第三，探讨了兵阴阳家的影响，包括对先秦战争进程、军队组织和装备、军事思想，以及对后世军事、政治和思想文化史的影响。同时还探讨了春秋战国时期对兵阴阳家的批判以及国家对兵阴阳家的立场。

通过以上探讨，本书得出以下主要认识。

巫术是建立在超自然力（人格的和非人格的）信仰和原始思维方式基础上，旨在预测、控制事物的发生、发展和变化结果的人类行为。中国上古时期已经出现了众多巫术形式，如祭祀、祈禳、厌劾、占卜、星占、医药、符咒等。商周时期巫术活动有了显著发展，到春秋战国，巫术形态发生了巨大变化，出现了多样化、数字化、阴阳五行化和礼制化等新的特征。多样化使巫术进入了发展繁荣期；数字化、阴阳五行化给巫术发展注入新的活力，促使巫术向数术转变并沿此路径向前发展；而礼制化则反映了巫术与国家政治的深刻内在联系，产生了深刻的历史影响。中国巫术史，实以春秋战国为一巨大转折分界。

数术与巫术既有联系又有区别。它们的区别在于：第一，复杂程度不同。巫术主要是多种习惯性的、相对简单的操作技术，缺乏系统性的理论著作；而数术，不仅有较为繁复的推算操作规程，更有大量理论著作，形成庞大体系。第二，信仰主体和施术机理不同。巫术的信仰主体是鬼神，数术的信仰主体为数。巫术以法术役使鬼神以致其用为根本，而数术则是在掌握了数的神秘特性和规律的基础上，利用天道预知命运、趋吉避凶。第三，精神特质不同。巫术的目的在于利用鬼神的力量影响和改变事物，而数术的目的在于遵从天道，选择利于自己的最佳行为方式。就精神特质而言，数术活动的特点是顺天，而巫术的特质则是改变，表现出对待超自然力显著不同的态度。巫术与数术的共同点是：其一，基本性质相同。数术和巫术都是崇拜神秘力量的观念和行为。其二，基本思维方式相同。巫术和数术的认识逻辑相同，它们都遵从原始思维之"相似律"。其三，数术源于巫术又包容巫术。表现为：多种数术由巫术发展而来；利用数字的形式进行推算预测也始自巫术；数术和巫术一直具有很高的共存度。尽管巫术和数术有重要区别，但根本上属于同一体系而非决然对立，数术是中国特定历史和社会条件下巫术发展变异而生成的高级形态。中国巫术史的最大特点，就是巫术最终发展出数术这样一个特殊的体系。

战国时期，阴阳和五行思想的进一步发展最终形成阴阳家。阴阳家可以大致分为阴阳原理、月令、数术、方技、五德终始和兵阴阳六个部分。战国秦汉时期的阴阳家，与数术在性质上相通，内容上相近。严格区分，它们有说理和陈术的不同，但概括地说，则同属一个体系。邹衍极大地改变了阴阳家的面貌，使阴阳家和黄老道家、儒家等在形态上发生了显著区隔，使阴阳家的独立性得到凸显。

兵阴阳家是兵家中特殊一系，其特征是通过多种阴阳五行数术和鬼神巫术方法来指导战争和军事活动。阴阳家和兵阴阳家是一般与特殊的关系，兵阴阳家是阴阳家在兵学领域的延伸和应用。因为兵阴阳应用于军事指导，因此它和一般的阴阳家有所不同，兵阴阳家是阴阳家的"理"与数术的"术"的结合，兵阴阳家也就是兵数术家。

兵阴阳家包括卜筮、天文气象占、式占、风角、时日、地理占、杂占等诸多形式，它们普遍被运用于战争和各种军事活动之中。

在先秦的战争中，战前、临战、战中、战后都存在卜筮行为。军事卜筮有以下特点：其一，在战国以前的很长时期内，卜筮在军事中占有绝对的支配地位，到战国时期天文时日占兴起后，这种支配地位才逐渐下降；其二，筮占日益重要，龟卜逐渐衰落；其三，先秦时期军中卜筮人员都是兼职的，战国才开始出现专职军事占卜人员；其四，卜筮的操作一般都在祖先灵前进行。

兵阴阳家的天文气象占包括日占、月占、北斗占、五星占、彗星占、流星占、云气占等多方面的内容。天文气象占的特点是：天人感应是天文占的思想基础；分野说是天文气象占的理论依据；主要用于对战争或国家大事的预测；特别注重对异常现象的观测；星占与阴阳五行观念相联系。天文气象占在先秦军事中的应用十分广泛。

时日占对兵阴阳家而言地位至为重要。商代已出现用兵择日的现象，春秋战国择日之术显著发展，在军事上的运用也更加广泛，大量根据阴阳五行说及其配位关系产生的用兵时日规定纷纷出现。刑德、式占也是当时军事时日选择的重要形式。

此外，风角音律占、梦占及各种杂占、地理占等也都被广泛运用于军事占候。

军事祭祀是兵阴阳家"假鬼神以为助"的体现形式。先秦时期祭祀是战争绝对不可或缺的组成部分，贯穿于军事活动之始终。其主要内容包括天帝之祭、祖先之祭、社祭、军器之祭、山川神祇之祭等多种，其对象、地点、日期、牺牲用品、音乐、舞蹈等诸多方面都有严格而细致的规定。祝祷禳除是先秦军事祭祀基本内容，祝咒盟诅及多种厌胜巫术被大量应用到军事之中。战国时期出现的辟兵术，也是一种军事禳避巫术。

兵阴阳影响了先秦战争的发生、进程、结局和战争的形式与特点，影响了军队组织结构、将领素质要求以及装备制造和形制。作为兵家的一个重要流派，兵阴阳家思想影响十分广泛和深刻。战国以来不仅有大量兵阴阳家著作面世，在其他兵学流派或兵家著作中，兵阴阳也或多或少地存在。不了解兵阴阳家就无法认识先秦兵家，也无法认识先秦战争的特点。

春秋战国时期兴起了批判兵阴阳家的思潮。这种批判包括间接否定和正面批判，并具有重要的历史意义：第一，限制了兵阴阳的传播和发展，并最终导致了兵阴阳家的衰落；第二，推动着兵学不断进步，在不断的实践检验中，去伪存真，最终确立了军事学中的唯物主义传统；第三，促进了中国古代哲学和政治思想中的唯物主义发展。批判也存在着不足和局限性，表现在不彻底性，缺乏有力的科学支撑，以及既批判又利用的矛盾立场，因而还不能从根本上动摇兵阴阳的理论和思想基础。由于兵阴阳对专制王权具有的两面性，因此战国以来国家一方面利用大众的迷信心理"神道设教"进行统治；另一方面则开始"禁止妖祥"，限制各种数术活动，这在军事领域也有显著表现并成为中国古代的传统。

先秦兵阴阳家对秦汉以后的中国军事史、政治史和思想文化史都具有不可忽视的深远历史影响。

参考文献

（一）基本典籍

[1] 班固：《汉书》，中华书局 1962 年版。
[2] 陈奇猷：《韩非子校释》，中华书局 1961 年版。
[3] 陈寿：《三国志》，中华书局 1959 年版。
[4] 杜预：《春秋左传集解》，上海人民出版社 1977 年版。
[5] 段玉裁：《说文解字注》，上海古籍出版社 1981 年版。
[6] 范晔：《后汉书》，中华书局 1965 年版。
[7] 国学整理社：《诸子集成》，中华书局 1954 年版。
[8] 何宁：《淮南子集释》，中华书局 1998 年版。
[9] 黄怀信：《逸周书汇校集注》，上海古籍出版社 1995 年版。
[10] 焦循：《孟子正义》，中华书局 1987 年版。
[11] 瞿昙悉达：《唐开元占经》，中国书店 1989 年版。
[12] 孔颖达：《周易正义》，北京大学出版社 1999 年版。
[13] 李淳风：《乙巳占》，中华书局 1985 年版。
[14] 李昉：《太平御览》，中华书局 1960 年影印本。
[15] 李善：《文选注》，中华书局 2005 年版。
[16] 刘文典：《淮南鸿烈集解》，中华书局 1989 年版。
[17] 马瑞辰：《毛诗传笺通释》，中华书局 1989 年版。
[18] 欧阳询：《艺文类聚》，上海古籍出版社 1999 年版。
[19] 司马光：《资治通鉴》，中华书局 1956 年版。
[20] 司马迁：《史记》，中华书局 1959 年版。
[21] 苏舆：《春秋繁露义证》，中华书局 2002 年版。
[22] 孙希旦：《礼记集解》，中华书局 1989 年版。

［23］孙星衍：《尚书今古文注疏》，中华书局 2003 年版。
［24］孙诒让：《周礼正义》，中华书局 2000 年版。
［25］孙诒让：《墨子间诂》，中华书局 2001 年版。
［26］王明：《抱朴子内篇校释》，中华书局 1985 年版。
［27］王允：《论衡》，上海人民出版社 1979 年版。
［28］吴树平：《东观汉记校注》，中州古籍出版社 1987 年版。
［29］吴树平：《风俗通义校释》，天津人民出版社 1980 年版。
［30］向宗鲁：《说苑校证》，中华书局 1987 年版。
［31］徐坚：《初学记》，中华书局 1962 年版。
［32］徐元诰：《国语集解》，中华书局 2002 年版。
［33］杨伯峻：《春秋左传注》，中华书局 2005 年版。
［34］袁康、吴平：《越绝书外传》，上海古籍出版社 1985 年版。
［35］袁珂：《山海经校注》，上海古籍出版社 1980 年版。

（二）出土文献资料

［1］郭沫若主编：《甲骨文合集》，中华书局 1978—1983 年。
［2］李学勤主编：《清华大学藏战国竹简（贰）》，中西书局 2011 年版。
［3］睡虎地秦墓竹简整理小组：《睡虎地秦墓竹简》，文物出版社 1990 年版。
［4］姚孝遂：《殷墟甲骨刻辞类纂》，中华书局 1989 年版。
［5］银雀山汉墓竹简整理小组：《银雀山汉墓竹简（壹）》，文物出版社 1985 年版。
［6］银雀山汉墓竹简整理小组：《银雀山汉墓竹简（贰）》，文物出版社 2010 年版。
［7］张家山汉墓竹简二四七号汉墓竹简整理小组：《张家山汉墓竹简【二四七号墓】》（释文修订本），文物出版社 2006 年版。
［8］中国社会科学院考古所编：《小屯南地甲骨》，中华书局 1980 年版。
［9］中国社会科学院考古所编：《殷周金文集成》，中华书局 1984—1994 年。
［10］中国社会科学院历史所编：《甲骨文合集补编》，语文出版社 1997 年版。

（三）专著

［1］［法］马克：《中国古代宇宙论与神论》，法国远东学院 1991 年版。

[2]［法］沙利·安什林：《宗教的起源》，上海三联书店 1964 年版。

[3]［日］小林信明：《中国上代阴阳五行思想的研究》，东京：讲谈社 1951 年版。

[4]［英］李约瑟：《科学思想史》，科学出版社 1990 年版。

[5]［英］詹·乔·弗雷泽：《金枝》，中国民间文艺出版社 1987 年版。

[6] 艾兰、汪涛、范毓周主编：《中国古代思维模式与阴阳五行说探源》，江苏古籍出版社 1998 年版。

[7] 陈居渊：《式占》，（香港）中华书局 1997 年版。

[8] 陈来：《古代思想文化的世界》，生活·读书·新知三联书店 2009 年版。

[9] 陈松长：《马王堆帛书〈刑德〉研究论稿》，台湾古籍出版有限公司 2001 年版。

[10] 陈伟武：《简帛兵学文献探论》，中山大学出版社 1999 年版。

[11] 陈遵妫：《中国天文学史》，上海人民出版社 1980 年版。

[12] 董作宾：《董作宾先生全集》，艺文印书馆 1977 年版。

[13] 高明：《帛书老子校注》，中华书局 1996 年版。

[14] 葛兆光：《中国思想史导论》，复旦大学出版社 2000 年版。

[15] 何炳棣：《有关〈孙子〉〈老子〉的三篇考证》，"中央研究院"近代史研究所，2002 年版。

[16] 胡文辉：《中国方术文献丛考》，中山大学出版社 2000 年版。

[17] 胡新生：《中国古代巫术》，人民出版社 2010 年版。

[18] 胡煦：《卜法详考》，影印文渊阁，《四库全书》。

[19] 黄一农：《社会天文学史十讲》，复旦大学出版社，2004 年版。

[20] 江晓原：《12 宫与 28 宿——世界历史上的星占学》，辽宁教育出版社 2005 年版。

[21] 江晓原：《天学真原》，辽宁教育出版社 1991 年版。

[22] 江晓原：《星占学与传统文化》，上海古籍出版社 1992 年版。

[23] 江晓原：《中国星占学类型分析》，上海书店出版社 2009 年版。

[24] 邝芷人：《阴阳五行及其体系》，文津出版社 1992 年版。

[25] 李汉三：《先秦两汉之阴阳五行学说》，（台北）钟鼎文化出版股份有限公司 1967 年版。

[26] 李零：《兰台万卷——读〈汉书·艺文志〉》，生活·读书·新知三

联书店 2011 年版。
[27] 李零：《孙子古本研究》，北京大学出版社 1995 版。
[28] 李零：《中国方术续考》，中华书局 2006 年版。
[29] 李零：《中国方术正考》，中华书局 2006 年版。
[30] 刘乐贤：《简帛数术文献探论》，湖北教育出版社 2003 年版。
[31] 刘乐贤：《马王堆天文书考释》，中山大学出版社 2004 年版。
[32] 刘晓明：《中国符咒文化大观》，百花洲出版社 1995 年版。
[33] 刘瑛：《〈左传〉、〈国语〉方术研究》，人民文学出版社 2006 年版。
[34] 刘玉建：《中国古代龟卜文化》，广西师范大学出版社 1993 年版。
[35] 龙建春：《阴阳家简史》，重庆出版集团 2008 年版。
[36] 卢央：《中国古代星占学》，中国科技出版社 2008 年版。
[37] 陆玉林、唐有伯：《中国阴阳家》，宗教文化出版社 1996 年版。
[38] 庞朴：《竹帛〈五行〉篇校注及研究》，（台北）万卷楼图书有限公司 2000 年版。
[39] 饶宗颐：《楚地出土文献三种研究》，中华书局 1993 年版。
[40] 邵鸿：《张家山汉简〈盖庐〉研究》，文物出版社 2007 年版。
[41] 沈建华：《初学集——沈建华甲骨学论文选》，文物出版社 2008 年版。
[42] 盛冬铃：《六韬译注》，河北人民出版社 1992 年版。
[43] 宋会群：《中国数术文化史》，河南大学出版社 1999 年版。
[44] 宋兆麟：《巫与巫术》，四川人民出版社 1989 年版。
[45] 孙广德：《先秦两汉阴阳五行说》，（台北）钟鼎文化出版股份有限公司 1969 年版。
[46] 孙机：《宗教迷信物品》，《汉代物质文化资料图说》（修订本），上海古籍出版社 2008 年版。
[47] 陶磊：《从巫术到数术——上古信仰的历史嬗变》，山东人民出版社 2008 年版。
[48] 王伯敏：《中国绘画通史》，生活·读书·新知三联书店 2008 年版。
[49] 徐锡台：《周原甲骨文综述》，三秦出版社 1987 年版。
[50] 徐勇、邵鸿：《先秦兵书通解》，天津人民出版社 2002 年版。
[51] 詹鄞鑫：《心智的误区》，上海教育出版社 2001 年版。
[52] 张震泽：《孙膑兵法校理》，中华书局 1984 年版。

[53] 章鸿钊:《中国古历析疑》,科学出版社 1958 年版。
[54] 赵容俊:《殷墟甲骨卜辞所见之巫术》,文津出版社 2011 年版。
[55] 赵益:《古典术数文献述论稿》,中华书局 2005 年版。

(四) 论文

[1] [法] 马克·卡林诺斯基:《马王堆帛书〈刑德〉试探》,《华学》第一辑,中山大学出版社 1995 年版。
[2] 艾红玲:《古代祃祭流变考》,《社会科学论坛》2009 年第 3 期。
[3] 曹锦炎:《论张家山汉简〈盖庐〉》,《东南文化》2000 年第 9 期。
[4] 岑丞丕:《先秦兵阴阳家问题探论》,中国文化大学硕士论文,2005 年。
[5] 陈久金:《马王堆帛书〈五星占〉试探我国岁星纪年的问题》,《中国天文学史文集》第一辑,科学出版社 1978 年版。
[6] 陈久金:《中国星占术的特点》,《广西民族学院学报》(自科版) 2004 年第 1 期。
[7] 陈松长:《帛书〈刑德〉乙本释文订补》,《简牍学研究》第 2 辑,甘肃人民出版社 1997 年版。
[8] 陈松长:《帛书〈刑德〉乙本释文校读》,《湖南省博物馆四十周年纪年论文集》,湖南教育出版社 1996 年版。
[9] 陈松长:《帛书〈阴阳五行〉甲篇的文字释读与相关问题》,《简帛语言文字研究》第 1 辑,2002 年。
[10] 陈松长:《帛书〈阴阳五行〉与秦简〈日书〉》,《简帛研究》第 2 辑,法律出版社 1996 年版。
[11] 陈松长:《帛书刑德略说》,《简帛研究》第 1 辑,法律出版社 1993 年版。
[12] 陈松长:《马王堆帛书〈式法〉研究》,《新出简帛国际学术研讨会文集》,文物出版社 2004 年版。
[13] 陈松长:《马王堆帛书〈刑德〉甲、乙本的比较研究》,《文物》2003 年第 3 期。
[14] 陈松长:《银雀山兵阴阳书与马王堆兵阴阳书之比较》,《华学》第六辑,中山大学出版社 2006 年版。
[15] 陈伟武:《简帛兵学文献军术考述》,《华学》1995 年第 1 期。
[16] 程少轩:《放马滩简式占古佚书研究》,复旦大学博士论文,

2011 年。
- [17] 程远：《先秦战争观研究》，西北大学博士论文，2005 年。
- [18] 敦杰：《跋六壬栻盘》，《文物》1958 年第 7 期。
- [19] 方建军：《古代乐占试说》，《南京艺术学院学报》（音乐与表演版）2008 年第 3 期。
- [20] 高天麟：《黄河流域新时期时代的陶鼓辨析》，《考古学报》1991 年第 2 期。
- [21] 葛志毅：《重论阴阳五行之学的形成》，《中华文化论坛》2003 年第 1 期。
- [22] 顾颉刚：《五德终始说下的政治和历史》，《古史辨》，第五册，上海古籍出版社 1982 年版。
- [23] 顾铁符：《马王堆帛书云气彗星图的研究》，《国立中山大学语言历史学研究所周刊》1929 年第 7 期。
- [24] 郭旭东：《商代的军情观察和传报》，《殷都学刊》1993 年第 1 期。
- [25] 郭旭东：《殷墟甲骨文所见的商代军礼》，《中国史研究》2010 年第 2 期。
- [26] 何冠彪：《先秦两汉占候云气之著作述略》，《中国史研究》1988 年第 1 期。
- [27] 何幼琦：《试论〈五星占〉的时代和内容》，《学术研究》1979 年第 1 期。
- [28] 胡文辉：《马王堆帛书〈刑德〉乙篇研究》，《中国早期方术与文献丛考》，中山大学出版社 2000 年版。
- [29] 胡文辉：《银雀山汉简〈天地八风五行客主五音之居〉释证》，《中国早期方术与文献丛考》，中山大学出版社 2000 年版。
- [30] 黄朴民：《先秦军事思想发展的概况及其特色》，《济南大学学报》2000 年第 4 期。
- [31] 黄朴民：《中国古代军事预测述要》，《军事历史研究》1991 年第 3 期。
- [32] 金鑫：《甲骨卜辞战争叙事特点》，《商丘师范学院学报》2012 年第 10 期。
- [33] 李发、喻遂生：《商代校阅礼初探》，《西南大学学报》（社会科学版）2012 年第 4 期。

参考文献

[34] 李发：《商代武丁时期甲骨军事刻辞的整理与研究》，西南大学博士论文，2011年。

[35] 李零：《从占卜方法的数字化看阴阳五行说的起源》，《中国方术续考》，中华书局2006年版。

[36] 李零：《读〈孙子〉劄记》，《孙子古本研究》，北京大学出版社1995年版。

[37] 李零：《湖北荆门"兵避太岁"戈》，《文物天地》1992年第3期。

[38] 李学勤：《"兵避太岁"戈新证》，《江汉考古》1991年第2期。

[39] 李学勤：《〈周礼〉大卜诸官的研究》，《周易经传溯源》，长春出版社1992年版。

[40] 李学勤：《干支纪年和十二生肖起源新证》，《文物天地》1984年第3期。

[41] 李学勤：《西周甲骨的几点研究》，《文物》1981年第9期。

[42] 连劭名：《商代军事行动的祝祈》，《殷都学刊》1996年第4期。

[43] 连劭名：《式盘中的四门和八卦》，《文物》1987年第9期。

[44] 连劭名：《殷墟卜辞中的鸟》，《考古》2011年第2期。

[45] 廖名春：《思孟五行说新解》，《哲学研究》1994年第11期。

[46] 刘彬徽：《马王堆汉墓帛书〈五星占〉研究》，《马王堆汉墓研究文集》，湖南人民出版社1994年版。

[47] 刘操南：《二十八宿释名》，《社会科学战线》1979年第1期。

[48] 刘朝阳：《史记天官书之研究》，《刘朝阳中国天文学史论文选》，大象出版社2000年版。

[49] 刘乐贤：《从周家台秦简看古代的"孤虚"术》，《出土文献研究》第7辑，上海古籍出版社2005年版。

[50] 刘乐贤：《虎溪山汉简〈阎氏五胜〉及相关问题》，《文物》2003年第7期。

[51] 刘乐贤：《马王堆帛书〈星占书〉初探》，《华学》第1辑，中山大学出版社1995年版。

[52] 刘乐贤：《马王堆帛书〈式法·天一〉补释》，《简帛研究》，广西师范大学出版社2001年版。

[53] 刘乐贤：《马王堆星占书初探》，《华学》第一辑，中山大学出版社1995年版。

[54] 刘乐贤：《睡虎地秦简日书研究》，文津出版社 1994 年版。

[55] 刘乐贤：《五行三合局与纳音说》，《江汉考古》1992 年第 2 期。

[56] 刘全志：《论〈左传〉星占的思维特征及意义》，《唐山学院学报》2011 年第 5 期。

[57] 刘艳：《先秦两汉占梦现象的文化考察》，陕西师范大学硕士论文，2012 年。

[58] 刘玉堂、刘金华：《马王堆帛书〈式法〉"徙"、"式图"篇讲疏》，《江汉论坛》2002 年第 4 期。

[59] 刘毓庆：《诗经鸟类兴象与上古鸟占巫术》，《文艺研究》2002 年第 3 期。

[60] 龙永芳：《古代孤虚术小议——兼论周家台秦简中的孤虚法》，《荆门职业技术学院学报》2007 年第 2 期。

[61] 鲁子建：《中国历史上的占星术》，《社会科学研究》1998 年第 2 期。

[62] 陆继鹏：《简本〈孙膑兵法〉兵阴阳思想探析》，《军事历史》2012 年第 2 期。

[63] 吕亚虎：《战国秦汉简帛文献所见巫术研究》，陕西师范大学博士论文，2008 年。

[64] 罗福颐：《汉栻盘小考》，《古文字研究》第 11 辑，1985 年。

[65] 马承源：《关于"大武戚"的铭文及图像》，《考古》1963 年第 10 期。

[66] 马承源：《再论"大武舞戚"的图像》，《考古》1965 年第 8 期。

[67] 马王堆汉墓帛书整理小组：《马王堆帛书〈式法〉释文摘要》，《文物》2000 年第 7 期。

[68] 马王堆汉墓整理小组：《马王堆汉墓帛书〈五星占〉释文》，《中国天文学史文集》，科学出版社 1987 年版。

[69] 马新利：《师旷与〈师旷〉研究》，东北师范大学硕士论文，2011 年。

[70] 弭维：《巫术、巫师和中国早期的巫文化》，《宁夏社会科学》2009 年第 3 期。

[71] 南伟：《论阴阳五行之起源》，青岛大学硕士论文，2006 年。

[72] 欧阳傲雪：《从马王堆星占简帛看战国星占术特色》，陕西师范大学

硕士论文，2009 年。

[73] 庞朴：《阴阳五行探源》，《中国社会科学》1984 年第 3 期。

[74] 彭华：《阴阳五行研究——先秦篇》，华东师范大学博士论文，2004 年。

[75] 秦建明、傅来兮：《中国古代的孤虚奇谋》，《文博》2009 年第 2 期。

[76] 秦俑考古队：《秦始皇陵东侧第三号兵马俑坑清理简报》，《秦俑研究文集》，陕西人民美术出版社 1990 年版。

[77] 饶宗颐：《马王堆〈刑德〉乙本乙宫图诸神释——兼论出土文献中的颛顼与摄提》《简帛研究》第 1 辑，法律出版社 1993 年版。

[78] 饶宗颐：《秦简中的五行说与纳音说》，《古文字研究》第 14 辑，中华书局 1986 年版。

[79] 饶宗颐：《上代之数字图案及卦象以数字奇偶表示阴阳之习惯》，《选堂集林·史林》，香港中华书局 1982 年版。

[80] 饶宗颐：《谈银雀山汉简〈天地八风五行客主五音之居〉》，《简帛研究》第 1 辑，法律出版社 1993 年版。

[81] 饶宗颐：《刑德九宫释文》，《江汉考古》1993 年第 3 期。

[82] 饶宗颐：《殷代易卦及其有关占卜诸问题》，《文史》第 20 辑，中华书局 1983 年版。

[83] 任慧峰：《先秦军礼研究》，武汉大学博士论文，2010 年。

[84] 容肇祖：《占卜的源流》，《中央研究院历史语言研究所集刊》，第一本第一分，1928 年。

[85] 邵鸿：《兵阴阳家与汉代军事》，《南开学报》（哲学社会科学版）2002 年第 6 期。

[86] 邵鸿：《春秋军事数术考述——以〈左传〉为中心》，《南昌大学学报》（人社版）1999 年第 1 期。

[87] 邵鸿：《神权垄断的悖论：中国古代国家对数术活动的限制与两难——侧重于兵阴阳学方面》，《天津社会科学》2002 年第 1 期。

[88] 邵鸿：《张家山汉墓古竹书〈盖庐〉与〈伍子胥兵法〉》，《南昌大学学报》（人社版）2002 年第 2 期。

[89] 邵鸿：《中国古代的祃祭》，（台湾）《历史月刊》2002 年第 7 期。

[90] 邵鸿：《中国古代对军事数术和兵阴阳家的批判》，《史林》2000 年

第 3 期。
［91］沈建华：《从甲骨文字看殷代仪礼中的五行观念》，《文物》1993 年第 3 期。
［92］史延庭：《先秦战争中气象学心理学知识的应用及特殊战法》，收入军事科学院战略部、后勤学院学术部历史室编《先秦军事研究》，金盾出版社 1990 年版。
［93］宋镇豪：《甲骨文中的梦与占梦》，《文物》2006 年第 6 期。
［94］宋镇豪：《殷墟甲骨占卜程式的追索》，《文物》2000 年第 4 期。
［95］陶磊：《〈淮南子·天文〉研究》，中国社会科学院博士论文，2002 年。
［96］陶磊：《马王堆帛书〈刑德〉甲、乙本的初步研究》，《简帛研究（2004）》，广西师范大学出版社 2006 年版。
［97］田可文：《方术与乐律》，《中国音乐》1987 年第 4 期。
［98］田甜：《中国古代天文学与战争》，《陕西师范大学学报》（社科版）2007 年第 S2 期。
［99］田旭东：《从〈司马法〉看先秦古军礼》，《滨州学院学报》2013 年第 5 期。
［100］田旭东：《秦汉兵学文化》，三秦出版社 2012 年版。
［101］田旭东：《新公布的竹简帛书——〈盖庐〉》，《中华文化论坛》2003 年第 3 期。
［102］田旭东：《张家山汉墓竹简〈盖庐〉中的兵阴阳家》，《历史研究》2002 年第 6 期。
［103］田旭东：《追寻中华古代文明的踪迹》，复旦大学出版社 2002 年版。
［104］童恩正：《中国古代的巫》，《中国社会科学》1995 年第 5 期。
［105］王梦鸥：《阴阳五行家与星历及占筮》，《"中央研究院"历史语言研究所集刊》，第 43 本第 3 分，1970 年。
［106］王三峡：《"日有八胜"与"天之八时"——汉简〈盖庐〉词语训释二题》，《长江大学学报》（社会科学版）2008 年第 5 期。
［107］王绍东：《甲骨卜辞所见商王国对外战争过程及行为的研究》，山东大学硕士学位论文，2010 年。
［108］王勇：《五行与梦占——岳麓书院藏秦简〈占梦书〉的占梦术》，

《史学集刊》2010年第4期。

[109] 王育成：《东汉道符释例》，《考古学报》1991年第1期。

[110] 王毓彤：《荆门出土一件铜戈》，《文物》1963年第1期。

[111] 王政：《类、祃考——〈诗经〉军旅祭典研究之一》，《第三届中国俗文化国际学术研讨会暨项楚教授七十华诞学术讨论会论文集》，2009年。

[112] 王志平：《中国古代的军祭活动》，《世界宗教研究》1993年第1期。

[113] 王准：《论周代战争中的巫术》，《求索》2008年第1期。

[114] 王子今：《汉匈西域战争中的"诅军"巫术》，《西域研究》2009年第4期。

[115] 萧良琼：《从甲骨文看五行说的渊源》，《中国古代思维模式与阴阳五行说探源》，江苏古籍出版社1998年版。

[116] 萧萐父：《周易与早期阴阳家言》，《江汉论坛》1984年第3期。

[117] 邢文：《楚简五行简论》，《文物》1998年第10期。

[118] 熊祥军：《从甲骨刻辞看商代的军事特色》，《贵州教育学院学报》2009年第11期。

[119] 徐锡台：《西周卦画探原》，《中国考古学会第一届年会论文集》，文物出版社1979年版。

[120] 徐中舒：《数占法与〈周易〉的八卦》，《古文字研究》第10辑，中华书局1983年版。

[121] 严敦杰：《关于两汉初期的式盘和占盘》，《考古》1978年第5期。

[122] 严敦杰：《式盘综述》，《考古学报》1985年第4期。

[123] 晏昌贵：《读马王堆帛书〈式法〉》，《人文论丛》2003年卷，武汉大学出版社2003年版。

[124] 晏昌贵：《简帛日书岁篇合证》，《湖北大学学报》（哲学社会科学版）2003年第1期。

[125] 晏昌贵：《简帛日书与古代社会生活研究》，《光明日报》2006年7月10日第011版，理论周刊。

[126] 杨超：《先秦阴阳五行说》，《周易研究论文集》第2册，北京师范大学出版社1989年版。

[127] 杨国勇：《宗教在中国古代战争中的作用》，《世界宗教研究》

1995 年第 3 期。

[128] 杨华:《先秦衅礼研究——中国古代用血制度研究之二》,《江汉论坛》2003 年第 1 期。

[129] 杨健民:《周代占梦术的发展及其政治功能》,《福建论坛（文史哲版）》1993 年第 3 期。

[130] 杨宽:《"大蒐礼"新探》,《学术月刊》1963 年第 3 期。

[131] 杨宽:《秦〈诅楚文〉所表演的"诅"的巫术》,《文学遗产》1995 年第 5 期。

[132] 杨向奎:《五行说的起源及其演变》,《文史哲》1955 年第 11 期。

[133] 叶山著,刘乐贤译:《论银雀山阴阳文献的复原及其与道家黄老学派的关系》,《简帛研究译丛第二辑》,湖南人民出版社 1998 年版。

[134] 殷涤非:《西汉汝阴侯墓出土的占盘和天文仪器》,《考古》1978 年第 7 期。

[135] 俞伟超、李家浩:《论"兵避太岁"戈》,文化部文物局古文献研究室编:《出土文献研究》,文物出版社 1985 年版。

[136] 袁俊杰:《两周射礼研究》,河南大学博士论文,2010 年。

[137] 张光直:《商代的巫与巫术》,《青铜器时代》（第 2 集）,生活·读书·新知三联书店 1990 年版。

[138] 张国硕:《试论商代的会盟誓诅制度》,《殷都学刊》1998 年第 4 期。

[139] 张培瑜:《出土简帛书中的历注》,《出土文献研究续集》,文物出版社 1989 年版。

[140] 张秋芳:《甲骨卜辞中梦研究》,河北师范大学硕士论文,2011 年。

[141] 张书岩:《试说"刑"字的发展》,《文史》第 25 辑,中华书局 1985 年版。

[142] 张卫中:《〈左传〉占梦、占星预言与春秋社会》,《史学月刊》1999 年第 4 期。

[143] 张亚初、刘雨:《从商周八卦数字符号谈筮法的几个问题》,《考古》1981 年第 2 期。

[144] 张政烺:《试释周初青铜器铭文中的易卦》,《考古学报》1980 年第 4 期。

［145］张政烺:《易辨》,《周易纵横录》,湖北人民出版社 1986 年版。

［146］张政烺:《殷墟甲骨文中所见的一种筮卦》,《文史》第 24 辑, 1985 年。

［147］赵红红:《先秦射礼研究》,浙江大学硕士论文,2009 年。